mémoires de Mary Watson

JEAN DUTOURD | ŒUVRES

Romans

LE DÉJEUNER DU LUNDI
UNE TÊTE DE CHIEN
AU BON BEURRE
DOUCIN
LES HORREURS DE L'AMOUR
PLUCHE OU L'AMOUR DE L'ART
LE PRINTEMPS DE LA VIE
2024
MASCAREIGNE
MÉMOIRES DE MARY WATSON — *J'ai Lu 1312****

Essais

LE PETIT DON JUAN
LE COMPLEXE DE CÉSAR
LES TAXIS DE LA MARNE
LE FOND ET LA FORME (3 tomes)
L'ÂME SENSIBLE
RIVAROL
L'ÉCOLE DES JOCRISSES
LE PARADOXE DU CRITIQUE, suivi de
SEPT SAISONS
CINQ ANS CHEZ LES SAUVAGES
LES MATINÉES DE CHAILLOT
LE BONHEUR ET AUTRES IDÉES

Divers

GALÈRE
L'ARBRE
LES DUPES
LA FIN DES PEAUX-ROUGES
PETIT JOURNAL, 1965-1966
LE CRÉPUSCULE DES LOUPS
CARNET D'UN ÉMIGRÉ
LES CHOSES COMME ELLES SONT
ŒUVRES COMPLÈTES, t. I
DISCOURS DE RÉCEPTION À
L'ACADÉMIE FRANÇAISE

JEAN DUTOURD
de l'Académie française

mémoires de Mary Watson

Éditions J'ai Lu

Pauca meae

© Flammarion, 1980

PREMIÈRE PARTIE

1

L'éventail de Mrs Forrester – M. Wilde et M. Whistler – Toute l'Europe dans un salon – Un muffin au breakfast

En 1888, j'étais bien vieille, mais jolie pourtant. Jusqu'à l'année précédente, j'avais espéré un mari. Comment? Pourquoi? Peut-être par bonne santé. Et puis, il y a des destins qui révoltent. On se dit : moi, devenir cela! Je pensais : moi, vieille fille, ce n'est pas possible! Des vieilles filles j'en voyais des dizaines, des centaines. C'était comme une corporation dans Londres, un petit peuple assez gai, mais de la gaieté dérisoire des gens inconscients de leur malheur, ou qui l'ont si bien accepté qu'ils ne le sentent plus. Moi, ce malheur me sautait aux yeux : passer une vie entière toute seule, ne connaissant l'amour, la jalousie, la maternité, le désespoir que par ouï-dire, finissant comme un vieil enfant qui n'a rien vu, rien su, quelle horreur! Il n'était pas possible que cela fût mon lot, à moi la petite Mary qui sentais tant de fourmillements dans mon corps et dans ma tête. Non, non, je n'étais pas faite pour être rejetée avec ces lépreuses.

Telles étaient mes idées, ou plutôt mes rêveries. Et voilà qu'un jour, un matin, je m'aperçois avec stupeur que j'ai accepté d'être vieille fille. Le matin précédent, j'étais encore une jeune fille, c'est-à-dire un être violent et un peu fou, picoté par toutes sortes de présomptions, d'ambitions, d'impatiences, de révoltes. Ce matin-là, je n'étais plus rien de pareil. La jeune fille était tombée comme une peau de serpent. Dans les romans, on voit souvent une femme sortant d'un évanouissement qui s'écrie : « Où suis-je ? » J'aurais pu le dire aussi : je ne me reconnaissais pas, je ne reconnaissais plus rien. Je ne désirais rien. J'étais calme comme une vieille femme. Cela va passer, pensais-je. C'est trop triste ! Je suis morte. Je dors encore. Dans un moment je vais me remettre à vivre, je vais retrouver tout ce qui m'agite, tout ce qui me fait mal, et qui est si bon ! Mais les moments se succédaient et je continuais d'être morte.

Mon esprit était absorbé par le geste de Mrs Forrester lorsqu'elle ferme son éventail d'un coup sec, en le frappant dans la paume de sa main gauche. Je me levai. J'allai me contempler dans la psyché pour vérifier si mes traits n'avaient pas changé eux aussi. Me suis-je épluchée ! Mes cheveux étaient toujours blonds, ma peau ne s'était pas parcheminée; pas de rides au coin des yeux ni des lèvres. J'avais des joues de jeune fille et une âme de vieille fille. Peu s'en fallut que je n'éclatasse en sanglots, car je ne suis pas si enfant que je ne sache que l'âme modèle le corps, que le corps court derrière l'âme, qu'il se dépêche de lui ressembler. Avec la nouvelle âme que j'avais, qui s'était façonnée pendant la nuit, et que je détestais, je le garantis, que serait mon pauvre corps dans six mois ? Chose inconcevable dans les mœurs et l'éducation d'une demoiselle, je fis glisser ma chemise de nuit. Je m'examinai avec angoisse, comme on s'emplit les yeux d'une personne chère qui va s'embarquer pour l'Australie, et qu'on pressent qu'on ne reverra plus dans ce monde. L'éventail de Mrs Forrester s'ouvrait et se fermait toujours dans ma tête. J'en voyais étrangement les détails. C'est un éventail de nacre ouvragée comme de la dentelle, qui représente un bel homme à moustaches et à impériale, botté, coiffé d'un bicorne, monté sur un cheval fringant, et trottant à la portière d'une victoria dans laquelle se prélasse une jolie dame en falbalas sous une ombrelle. La dame sourit avec langueur. Je n'ai jamais osé demander à Mrs Forrester s'il s'agissait du défunt empereur des Français, Napoléon III, et si la dame à l'ombrelle était elle, mais la ressemblance laisse peu de doute. Cette scène a été peinte à la gouache tout exprès pour Mrs Forrester par M. Eugène Lami, artiste renommé, qu'elle a connu du temps qu'elle habitait Paris. Soudain, j'eus la clé de mon obsession : l'éventail symbolisait ma vie. Ma vie était un éventail ouvert, c'est-à-dire que malgré ma piètre position dans le monde, malgré mon état subalterne, je me sentais assez de générosité pour devenir ce que je désirerais. Ces idées-là avaient toujours été dans mon cœur, et ce n'est pas mon auteur favori, Mrs Jane Austen, qui les avait chassées, au contraire! Ma bible s'intitulait *Pride and Prejudice*. Je m'émerveillais que sous les traits d'Elisabeth on m'eût décrite soixante ans à l'avance. J'étais sûre que je rencontrerais mon Darcy et que grâce à mon orgueil je triompherais de ses préjugés de caste. Il y avait à Londres dix, vingt Darcy qui m'étaient destinés, qui se promenaient insoucieusement le matin à cheval dans Hyde Park sans se douter que leur fiancée, quoique vivant dans la plus noble maison de Brook Street, n'avait pas un penny de dot. L'éventail fermé signifiait que j'étais une sotte, comme il y en a tant, qui gâchent leur jeunesse à se faire des contes de fées et passent le reste de leur vie à manger du pain sec. Pas de domestiques, pas de château, pas de vie mondaine. Hélas! pas d'amour! Une jeune personne de ma condition, qui n'est ni de l'aristocratie ni du peuple, et qui, en outre, est obligée de travailler, ne peut mathématiquement pas le rencontrer, sauf sous une forme déshonorante. Devant la glace, les larmes me jaillirent positivement de désespoir et de dépit. Ces beaux cheveux blonds, ce teint frais d'Anglaise, ces grands yeux bleus, cet air de franchise et de douceur, ce joli petit corps ne seraient jamais qu'à moi, je n'aurais pas la joie d'offrir cela à quelqu'un. En même temps je rougissais de mon impudeur et de mes pensées audacieuses. Fallait-il que je fusse malheureuse pour me donner de la sorte en spectacle à moi-même ! Ce n'était pas Mrs Austen qui avait dessiné mon portrait, mais un poète français qui, sans me connaître plus qu'elle, avait écrit ces vers que je me remémorais avec douleur :

> Maint joyau dort enseveli
> Dans les ténèbres de l'oubli
> Bien loin des pioches et des sondes ;
>
> Mainte fleur épanche à regret
> Son parfum doux comme un secret
> Dans les solitudes profondes.

Un joyau, une fleur, les ténèbres de l'oubli : c'était tout moi. A part moi, qui le savait ? C'est vrai que la vie ressemble aux romans, mais pas aux romans vraisemblables. Elle ne se modèle que sur les romans fous, écrits par des hommes de génie. On ne sait pas cela quand on est jeune, parce qu'on est trop raisonnable. On croit Jane Austen les yeux fermés. Pas Balzac, pas Dickens, alors que c'est ceux-ci, justement, avec leurs énormités, qui dictent à la réalité ce qu'elle sera. Autre illusion de la jeunesse : la patience. Je pensais qu'il suffisait d'attendre trois cents pages, comme une héroïne de Jane Austen, et que je serais comblée à la fin. Or, il faut passer par une féroce épreuve : renoncer à ce qu'on souhaitait. Mais renoncer de bonne foi. Renoncer radicalement. Renoncer à tout. Faire table rase. Ne voir en soi que des ruines. A vingt-sept ans, un matin, j'ai renoncé à tout. La mort dans l'âme, j'ai tiré un trait sur ma vie. J'ai accepté la tristesse, la médiocrité, et même la vieillesse. J'ai pris sérieusement mes dispositions pour ce destin-là. Deux jours plus tard, je n'avais pas Darcy, mais j'avais incommensurablement mieux. Et cela ne ressemblait à rien de ce qui, pendant vingt-sept ans, avait été mes petits enchantements secrets.

Mrs Forrester, chez qui j'étais employée comme demoiselle de compagnie, ou gouvernante, était plus une amie qu'une patronne. Sinon je ne serais pas restée. J'aurais préféré être blanchisseuse, cousette, ouvrière, n'importe quoi, vivre dans un galetas de l'East End, gagner trois shillings à la journée en travaillant quatorze heures, m'habiller chez les revendeurs. Mais Mrs Forrester avait l'éducation délicieuse que les femmes de la bonne société avaient alors en Angleterre et j'ose dire que je ne lui étais pas inférieure sur ce point. Deux personnes très bien élevées, comme nous l'étions, peuvent vivre agréablement ensemble, même si elles ne s'aiment pas. La politesse tient lieu d'amitié. Dans notre cas, l'amitié s'ajoutait à la politesse. Ma seule infériorité est que j'étais obligée de travailler. En six ans, ma maîtresse ne me le fit pas sentir une fois. Elle était comme une mère, comme une tante qui a recueilli une nièce orpheline, et sûrement plus délicate qu'une tante.

Autre attrait de Mrs Forrester : elle était entourée de mystère. Non du mystère pour rien que fabriquent autour d'eux les gens médiocres, afin de se rendre intéressants. Elle était toute simple, toute transparente, elle ne faisait ni cachotteries ni mensonges. Mais sa vie faisait penser à un tableau de

Rembrandt, où l'on n'aperçoit qu'un front, qu'un menton, qu'une main, qu'une dorure sur un vêtement, et où le reste est dans l'ombre. En 1888, elle avait soixante-cinq ans. On lui en eût donné quinze de moins, à cause de sa taille fine, de ses beaux sourires. J'étais toujours étonnée, quand je lui parlais de quelque personnage célèbre du dernier demi-siècle : elle l'avait connu, ou tout au moins rencontré, à croire que l'Europe entière avait défilé dans son salon. Au début, j'étais sceptique. Je prenais cela pour du snobisme ou pour une manie. Moi qui ne connaissais personne, je n'imaginais pas que quelqu'un qui m'était si proche ait eu affaire à tant de beau monde. Je lui disais par malice :

— Madame, invitez donc jeudi prochain M. Gladstone ou M. Pater, ou M. Ruskin, ou le général Gordon, ou le prince de Galles, ou M. Clemenceau, ou M. Degas, ou M. Whistler, ou M. Brahms, ou M. Verdi...

— Cela vous ferait-il vraiment plaisir? disait-elle.

Qui restait bouche bée, le jeudi suivant, ou le mois d'après, en contemplant lord Gladstone et M. Degas chez nous, une tasse de thé à la main? La petite Mary avec qui ces grands hommes causaient comme avec une grande dame.

J'ai rencontré tant de personnes supérieures chez Mrs Forrester, s'adressant à moi comme si j'étais non seulement de leur monde, mais encore de leur famille d'esprit, que j'en avais la tête tournée. J'étais dans un état de griserie intellectuelle comme aucune jeune fille n'en a ressenti. Cela se changeait en vanité. Comment n'être pas vaniteux quand on a été croqué par M. Whistler? Il me trouvait belle. Il aimait une ombre sur ma joue, une lumière dans mes yeux. Un après-midi, il me tint deux heures à poser, et me donna son dessin, qui ne me plut pas sur le moment, que je jugeai aussi peu ressemblant que possible, pour ne pas dire laid, et qui me paraît aujourd'hui une merveille de vérité et d'art. M. Whistler m'avait vue beaucoup mieux que je ne me voyais. Ou plutôt il m'avait vue dans ma vérité intérieure tandis que je me voyais à travers mes rêveries. Aucune femme, je pense, pas même la Joconde, n'a vécu deux heures de pose pareilles. Ce jeudi-là, Mrs Forrester recevait une dizaine de ses amis les plus huppés : M. Meredith, M. Samuel Butler, le général Boulanger, Mme Réjane, la comédienne, une dame allemande au nom bizarre : Lou Andréas Salomé, qui n'arrêta pas de parler d'un philosophe ou d'un poète prénommé Frédéric, dont je n'osai pas demander le nom de famille pour ne pas avoir l'air d'une provinciale.

M. Whistler m'avait emmenée dans un coin du salon, près d'une fenêtre; je n'entendais que des bribes de conversation et des rires. La conversation, ne risquant pas de blesser les oreilles d'une jeune fille, était assez libre et les rires très hauts. J'attrapai quand même un mot de Mme Réjane, qui enchanta particulièrement la compagnie. Selon elle, la définition de l'adultère était : « *The wrong man in the right place.* » J'ai encore dans l'oreille la voix si bien posée de Mme Réjane, qui avait un visage de joli chien, avec des yeux très mobiles, à l'affût de tout, et qui pouvaient refléter ce qu'elle voulait.

– Vous n'avez pas compris, j'espère, me dit M. Whistler.

Cette réflexion me fit rougir parce que je n'avais compris que quelque chose de comique et qu'elle suggérait un autre sens. Ma rougeur ne trompa pas M. Whistler, qui m'adressa un sourire mi-moqueur, mi-indulgent. De temps en temps, M. Wilde venait tourner autour de nous, ce qui agaçait M. Whistler, je le voyais bien, d'autant plus que M. Wilde avait une manière déconcertante de dire les choses. Il jetait un coup d'œil périodique sur le dessin et s'écriait que ce n'était pas moi, que c'était de moins en moins ressemblant, qu'avec un petit effort supplémentaire cela ne le serait plus du tout et qu'on atteindrait enfin au chef-d'œuvre.

– Vous êtes ennuyeux, Oscar, disait M. Whistler. Votre esprit me fatigue. Vous en avez trop pour devenir un grand écrivain. Quand on a tant d'esprit, on n'est jamais malheureux et on ne fait pas d'œuvre.

– Pessimiste! répliqua M. Wilde avec ce rire bruyant et saccadé qui est le chic absolu en Angleterre. Pourquoi ne serais-je pas malheureux, s'il vous plaît? J'ai toutes les raisons de l'être, et plus qu'un autre. Justement parce que j'ai de l'esprit, comme vous le remarquez aimablement. Un imbécile se tirerait beaucoup mieux de ce qui me guette. Les plaisanteries conduisent au bagne. C'est très dangereux de plaisanter. Mieux vaut être un assassin. Comme j'ai horreur du tragique, sauf en art, il est certain que j'aurai un destin tragique, et vous serez bien attrapé. Pardon, mademoiselle, dit-il en se tournant vers moi. Les peintres sont très bêtes en général, sauf M. Whistler, ce qui m'a longtemps fait douter de son talent. Toutefois j'ai pensé à Delacroix, qui était très intelligent, à M. Degas qui l'est encore plus, et je l'ai acquitté. Mais enfin, malgré tout, il ne faut pas trop demander à un peintre. Celui-ci s'escrime naïvement à reproduire votre tête sur son papier. Dieu merci, plus il travaille, plus il s'éloigne de la nature. Si son dessin est beau, vous lui ressemblerez dans six mois. L'art n'imite pas la nature. C'est la nature qui copie l'art.

– Ah! voilà votre vieille théorie! s'écria M. Whistler. Elle est peut-être vraie, après tout. Mais vous ne devriez pas la crier sur les toits. Elle fait trop l'affaire des mauvais peintres.

Je me trouve bien présomptueuse, moi qui suis si peu, de rapporter en style direct des paroles d'hommes exceptionnels sous prétexte que j'étais entre eux deux quand ils les ont prononcées. La modestie eût été d'écrire : M. Wilde déclara que... M. Whistler répliqua que... Mon excuse est que le style direct est plus facile que l'indirect. J'ai sûrement affadi leurs propos (de toute façon je les aurais affadis), mais je jure que je ne les ai pas dénaturés. Du reste, comment ne pas affadir? Comment rendre leurs visages exorbités par l'énergie qui sortait d'eux? Comment rendre leurs voix suprêmement distinguées? On ne trouve qu'en Angleterre ce mélange de maniérisme et de fureur. M. Whistler avait quelque chose de sec, de sarcastique qui n'empêchait pas la sympathie, mais qui l'arrêtait à une certaine limite. Cela me déconcertait. Cela n'allait pas avec l'idée que je me faisais d'un artiste, qui pour moi devait être un homme très fort, très au-dessus de nos petits sentiments, de nos petites précautions puisqu'il était capable de les peindre, une espèce d'ange qui nous accueillait dans une âme grande ouverte, comme on accueille des amateurs dans un musée. L'âme de M. Whistler n'était pas grande ouverte. Entrebâillée seulement. Il ne vous laissait y jeter que de rares coups d'œil. Bref, quoiqu'il fût un admirable artiste, c'était un étranger, en qui je devinais des mouvements, des désirs, des secrets, des petitesses peut-être, comme dans un individu ordinaire, un marquis ou un employé, et qui ne voulait pas qu'on les surprît.

J'aurais amusé les amis de Mrs Forrester et Mrs Forrester elle-même si je leur avais dit que l'ange, à mes yeux, était M. Wilde. Ils ne voyaient en lui qu'un dandy un peu trop élégant pour être absolument de bon goût. Moi, cette élégance outrée m'attendrissait. Elle me paraissait une preuve supplémentaire d'énergie. M. Wilde était un enfant obscur de la petite bourgeoisie qui avait sauté dans de beaux habits, comme il avait sauté dans la poésie. Il était le contraire du Beau Brummell, qui frottait ses costumes au papier de verre pour leur donner l'air usé. Tout était neuf chez M. Wilde, tout était étincelant, les chaînes d'or, les épingles de cravate, les paradoxes, et jusqu'aux bizarres œillets verts qu'il se piquait à la boutonnière. Il disait des mots qui étaient des éclairs et qui aveuglaient. Pour moi, ces éclairs me ravissaient. Ils ne me masquaient rien de lui. C'était des éclairs d'évidence, des fulgurations de sincérité. Même quand il mentait, son âme était si puissante, si visible, qu'il était encore véridique. Cette âme était extraordinairement bonne, extraordinairement généreuse et imprudente. Le premier venu pouvait la prendre. Du reste, par la suite, le premier venu l'a prise, et elle s'est donnée, sans rien retenir, comme se donnent les âmes des anges.

J'ai connu tout Londres chez Mrs Forrester, et mieux que tout Londres : j'ai connu toute l'Europe. J'y ai fait les plus brillantes relations qu'une jeune fille puisse désirer, et que j'ai conservées. Mais ce n'est que des relations. Avec M. Wilde, je me suis fait un ami, tout de suite, au premier regard, pour toujours. Il l'a senti de même. Ami est-il le mot propre ? Toute ma vie j'ai éprouvé plus que de l'amitié pour M. Wilde, et je jurerais que de son côté il en a été pareillement. J'ai su qu'il était de ces personnes si précieuses avec qui rien n'a d'importance, avec qui l'on n'est pas obligé de se surveiller. Un père, par exemple. Je ne dirai pas qu'il a remplacé mon père, d'abord parce que ce serait une bêtise, ensuite parce que personne ne saurait remplacer mon pauvre papa, et aussi parce qu'il était trop jeune pour tenir un tel rôle : néanmoins, avec lui, j'éprouvais une douceur, une sécurité de petite fille. Quoiqu'il fût un homme de génie, il me semblait que je savais tout de lui. J'étais sûre de ses sentiments, sûre de sa loyauté, sûre de sa protection. Il était, lui, tel que je m'imaginais un grand artiste : quelqu'un qui est énorme et gentil.

Pour en revenir à cette matinée de l'éventail, où je vis ma jeunesse finie, mon destin scellé, j'appris quand même une chose dans ma détresse : c'est qu'on n'avance pas en âge d'un mouvement égal et continu, ainsi que je le croyais. On reste longtemps sur place. Puis il y a une minute, une seconde d'accélération, et l'on s'aperçoit qu'on vient de vieillir de quinze ans. Ce qui était sans importance la veille se met à vous blesser. Pour moi c'était le titre de demoiselle de compagnie, qui jusque-là me pesait si peu, qui n'était qu'une étiquette, parce qu'il faut bien que chaque personne ait une étiquette. Demoiselle de compagnie, est-ce assez ridicule ? On est demoiselle de compagnie quand on n'est bonne à rien. Mrs Forrester, certes, ne me présentait jamais comme telle. Elle me mettait sur un pied d'égalité scrupuleuse avec ses visiteurs. Elle ne m'appelait que « ma chérie » ou « mon enfant » en français, « *my dear* » ou « *Mary dear* » en anglais, mais au fond, tout cela, que je feignais de prendre pour de l'affection, n'était qu'une forme très poussée de politesse. Pas même : ce n'était que des habitudes de langage. Je le savais depuis longtemps.

Ce qui me vexait particulièrement est une rêverie que je faisais de temps à autre. Après les beaux jeudis de Mrs Forrester, quand j'avais babillé avec tel ou tel personnage célèbre qui m'avait regardée tendrement pendant deux heures et que je me retrouvais dans ma jolie chambre du deuxième étage, je me disais avec complaisance que j'étais, ma foi, une réplique anglaise de Mlle de Lespinasse, et Mrs Forrester, dans son genre, une réincarnation de Mme du Deffand. Mlle de Lespinasse, moi Mary Morstan, fille d'un petit capitaine de l'armée des Indes, était-ce assez bouffon ! Ne fût-ce que parce que les mœurs sont incomparablement plus raides à Londres au XIXe siècle qu'à Paris au XVIIIe. Il était très improbable que je me trouvasse un d'Alembert pour me visiter chaque jour en cachette et un M. de Guibert pour m'en amouracher. J'étais trop timide aussi pour voler ses amis à ma maîtresse comme la brillante Julie à la sienne. Je n'étais même pas digne, comme elle, de mourir d'amour. J'étais une personne insignifiante, pareille aux millions de personnes insignifiantes qui peuplent l'empire britannique. Il n'y avait pas de raison pour que ma condition changeât, car je n'avais pas en moi l'énergie ou l'imagination ou même la folie par laquelle on transforme son existence. Dans vingt ans, Mrs Forrester en aurait quatre-vingt-cinq. A moins qu'elle ne fût morte, après m'avoir couchée sur son testament pour une pension de deux cents livres. J'aurais quarante-huit ans, des cheveux gris, des manies.

L'agrément d'être anglaise et bien élevée est qu'on vous a appris qu'il est de mauvais ton de montrer ses bonheurs ou ses chagrins. Dès que l'on n'est plus seule, on les enfouit dans un tiroir, on ferme le tiroir, on les oublie. J'ose me flatter que Mrs Forrester, le matin de mon grand remue-ménage sentimental, me trouva telle que les autres jours. Cela d'ailleurs me fit le plus grand bien. Il est moins dur d'être malheureux en Angleterre qu'ailleurs. Dès qu'on voit d'autres gens, on se compose un maintien, sans parler de cette merveilleuse habitude, tellement civilisée, qui consiste à parler avec optimisme et insipidité de la température. Eût-on touché le fond de l'horreur une heure plus tôt, et en revînt-on l'âme dévastée, tout s'efface. C'est comme si l'on sortait d'un cauchemar. Rien ne donne une plus forte impression de réalité que des personnes qui vous confient qu'il pleut, mais que bientôt il ne pleuvra plus. La vérité de la vie est là. Dans ces paroles inutiles, dans ce temps perdu à débiter des riens d'un air passionné. Vos peines sont des choses fugaces, de minuscules péripéties individuelles. L'éternité, c'est le soleil qui s'est caché, qui va revenir, le parapluie qu'on prendra ou qu'on ne prendra pas, les snow-boots, le breakfast, la nécrologie du *Times* où il y a presque toujours un mort amusant. Quelle leçon, celle que vous donnent les personnes qui vous entretiennent de cela dès le réveil. C'est le sommet de la philosophie, ce qu'elle a jamais inventé de plus efficace pour calmer les angoisses de l'homme. Dans ce domaine, Mrs Forrester était parfaite. Elle ne disait jamais rien de sérieux avant quatre heures de l'après-midi. Si l'appellation de grande dame convient à quelqu'un, c'est bien à elle. Comme je l'espérais, sa vue me tira aussitôt de mes idées noires.

– Mon âme a son secret, ma vie a son mystère, dit-elle en français après un bon quart d'heure d'insignifiances.

Nous étions dans la salle à manger, en déshabillé, buvant notre thé, picorant un muffin. Tel était notre petit déjeuner. Mrs Forrester avait pris l'habitude, lorsqu'elle vivait à Paris, de manger peu le matin, goût qu'elle m'avait passé. Je ne pourrais plus absorber le monceau de nourriture que les Anglais appellent breakfast. Jenkins, le maître d'hôtel, nous contemplait avec tristesse. Le matin était pour lui un rude moment. Il souffrait de ne pas avoir d'assiettes et de couverts à changer, de plats à tenir au chaud. Il aurait voulu nous gaver de saucisses, d'œufs brouillés, de côtelettes d'agneau, de rognons, de kippers, de porridge. Faute de quoi, il se tenait sombrement derrière Mrs Forrester, qui ne prenait même pas la sorte de thé qu'il aurait approuvée, c'est-à-dire un thé de Ceylan bien foncé, avec du lait. Elle préférait le thé de Chine appelé « Lapsang Souchong » qui est clair et parfumé, dans lequel elle ne mettait pas de lait, pas de citron, ni même de sucre. Le muffin était toute une histoire. C'est un gâteau de l'après-midi, comme chacun sait. Le consommer à neuf heures du matin était un sacrilège pour Jenkins, qui voyait la vieille Angleterre s'en aller en quenouille. La cuisinière faisait elle-même ces muffins incongrus, car nul boulanger à cent lieues à la ronde n'en eût vendu avant trois heures.

Pourquoi ces petites choses me font-elles tant plaisir à écrire ? J'ai eu six ans de bonheur à Brook Street. Ce n'est pas parce qu'aujourd'hui je suis heureuse comme une femme que j'oublierai mon bonheur de jeune fille, que je le renierai. Au contraire : ce bonheur-là a une teinte toute différente de celui de maintenant; avec le recul, il me paraît très romanesque. C'est le bonheur de l'attente. Quand j'étais à Brook Street j'attendais quelque chose et je ne le savais pas. Je le devinais un peu seulement, sans y croire. J'attendais ma vie, qui pouvait très bien ne jamais venir. Pendant toutes ces années, j'ai pris mon petit déjeuner en tête à tête avec Mrs Forrester, dans sa belle salle à manger sur les murs de laquelle il y avait des dames anciennes de sir Peter Lely et d'autres plus récentes de Winterhalter. Je me rappelle non sans attendrissement les chaises Chippendale et la table Régence, aux pieds de laquelle je me suis tant cogné les genoux. Je suis encore éblouie par l'argenterie des vitrines. Ma main a gardé la caresse rêche des nappes et des serviettes damassées, brodées d'un « F » gothique. Surtout je vois toujours la tête d'enterrement du pauvre Jenkins. En général, les domestiques adoptent les habitudes de leurs maîtres, et finissent par les imiter. Ce que fait le patron ne se discute pas plus que les phénomènes naturels. Rien de tel avec Jenkins. Mrs Forrester l'avait engagé en 1851. Il était donc à son service depuis trente-sept ans. Il l'avait accompagnée dans toutes ses résidences, y compris à Paris où il avait refusé d'apprendre le moindre mot de français. Pas une fois il n'avait approuvé ses manières. D'où une attitude constamment réprobatrice et bougonne, très seyante pour un vieux serviteur. Jusqu'à notre tenue qui le choquait. Un breakfast ne se prend pas en déshabillé. On doit être lavé, poudré, harnaché, prêt à courir le monde. Il exagérait les marques de respect, il faisait son service d'une façon royale, en guise de leçon. Avec Jenkins, tout avait l'air d'une cérémonie. Singulièrement la remise du courrier et du *Times*. Il les apportait à Mrs Forrester sur un petit plateau d'argent, sans oublier le coupe-papier pour ouvrir les enveloppes et déchirer la bande du journal. Il tendait le tout en se pliant en deux comme s'il eût été le valet de S. M. la reine Victoria, impératrice des Indes.

— Voici une lettre pour vous, *Mary dear*, dit Mrs Forrester. Serait-ce votre soupirant ?

— Un soupirant qui soupire depuis six ans n'est pas très pressé, répliquai-je. Mais oui, dis-je après avoir lu les cinq lignes du billet, c'est lui.

— Se déclare-t-il enfin ? demanda Mrs Forrester d'un ton si languissant, avec un sourire si vague, que je lui répondis qu'il serait bien temps d'en parler tout à l'heure, au café, après le lunch, si la chose l'intéressait le moins du monde.

— Tout ce qui vous concerne m'intéresse, ma chérie, dit-elle avec la même légèreté, qui ne signifiait pas du tout qu'elle était indifférente, mais c'était là son personnage d'avant midi, son ton de la matinée. Un des charmes de Mrs Forrester, auquel j'étais très sensible, était justement qu'elle avait deux, trois, dix visages, selon les heures. A minuit, c'était un monstre d'activité, un volcan de drôleries, l'œil à tout. Jenkins, dans ces moments, se serait jeté au feu pour elle. Elle disait en français qu'elle était « du soir ». Mais je l'aimais bien aussi le matin, tout endormie dans ses dentelles, incapable de parler d'autre chose que des nuages et de la direction du vent. Après le breakfast, nous montions dans sa chambre. Elle se remettait au lit. Je lui faisais la lecture jusqu'à onze heures, ou davantage. C'est ainsi que mon français est devenu tout à fait bon. Je le parle sans trace d'accent anglais et, ce qui est plus difficile, sans imprimer nulle part d'accent tonique. Mrs Forrester, en effet, avait une prédilection pour la littérature française. Elle me faisait lire cinq livres français pour un livre anglais. Elle avait été grande amie de la princesse Mathilde, chez qui elle soupait constamment. Elle rencontrait là M. Mérimée, M. Flaubert, M. Théophile Gautier, Mme Sand, M. Carpeaux et vingt autres aussi célèbres dont les noms ne me reviennent pas à cette minute. A en croire un portrait d'elle par M. Henner, elle était ravissante, avec un teint nacré, des épaules veloutées, de grands yeux bleu sombre à l'expression ambiguë, des cheveux roux qui donnaient quelque chose de chaudement animal à cet ensemble angélique. Le tout rehaussé (j'entends : sur le tableau) de façon presque lascive par une fourrure de zibeline. Je crois que tous ces messieurs étaient un peu amoureux d'elle. Cent fois elle m'a dit que la vie s'était terminée pour elle en 1870, à la guerre franco-prussienne. Elle était restée à Paris pendant le siège et la Commune, sans trop savoir pourquoi. Par fidélité, par amour pour cette ville où elle avait été chez elle mieux que partout ailleurs. Surtout, je crois, par un esprit de devoir ou de compensation typiquement anglais. Elle pensait qu'ayant profité de Paris lorsqu'il était triomphant, il était juste qu'elle partageât sa misère. Si elle avait fui au 4 septembre, comme tant de ses amis bonapartistes ou comme l'impératrice, elle aurait eu le sentiment d'être ingrate. Bien sûr, elle ne m'a rien dit de semblable : elle était trop « gentleman » pour cela. C'est moi qui le reconstitue, d'après le caractère que je lui connais après six ans d'intimité.

Quand elle était en train et qu'elle me racontait les fêtes, les salons, les conversations, les opérettes, les théâtres parisiens, je la comprenais si bien que peu s'en fallait que je ne me joignisse à ses regrets. Elle me convainquait que j'avais manqué quelque chose d'unique dans l'histoire de l'humanité : une certaine gaieté, une certaine splendeur qu'on ne retrouverait plus. Une certaine bêtise française aussi qui, avec le recul, me semblait très charmante et poétique. Quel pays adorable que la France sous le Second Empire! Elle avait été trop heureuse. Elle avait retrouvé mystérieusement quelque chose du temps de Louis XV, qu'elle copiait dans ses meubles et dans son architecture. Toute l'Europe la détestait et regarda en ricanant les Prussiens de Bismarck la ravager. Toute l'Europe sauf M. Meredith, qui écrivit alors sa fameuse *Ode à la France*. Aussi M. Meredith était-il souvent invité. Il me semble que la France qu'il aimait n'était pas exactement la même que celle de Mrs Forrester, mais peu importe. Lui, ce n'était pas le souvenir des bals de Compiègne, de Mabille, de *Froufrou*, des soirées de la princesse de Metternich, des comédies de Labiche, des uniformes des Cent-Gardes, qui lui brisait le cœur. Pourtant leur patriotisme français se ressemblait, au fond. Mrs Forrester me demandait de lui lire les poètes que M. Meredith affectionnait autant qu'elle : Charles Baudelaire par exemple, ou Alphonse de Lamartine, et même Victor Hugo, pour qui elle avait une vive antipathie, mais à qui elle avait un peu pardonné, à cause de *L'Année terrible*.

Elle n'était pas la seule qui fût atteinte de francomanie. Dans les années 80, à part quelques vieux squires de la gentry, sortis tout droit des romans de Fielding, à peu près toute la bonne société victorienne s'y adonnait aussi, sans pour cela avoir le moindre goût pour la France. C'était une élégance : cela se faisait. Un mot sur deux que disait Mrs Forrester était un mot français, quand ce n'était pas des pans entiers de sa conversation. Ce sabir bilingue était tout à fait agréé dans les salons de Belgravia et de Holland Park où on le parlait couramment. Commencer une phrase en anglais et la finir en français, ou vice versa, était une condition du grand chic. Autrement, on paraissait commun. Cela ne manquait pas de charme : l'anglais et le français sont des langues si différentes, si antinomiques dirais-je, que, lorsqu'on les entremêle, on a le sentiment de se dédoubler, d'avoir deux voix. On attrape ce genre avec une extrême facilité. A force d'entendre le ramage de Mrs Forrester et de ses amis, je l'ai complètement adopté. Mon anglais est rempli de gallicismes qui plaisent à la personne qui m'est la plus chère au monde. Cette personne, divinement indulgente, y voit de l'exotisme, quand ce n'est que de la futilité.

2

Tempête sur le Gloria Scott *– Calcutta – Mort de ma mère – Mon père vice-roi des Indes – Edimbourg – Séparation déchirante – La pension Mc Lamuir*

La principale raison pourquoi Mrs Forrester m'engagea en 1882 est que je parlais déjà très bien le français, étant allée plusieurs fois sur le continent, chose à quoi mon père tenait « comme à la prunelle de ses yeux », ainsi qu'on dit en France, et qui était presque une obsession pour lui. Je crois qu'il avait un grain de folie. Je ne mets pas là de blâme. Au contraire, les parents ayant un grain de folie plaisent beaucoup aux enfants, qui ont l'impression d'être plus âgés qu'eux, de prendre toutes les responsabilités, qui sont obligés d'avoir de la sagesse et de la prudence pour deux. Telle étais-je avec mon père. Cela avait commencé à la mort de ma mère. J'avais sept ans. Nous habitions Calcutta. Maman était phtisique. Les médecins disaient que la chaleur indienne la guérirait peut-être; ils avaient poussé à la roue tant et plus pour qu'elle rejoignît son mari là-bas, où il venait d'être nommé.

D'abord le voyage l'éreinta.. Nous le fîmes, elle et

moi, au plus mauvais moment de l'année, pendant les tempêtes de l'équinoxe. Ensuite le climat de l'Inde, à l'inverse de ce que l'on escomptait, accéléra sa maladie. Elle arriva à Calcutta épuisée. Pour nous accueillir, papa avait préparé une maison qui, dans ma mémoire, a des proportions fabuleuses. Elle était immense, somptueuse, pleine de bois ouvragés, de colonnettes sculptées, de balcons intérieurs, de statues de pierre qui souriaient, de pieds d'éléphants naturalisés, montés en porte-parapluies, de mobilier bizarre incrusté de nacre. Tout ce luxe donnait sur une ruelle pavée de bouses de vaches. Il me semble que nous avions au moins vingt-cinq serviteurs hindous. On conçoit que les jeunes lieutenants fassent des pieds et des mains pour aller dans l'armée des Indes : ils y ont un train que n'ont pas les généraux dans la métropole. Deux Ghurkas attachés à ma personne s'occupaient de moi comme des femmes de chambre. Quand j'allais en promenade, ils marchaient à quatre pas derrière moi dans la rue, en roulant des yeux terribles.

Maman, en arrivant dans notre palais de Calcutta, n'eut que la force de se coucher. Trois mois après, elle était morte. Tantôt j'en étais soulagée, car une moribonde vous plonge dans un monde inhumain dont on a hâte de s'écarter, tantôt l'idée que je ne reverrais jamais plus ma mère me faisait éclater inopinément en sanglots. C'est dur, à sept ans, d'apprendre la vraie signification du mot « jamais ». De temps en temps mon chagrin me paraissait si lourd que je feignais qu'il était imaginaire. Je disais mentalement « Pouce ! » et je pensais à autre chose. J'y étais aidée par le spectacle de mon père, vulnérable comme toutes les grandes personnes, et qui, en outre, était, dans son genre, un forcené, se jetant avec frénésie dans le désespoir comme dans le plaisir. Ma peine avait quelque chose de raisonnable : je l'administrais, je la répartissais, tandis qu'il était sans défense contre la sienne. Cette constatation me tira de l'égoïsme des gens qui souffrent et se complaisent à savourer leur souffrance. J'avais à m'occuper de quelqu'un qui était plus faible que moi, donc plus malheureux. J'avais une petite âme de fer, moi, qui calculait, qui rusait, qui prévoyait : je savais qu'un jour je me consolerais. Il fallait conduire mon père par la main au bout de sa révolte puérile contre le destin. Nul autre que moi n'en était capable. C'était mon devoir. Comment je l'ai fait, je ne me rappelle plus, mais je l'ai fait. A sept ans, j'ai remplacé maman. J'ai donné des ordres aux domestiques. J'ai remis la maison en marche. Papa aurait tout laissé aller à vau-l'eau.

Durant le voyage, au milieu des tempêtes, j'étais obsédée par l'idée du naufrage. J'étais sûre que c'était une chose inévitable, une chose fatale, qu'il était écrit qu'il y aurait un naufrage dans ma vie. Les enfants ont des prémonitions de ce genre, et qui ne les trompent pas. Car je l'ai eu, mon naufrage, mais après avoir touché terre. On m'aurait bien étonnée si l'on m'avait dit que ce serait moi qui serais le capitaine du navire, qui l'empêcherais d'aller par le fond.

J'attendais papa le soir, quand il rentrait du régiment. Il était ivre une fois sur deux. Il me voyait debout, en chemise de nuit, toute blanche comme un petit fantôme dans le hall. Il fondait en larmes. Je savais exactement ce que signifiaient ces larmes : c'étaient des larmes de soulagement. Sa peine qui l'avait étouffé toute la journée se changeait en attendrissement, gratitude, remords de me laisser porter tout le poids de notre vie. Tout cela a duré huit mois. Puis papa est redevenu lui-même. Ce qui était changé, c'était nos rapports. Durant ces huit mois, je m'étais mise à l'aimer comme jamais je ne l'avais aimé, et lui aussi, réciproquement. Nous avions découvert chacun un être inattendu dans l'autre : moi un petit garçon, lui une femme, une mère. D'ailleurs, je lui parlais comme une mère parle à son fils. Cela me venait tout seul. Je m'entendais parler ainsi, c'est-à-dire avec douceur, avec autorité, avec bon sens, et ce ton, cette voix sortant de moi me remplissaient d'étonnement. Ils étaient naturels. Je ne jouais pas à la maman. J'étais une vraie maman. Quant à lui, il était docile, il obéissait, il me regardait avec des yeux enfantins, où je lisais l'incertitude, la confiance, la bonne volonté.

Chose plus inexplicable, et que je note sans l'expliquer : je redevins un enfant quand mon père cessa d'en être un, à croire que le Bon Dieu m'avait temporairement prêté une âme au-dessus de mon âge et me la reprenait dès lors que je n'en avais plus besoin. La dernière manifestation de cette âme d'emprunt fut la décision que je pris de nous séparer. Papa voulait me garder toujours. Il me décrivait notre existence aux Indes, vivant quasiment comme un couple. Qu'il était difficile de résister à de tels projets, répondant si fort à ce que je désirais ! Il me racontait comment, m'ayant à ses côtés et brûlant de me faire honneur, il se couvrirait de gloire au Khyber Pass, ou dans le Bengale, ou je ne sais où, ramasserait des monceaux de croix, serait colonel à quarante ans, puis brigadier, puis anobli. Le pauvre chou se voyait vice-roi des Indes pour me faire plaisir. Je croyais à tout, comme une mère. Une évocation, entre autres, me charmait : le bal que papa donnerait pour mes dix-huit ans. Il frisait la cinquantaine. Grâce à ses hauts faits, il était gouverneur de Bombay. Nous habitions un palais cent fois plus beau que notre maison de Calcutta, avec des lanciers en grande tenue montant la garde à toutes les portes. J'étais à la fois l'héroïne du jour et la maîtresse de maison. Il n'y avait pas un seul lieutenant de toute l'armée des Indes qui ne me fît la cour, mais moi, comme il se doit, j'étais insensible comme une princesse.

Croira-t-on que je ne succombai pas à ces visions délicieuses? L'enthousiasme me soulevait. A sept ans, à huit ans, il m'était arrivé ce qui n'arrive jamais aux enfants : j'avais accompli une œuvre. Je la contemplais dans la personne de mon père que j'avais ramené de l'enfer par ma seule énergie. L'œuvre serait incomplète si je ne m'en allais pas. Papa n'avait plus besoin de moi. Il fallait le laisser libre de ses mouvements, pour qu'il fît cette éclatante carrière dont je ne doutais pas une seconde, puisqu'il me l'avait promise. Me séparer de papa pour son bien était le plus grand de tous les sacrifices en mon pouvoir : donc je devais me l'imposer. Ainsi marchait ma tête alors. Malgré l'existence si bizarre que je menais et les sentiments excessifs qui m'agitaient, je me persuadais sagement, bêtement, qu'une petite orpheline anglaise n'a pas sa place à Calcutta, ce qui est bien un raisonnement de grande personne, hélas!

Mon père, voyant que j'étais déterminée et qui, étant assuré de ma sagesse, avait pris l'habitude superstitieuse de me suivre en tout, m'obéit une fois de plus. C'était une fois de trop. Moi partie, il ne fit rien de sa liberté. Ou plutôt il s'en servit contre lui. C'était un homme à qui la solitude ne valait rien. Il n'avait pas d'ambition pour lui seul. Il lui fallait un autre être, une femme, à qui tout rapporter quotidiennement, qui lui donnât des raisons de se surpasser. Je comprenais beaucoup de choses à huit ans; je ne compris pas cela. C'était trop subtil pour mon petit intellect ou mon petit cœur. J'étais grisée à la pensée d'aller m'enfermer dans un pensionnat en Ecosse pendant dix ans, autant dire dix siècles, et de retrouver mon cher papa couvert de gloire, m'attendant à Bombay dans ses dorures, au milieu de ses lanciers du Bengale.

Mes derniers souvenirs de vrai bonheur enfantin remontent au voyage que nous fîmes lorsqu'il me ramena en Angleterre. Autant le voyage précédent avait été affreux et triste, autant celui-ci fut charmant. Pourtant nous avions embarqué sur le même paquebot, le *Gloria Scott*, où tout me rappelait maman qui était si malade, moi qui la soignais comme je pouvais, la mer furieuse, l'angoisse des passagers et des marins. Mais, cette fois, je n'avais à veiller sur personne et le temps était beau. Un an avait passé. Un an, c'est immense pour une petite fille. J'étais toute neuve. Non certes que j'eusse oublié, mais rien ne me faisait mal. Que je fusse orpheline, que je n'eusse plus de mère était un malheur contre lequel on ne pouvait rien, qui faisait partie des données du monde. Les enfants sont très pragmatiques : j'étais orpheline pour les mêmes raisons mystérieuses et indiscutables que j'étais blonde, que j'avais les yeux bleus, que j'étais anglaise et non allemande, que la vie était ce qu'elle était et non autre chose.

Papa lui aussi était tout neuf. D'avoir quitté l'Inde, d'être dans un navire, balancé sur l'eau comme le sont les Anglais depuis le fond des temps, l'avait d'une heure à l'autre lavé de son chagrin. Il était gai, il fumait des cigares. Il jouait aux cartes chaque soir et il gagnait, ce qui ajoutait à sa bonne humeur. Nous partagions la même cabine. Il se couchait très tard. Je ne l'attendais plus le cœur battant comme six mois plus tôt. Quand il revenait à minuit de ses parties de poker, je dormais à poings fermés dans ma couchette. En débarquant à Portsmouth, il était presque riche. Avant de me conduire à Edimbourg où se trouvait la pension où l'on avait décidé que je ferais mes études, il décréta que nous passerions quelques jours à Londres, ce qui n'était pas prévu et me plongea dans la joie. Nous descendîmes dans un hôtel de grand luxe près de Piccadilly. Je crois que ce fut la plus belle semaine de ma vie. En y repensant aujourd'hui j'en suis encore éblouie. Je découvrais tout. Papa m'emmenait dans des magasins où nous achetions des robes, des chaussures, des chapeaux, des valises en cuir bardées de courroies pour mettre tout cela, et jusqu'à de petits bijoux. Nous nous déplacions dans des cabs à l'heure qui nous attendaient. Nous déjeunions dans des restaurants célèbres tels que Simpson et le Delmonico, où les maîtres d'hôtel se courbaient en deux pour me proposer le menu. L'après-midi, nous visitions l'Albert Memorial, le Parlement, le Crystal Palace. Le soir, nous allions à l'Aldwych Theatre, à Drury Lane, ou même à l'Opéra de Covent Garden écouter *La Traviata* à laquelle je ne comprenais goutte, vu qu'elle était chantée en italien et que papa m'en racontait le livret de façon très fantaisiste, faisant de Violetta l'épouse légitime d'Alfredo, lequel était obligé de s'absenter souvent à cause de son métier de capitaine au long cours. Il me prêtait une paire de jumelles en nacre et me désignait les personnes célèbres dans la salle. Mon Dieu! que je me suis amusée, que j'ai été heureuse pendant ces huit jours!

Par contraste, Edimbourg, éventré par le chemin de fer, noirci par le charbon des locomotives comme une bûche trop brûlée d'un côté, me parut sinistre. Au moment de nous séparer, moi si forte jusque-là, si raisonnable, je me conduisis comme une bête qu'on met en cage ou une folle qu'on enferme à l'asile. Je comprenais soudain que je ne reverrais pas mon cher papa avant deux années interminables, que nous serions tout seuls, chacun de notre côté, avec la moitié du monde entre nous. Je touchais du doigt avec horreur ce que c'était que l'exil et je ne savais pas le dire. Je me serrais contre mon père, je l'entourais de mes bras en pleurant comme je n'avais pas pleuré à la mort de ma mère.

Le plus curieux, dont je m'avise maintenant, est que des paroles vraies et justes me sortaient de la bouche, je prédisais l'avenir, comme si la crise de nerfs que je faisais me donnait le don de double vue. « Papa, disais-je d'une voix entrecoupée, ne me laisse pas ici, je t'en supplie. Que vas-tu devenir sans moi? Si je ne suis pas là, qui s'occupera de toutes les choses qui t'ennuieront et que tu ne feras pas, parce que tu ne supportes pas de t'ennuyer; qui t'empêchera de jouer au poker, qui t'empêchera de boire du brandy, qui te donnera du courage? Si tu ne me vois pas tous les jours, tu oublieras que c'est pour moi que tu veux devenir général, et tu ne le deviendras pas, tu t'en moqueras, tu penseras que ce n'est pas la peine. Retournons à Calcutta. Ne nous quittons plus. » Que n'avais-je éprouvé ces sentiments deux mois plus tôt, alors que nous étions encore en Inde, au lieu de me mettre en tête un sacrifice idiot! Du reste, je ne croyais pas tellement à ce que je disais. C'était les propos incohérents d'une âme douloureuse. Je ne comprenais pas que la douleur faisait jaillir la vérité comme un boulet de canon. Papa le sentait peut-être un peu, lui. Il m'étouffait contre sa poitrine. Mes larmes coulaient sur ses joues. Il était prêt à faire encore une fois ce que je demandais. « Mais oui, ma chérie, nous allons repartir, disait-il, je ne veux pas que tu pleures, cela me fait trop mal. Il ne manque pas d'écoles à Calcutta. Nous allons reprendre le bateau. Nous allons retourner là-bas. Tu as raison, je ne peux pas vivre sans ma petite Mary. Rien ne nous séparera jamais, je te le jure. Moi non plus, je ne veux pas te quitter. Restons toujours l'un près de l'autre!... »

Je suppose que cet arrachement d'une fille à son père devait former une scène assez déchirante. Pour notre malheur, elle se jouait devant une personne qui n'y était pas sensible. Mrs Mc Lamuir, la directrice de la pension, n'était pas émue le moins du monde par nos démonstrations. Elle nous considérait avec l'air de tranquillité et d'expérience qu'arbore un médecin devant un symptôme de maladie. Au milieu de mes larmes, j'interceptai un de ses regards, qui me calma. Malgré ses fanons de dindon, son binocle, sa raideur, son quant-à-soi, sa voix extrêmement distinguée, c'était une bonne nature, et cela se sentait. On voyait qu'elle aimait faire du bien à son prochain, à la manière d'un médecin, justement, c'est-à-dire qu'elle était convaincue de savoir mieux que les intéressés ce qui était bon pour eux, et le cas échéant elle les forçait à avaler ses potions. En quelques paroles, elle nous tira de notre rêve exalté, elle nous replaça dans le quotidien de la vie. Si j'avais été moins jeune, et mon père moins influençable, nous aurions pris nos jambes à notre cou, car c'est notre amour qui était bon pour nous, et non ce que Mrs Mc Lamuir nous exposait, à savoir : l'inconvenance pour une jeune fille de vivre au milieu de soldats loin de la mère patrie, la nécessité qu'elle fût éduquée en Grande-Bretagne et y acquît le genre comme il faut sous peine de mort sociale. Comment mon père aurait-il pu remplacer ma mère ? Il me fallait des femmes autour de moi. Quant à lui, mon père, passé la tristesse inévitable de la séparation, il se sentirait très léger. Un lieutenant de l'armée des Indes ne saurait s'embarrasser d'une petite fille : il a ses amis, ses clubs, sa carrière, ses amusements. Mrs Mc Lamuir avait au plus haut point l'aspect compétent des gens médiocres, avec qui l'on n'ose pas discuter parce qu'ils sont bourrés d'arguments. Son discours nous intimida. Il reproduisait de façon didactique et grave les idées que j'avais eues moi-même naguère et que j'avais inculquées à papa. On ne garde pas rancune d'un faux diagnostic à un médecin, car on sait qu'il a tâché quand même de vous guérir. Mrs Mc Lamuir croyait sincèrement que nous nous laissions abuser par notre émotion. Elle était réellement persuadée qu'elle était mon sauveur, que la Providence l'avait mise sur ma route pour m'empêcher de tomber dans d'indicibles horreurs. A Calcutta, dans son esprit, je fusse immanquablement devenue une sauvageonne, une virago, tout juste capable d'épouser un sergent de carrière, j'aurais pris un accent détestable, et l'on ne m'eût jamais reçue nulle part, comble d'infortune pour un être humain.

J'ai passé neuf ans à la pension Mc Lamuir et je n'y ai pas du tout été malheureuse, comme je prévoyais. Au bout de quelques semaines, peut-être de quelques jours, j'y pris mes habitudes, je me sentis tout à fait chez moi. Mrs Mc Lamuir régnait avec majesté et autorité, à quoi l'aidait beaucoup une certaine forme de bêtise qu'elle avait. J'ai appris là-bas le plaisir que procure un monde ordonné, où il n'y a pas de place pour la responsabilité, l'imprévu, la révolte, le sacrifice, le romanesque. Après l'existence violente si au-dessus de mon âge, que j'avais eue, et pendant laquelle je ne trouvais rien ni personne pour m'appuyer, je fis connaissance avec les délices de la discipline. Je n'avais plus de décisions à prendre, plus de ces fardeaux sur mes petites épaules que je pensais quelquefois qu'elles ne les supporteraient pas jusqu'au bout. J'étais entourée enfin de vraies grandes personnes, qui agissaient comme telles, c'est-à-dire qui me donnaient des ordres et qui me punissaient si je n'obéissais pas. Quel repos! Je me mis très vite à croire que les choses, au bout du compte, étaient très bien comme elles étaient. J'aimais papa tout autant, mais de loin, sans amertume, car je savais qu'il était tiré d'affaire et prêt pour de grands travaux; sans inquiétude non plus parce que je n'étais pas témoin du détail de ses sentiments et de sa vie. Je me laissais aller à la douceur d'être une vraie petite fille. Mes seuls drames étaient des drames de mon âge : leçon mal sue, devoir mal fait, brouille avec ma meilleure amie, insolence avec une maîtresse. J'écrivais à papa tous les dimanches. Je lui racontais longuement des insignifiances. Je recevais de lui des lettres gentilles et gaies. Mrs Mc Lamuir était très indulgente avec moi parce que j'étais orpheline et que cela touchait son bon cœur.

J'aimerais m'attarder sur mes années de pension, les amitiés que j'y ai eues, décrire Edimbourg qui est une ville magnifique malgré le chemin de fer qui la coupe en deux, parler de nos promenades à Holyrood quand revenait le printemps et que nous sortions en rangs pour respirer le bon air, sous la conduite d'une vieille demoiselle, Miss Tannahill, qui n'arrêtait pas de nous compter tant elle redoutait que l'une de nous se perdît, évoquer la reine Mary Stuart dont nous célébrions le culte. Ces souvenirs monotones et fades sont des souvenirs entièrement heureux, mais cela n'a pas grand intérêt, je le crains. Combien d'anciennes jeunes filles n'ont-elles pas fait de livres insipides avec des souvenirs similaires?

Je noterai cependant ceci : que papa, s'il avait eu un fils au lieu d'une fille, aurait désiré surtout qu'il fût champion de cricket, de boxe, de lawn-tennis, d'escrime, qu'il fût homme de cheval, qu'il entrât à Sandhurst. Ayant une fille, il tenait à ce que j'en eusse l'équivalent féminin, c'est-à-dire les quatre attributs des demoiselles du monde : le piano, le chant, l'aquarelle et le français. Malgré sa passion du jeu qui le mettait quelquefois dans des situations difficiles, il trouvait toujours les trente ou quarante guinées indispensables à cela qui, en somme, était du superflu. En quoi il avait raison, car c'est grâce à ce superflu et non à mes études sérieuses que j'ai pu gagner ma vie lorsqu'il l'a fallu. Un des côtés charmants de son caractère est qu'il se moquait tout à fait que j'apprisse des poèmes de Robert Burns et de lord Tennyson, que je fusse bonne ou mauvaise en calcul. Lorsqu'il venait en congé, il demandait tout de suite à contempler les paysages et les natures mortes que j'avais barbouillés, il me faisait asseoir au piano, jouer du Chopin et du Liszt, chanter *Lucia di Lamermoor*. Quelle que fût l'époque de l'année, fût-on en plein trimestre, et Mrs Mc Lamuir poussât-elle des cris d'horreur à l'idée que j'allais manquer des matières essentielles, il m'emportait avec lui. Il ne me donnait même pas le temps de faire ma valise. « Laisse donc toutes ces vieilleries, disait-il. Nous te referons un trousseau complet. Viens comme tu es. Je veux que tu sois à la mode de Paris ! » Nous courions jusqu'à Douvres. Nous embarquions sur la malle de Calais. Nous arrivions à Paris, et c'était trois mois de fête, ou quinze jours, selon la fortune que papa rapportait des Indes. Nous nous établissions à l'hôtel Lotti, rue de Castiglione, où nous avions des chambres pleines de dorures, de tentures rouges et de lustres. Nous allions au nouvel Opéra de M. Garnier, à l'Opéra-Comique, au Vaudeville, au café-concert, à la revue du 14 Juillet, au musée du Louvre. Nous déjeunions au Brébant, nous soupions au Café de Paris. Mes robes venaient de chez Worth. Comment n'aurais-je pas été folle d'un père qui m'offrait ainsi, inopinément, de pareilles vacances, et qui me les offrait à sa manière forcenée, c'est-à-dire qu'il y avait toujours un peu trop de tout ? Il allait si vite et si violemment dans la vie qu'il était incapable de s'arrêter à temps.

Autre côté charmant de lui : j'avais l'impression qu'il vieillissait en même temps que moi. D'un congé à l'autre, son attitude changeait. Tant que je fus petite fille, il avait malgré son emportement quelque chose de soumis et d'attentif qui me renforçait dans le sentiment que, de nous deux, c'était moi la grande personne raisonnable; dès que je fus une jeune fille, ou une ébauche de jeune fille, il cessa d'être petit garçon, il devint un homme, qui escorte une dame, qui la protège, qui prévient ses désirs, qui s'interpose entre le monde et elle, afin qu'elle n'en ait que les aspects agréables, que les douceurs. Ces transformations ne m'échappaient pas, elles ajoutaient à mon bonheur; je trouvais que c'était une façon extrêmement délicate de me faire comprendre que je me transformais moi-même, et que je devais me conduire en conséquence.

Ma seule contrariété était que mon père ne faisait pas la belle carrière qu'il m'avait promise. En neuf ans, il passa tout juste capitaine, ce qui était loin de mes espoirs. Sa dernière affectation me déplut particulièrement : il était l'un des officiers de la garnison des îles Andaman. Il me l'écrivit sans me dire en quoi consistaient ses fonctions. Mais je le savais bien. Les îles Andaman sont un petit archipel montagneux du golfe du Bengale. Il y a quatre îles principales. C'est un de ces endroits désolés, sinistres, à peu près déserts, dont on ne peut faire qu'un bagne. Aussi, depuis une vingtaine d'années, était-ce en effet un bagne. Les convicts étaient des criminels, des soldats condamnés par le conseil de guerre, des indigènes qui avaient échappé à la potence, certains rebelles afghans ou cipayes. Mon père garde-chiourme, quelle triste idée! Je n'avais pas rêvé cela pour lui ni pour moi. J'espérais un peu qu'on l'avait détaché à la base navale des Andaman, qui s'appelle Port Blair, comme on sait, mais qu'y aurait-il fait? Il n'était pas marin. Non, hélas! c'est bien geôlier qu'il était, métier sans gloire, alors que si souvent, dans mes rêveries de petite fille, je l'avais imaginé à cheval, avec son casque blanc et ses bottes jaunes, son revolver fumant à la main, matant des révoltes, pacifiant des territoires, aussi bon et clément après la victoire qu'il avait été indomptable dans la bataille. Pauvre papa! c'est sur cette image de geôlier, si peu compatible avec son caractère tendre, léger, excessif, juvénile, que je suis restée. Je ne l'ai plus revu. J'avais dix-sept ans. Mrs Mc Lamuir qui, avec le temps, s'était faite à ses caprices et ne se fatiguait plus à leur résister, m'avait conduite elle-même au train. Je devais retrouver immédiatement papa à Londres, à l'hôtel Langham. Il m'avait expédié un télégramme de dix lignes, magnifique et coûteux comme un bouquet de roses, rempli de mots d'amour à trois pence la pièce. C'était le 3 décembre 1878.

Etrange chose que le destin! Etrange et douloureuse. Le chagrin et le mystère sont entrés ensemble dans ma vie ce jour-là. Dans la chambre de mon père, au Langham, il n'y avait que ses cantines qui contenaient ses vêtements, ses livres, une quantité de bibelots et de petites œuvres d'art indiennes. L'une des valises m'était visiblement destinée; elle était pleine de cadeaux dans lesquels je reconnaissais la démesure et le goût de papa : c'était des saris coupés dans des soies somptueuses, de vrais saris de maharanée, des bracelets et des colliers d'argent très lourds, des défenses d'éléphant où l'on avait ciselé vingt, trente, cinquante petits personnages chassant le tigre ou bien une scène de la vie d'Indra.

J'étais étonnée qu'il fût descendu au Langham, hôtel de second ordre, pas du tout dans son style. Lorsqu'il venait à Londres, il lui fallait au moins le Claridge. J'eus le temps de m'interroger là-dessus car je passai toute la journée à l'attendre. La chambre du Langham s'est gravée dans ma mémoire. Mon père avait quand même exigé la plus jolie de l'établissement et, quoiqu'il n'y eût guère séjourné, sa personnalité originale l'avait déjà imprégnée. Ce n'était rien : un manteau jeté sur un fauteuil, une statuette de danseuse à demi nue et souriante posée sur un coin de la cheminée, trois volumes de biais sur la table de nuit, les rideaux inégalement tirés, mais je reconnaissais sa main, j'oserai presque dire son cœur. La femme de chambre, qui était passée après son départ pour ranger et faire le lit, n'était pas parvenue à effacer des traces que j'aurais reconnues entre mille.

J'ai le souvenir d'une attente interminable. J'étais arrivée par le train de huit heures sept. J'avais pris un cab à la gare de Saint-Pancras pour voler plus vite dans les bras de papa. Il avait un congé de douze mois. Toute une année près de lui, à le voir constamment (mes études devaient finir en juin, je quitterais la pension, je viendrais habiter Londres avec lui), c'était le plus beau cadeau que je pusse rêver, le seul. Moi aussi, à ma manière, j'apportais un cadeau : mes dix-sept ans. Je les avais eus le 24 septembre. Lorsque nous nous étions quittés, deux ans plus tôt, je n'étais que la jeune fille ou l'ébauche de jeune fille mentionnée plus haut. La pensée que mon père allait voir apparaître une femme qu'il ne connaissait pas, qu'il ne prévoyait sûrement pas, que cette femme était moi, m'enchantait. J'avais savouré par avance ses exclamations d'émerveillement et de surprise. J'entrevoyais une période infinie de bonheur et aussi de luxe, car papa, à mots couverts, dans ses dernières lettres, avait fait allusion à une fortune qui lui serait pour ainsi dire tombée du ciel, et en possession de laquelle il allait bientôt entrer. Il me demandait de n'en parler à personne, mais il ne pouvait pas s'empêcher de m'en entretenir un peu, quasiment entre les lignes, pour me mettre l'eau à la bouche, pour que je me réjouisse avec lui. C'était une fortune fabuleuse à ce que j'avais cru comprendre, un trésor qu'il avait trouvé aux Indes, qui avait été transporté en secret à Londres, qui nous assurerait à tous deux pour toujours le faste qu'il aimait tant et dont il rêvait de m'entourer, moi sa fille chérie. J'étais d'autant plus intriguée par cette chambre médiocre de l'hôtel Langham. Qu'est-ce que cela signifiait? Pourquoi papa, pour qui rien n'était trop beau lorsqu'il vivait, comme on dit en français, « en tirant le diable par la queue », s'était-il logé dans cet endroit qu'il était riche?

Quand j'entrai dans l'hôtel, j'eus un sinistre pressentiment que je me dépêchai de chasser. Mon père avait avisé le concierge de ma venue; ainsi ne fit-on pas de difficultés pour me conduire à sa chambre. Mais le directeur, ou le gérant, me dit qu'on n'avait pas revu le capitaine Morstan depuis la veille au soir. Il était sorti vers sept heures, avant le dîner. Du reste, je pouvais le constater : son lit n'était pas défait. La chambre avait l'aspect mort des lieux où l'on a fait le ménage après le départ de leurs occupants. J'en fus saisie. J'avais beau m'exhorter, me dire que papa était peut-être allé chercher son fameux trésor dans le Surrey ou dans le Kent où il était entreposé, qu'il avait passé la nuit là-bas, qu'il allait revenir d'une minute à l'autre, que je rirais bientôt de mes alarmes, je ne pouvais m'empêcher d'être triste, d'entendre mon cœur battre, de ressentir dans mes membres cette espèce de langueur impatiente qui est le langage obscur du corps, par lequel il tâche d'avertir notre esprit qu'un malheur marche vers nous. Que mon père, après m'avoir télégraphié de courir le rejoindre à Londres, ne fût pas là pour m'accueillir, me serrer contre lui, m'embrasser, se livrer à cent folies joyeuses, était une chose inconcevable.

3

Le Langham Hotel – Pondichéry Lodge – « Elle a pas de pilon » – Le major a des yeux de langouste et il est servi par un lézard – Présence du diable – Arrivée d'un ange

Cela se passait le 3 décembre 1878. Je me revois assise dans la chambre du Langham. J'essayais de lire un des livres qui étaient sur la table de nuit. C'était un ouvrage français intitulé : *La Vérité sur la campagne de 1870, examen raisonné des causes de la guerre et de nos revers*, par Fernand Giraudeau, ex-chef de division au ministère de l'Intérieur. J'ai précieusement conservé ce volume, je l'ai lu par la suite, mais, ce jour-là, j'étais incapable de fixer mon attention. Mes yeux couraient sur des lignes imprimées et arrivaient au bas des pages sans que j'eusse compris un mot. Chaque fois que j'entendais le pas d'un cheval et les roues d'une voiture sur le macadam, je me précipitais à la fenêtre. Il faisait froid, le temps était noir, la rue envahie de fog. La chambre était chauffée par une rampe de gaz dans la cheminée, qui s'éteignait périodiquement et qu'on ne pouvait rallumer qu'en glissant une pièce de trois pence dans un compteur. De temps en temps, la femme de chambre de l'étage frappait à la porte, ou bien le directeur. Ils passaient la tête, ils me demandaient si je n'avais besoin de rien. On m'apportait du thé, des gâteaux. A la nuit, le directeur me conseilla de m'adresser à la police. Encore un souvenir ineffaçable : moi dans le brouillard, frissonnant de froid et d'inquiétude, avec encore un peu d'espoir cependant, cheminant vers le commissariat.

J'avais quelques guinées, Dieu merci, car papa n'avait rien payé d'avance à l'hôtel et il n'y avait pas d'argent dans ses bagages. Je présume que son plan était de ne rester là qu'une ou deux nuits, et ensuite, lorsqu'il en aurait les moyens, de déménager, de se loger dans quelque endroit somptueux. Du moins est-ce la seule explication que je trouve au petit mystère du Langham. Sinon que le ciel, sachant qu'il disparaîtrait, l'ait mené là. Sa petite orpheline avec ses pauvres ressources n'aurait pas pu tenir bien longtemps au Claridge. Papa avait sûrement joué gros jeu sur le bateau et perdu tout ce qu'il avait. Au lieu de me donner de l'amertume, cette idée m'attendrit. D'abord, parce que j'étais toujours attendrie par ses faiblesses, et aussi parce qu'il n'avait rien mis en gage des cadeaux qu'il m'avait destinés. C'était tout lui, cela, c'était toute sa légèreté et tout son amour : il avait refusé de se refaire plutôt que de ne pas me couvrir de présents ruineux et inutiles.

Mon pécule me permit de m'établir au Langham. Par superstition, je voulus garder la chambre que mon père avait choisie, au lieu d'un réduit à l'étage des courriers qu'on me proposa, afin de me faire faire des économies. Quel cauchemar que ce séjour ! J'allais au commissariat où de braves constables me recevaient gentiment, me versaient du thé, et me disaient qu'il n'y avait rien de nouveau. Je faisais paraître des annonces dans les journaux qui restaient désespérément sans réponse. Le seul ami que mon père eût à Londres, chez qui je me rendis, ignorait même qu'il fût en Angleterre. C'est à cette visite, je crois, que culminèrent mon angoisse et mon chagrin. J'en eus l'explication beaucoup plus tard. Il s'agissait d'un homme sensiblement plus âgé que papa, qui m'inspira, lorsque je le vis, une extrême répulsion. Je crus être en présence du major Bagstock, horrible personnage de Dickens, qui est énorme, tout rouge, qui devient bleu quand il est en colère et qui a des yeux de langouste. Celui-là aussi était major. Il s'appelait Sholto. Papa avait été quelque temps sous ses ordres au 34e d'infanterie de Bombay. Il avait pris sa retraite quelques mois plus tôt et vivait à Upper Norwood dans une de ces villas néo-gothiques, tarabiscotées, pleines de sculptures industrielles, de fenêtres en ogive, de chapiteaux, le tout moitié brique, moitié pierre ponce, comme les aiment les officiers de l'armée des Indes, qui y voient sans doute tout le charme de la vieille Angleterre dont ils ont été privés si longtemps. Le major Sholto avait baptisé cela « Pondichéry Lodge », ce qui avait le mérite d'être insolite, attendu que la propriété, non seulement n'avait rien d'asiatique dans l'apparence, mais encore, à sa façon ridicule, témoignait d'une civilisation aussi éloignée que possible de l'hindouisme. C'était exactement le genre de maisons qui s'appellent « The Old Manor House ». Le laid ou le commun est plutôt rassurant d'ordinaire, ne serait-ce que parce que cela prête à rire. Pourtant, quand je sonnai à la grille, j'eus peur. Cette villa grotesque avait quelque chose de maléfique comme la maison Usher d'Edgar Allan Poe. Elle était gardée par deux individus au nez cassé, aux oreilles décollées, aux poings rugueux, aux gros biceps qui faisaient craquer les manches de leurs vestons. Ils n'étaient pas vêtus comme des portiers, mais plutôt comme des voyous de Soho : complets à grands carreaux et casquettes, sans manteaux malgré le froid. Ils me dévisagèrent. L'un d'eux adressa à l'autre ces paroles sibyllines ;

— Qu'est-ce que tu crois, Williams ? On peut la laisser passer, hein ? Elle a pas de pilon. Et puis le patron nous a pas donné d'ordre pour les gisquettes.

L'homme répondant au nom de Williams m'accompagna jusqu'à la maison, par une allée qui faisait un coude. Je me trouvai soudain devant une grande statue en pierre grise de la sanglante déesse Kali, dont l'expression hideuse était renforcée par le paysage britannique, comme si on avait installé là une forme inconnue du Mal, pour l'acclimater chez nous. Un bouquet d'arbres et d'arbustes me l'avait cachée. Cette apparition me fit songer au train fantôme des foires, quand un squelette jaillit des ténèbres. J'eus peut-être un petit mouvement de recul, car Williams ricana.

— On s'y attend pas, hein ? dit-il. Le patron a ramené c't' épouvantail-là de ses voyages. C'est son goût, à c't' homme. Tiens, macaque, cria-t-il en apercevant un serviteur indien sur le perron de la villa, y'a une visite pour le général. Va y dire.

— Pas générra ! répondit l'Indien d'une voix haut perchée, saccadée, en distribuant curieusement les *r* et en mangeant les *l*. Pas générra. Majo'. Majo' Shoto, 34ᵉ infanterie, Bombay. C'est tès agaçant, tès agaçant.

— Je m'en fiche, répliqua Williams en s'esclaffant. Il me paie comme un général. Je lui dirais aussi bien Votre Grâce. Allez, cavale, macaque ! Dis-y, au général, qu'il y a une belle môme qui veut y causer. Peut-être que ça le distraira. Ça serait pas du luxe.

Le serviteur indien me fit encore plus mauvais effet que Williams. Celui-ci n'était qu'une brute de cockney sans mystère, une espèce de gros chien de garde, tandis que l'autre était un reptile. Pas un serpent. Plutôt un lézard, tel qu'on en voit sur les murs et qui courent comme des éclairs. Tout était fuyant en lui, regard et gestes. Il était vêtu à l'indienne, d'une redingote blanche boutonnée jusqu'en haut, d'un pantalon blanc étroit et d'un petit turban, blanc aussi. J'ai remarqué que ce genre d'habits, qui pourraient être si élégants, paraissent toujours fripés et sales, quoiqu'on les lave et qu'on les repasse sans trêve. Peut-être est-ce dû au teint de ceux qui les portent, lequel n'est pas vraiment noir, mais a une couleur plombée et maladive, qui ressort particulièrement dans nos climats.

— La memsahib attendra ici, dit l'homme, la tête à demi tournée. La memsahib donne son nom à Lal Chowder et Lal Chowder annonce la memsahib au Majo.

Lorsque je lui dis que j'étais Miss Morstan, il me regarda en face une seconde, ce qui me permit de voir ses yeux dont le blanc tirait beaucoup sur le jaune, et il me fit un sourire que je jugeai exceptionnellement laid.

— Ah! dit-il, Miss Morstan! Lal Chowder connaît bien capitaine Morstan. Lal Chowder très ami avec le khitmutgar du capitaine Morstan, comme Majo Shoto tès ami avec le capitaine Morstan. Les maîtres sont amis, les khitmutgars aussi, c'est mieux comme ça, non?

Là-dessus, comme un lézard, il disparut. Je restai une dizaine de minutes seule dans la pièce où l'on m'avait introduite et qui répondait tout à fait à l'aspect extérieur de la villa. Elle était construite sur le modèle des salles des gardes que l'on voit dans les vieux châteaux d'Ecosse et d'Irlande, à cela près que tout était réduit. Ce n'est pas un bœuf que l'on eût pu rôtir dans la cheminée, mais tout au plus deux poulets. Le plafond n'avait pas trente pieds de haut mais douze. Les vitraux des fenêtres à meneaux représentaient d'évanescents chevaliers et des dames à tresses blondes si outrageusement préraphaélites que le plus obtus des paysans se serait aperçu qu'ils n'avaient pas dix ans d'âge. Le sol, pavé de dalles de pierre, ainsi qu'il sied, était semé de peaux de tigres. Quant au mobilier, c'était un entassement hétéroclite de fauteuils en cuir capitonnés, de tables de trictrac, de canapés Louis XVI recouverts de brocatelle, de pendules à l'éléphant ou à la montgolfière. Deux grandes défenses d'ivoire croisées comme des sabres occupaient un pan de mur. Ce mélange de jolis meubles, de souvenirs des Indes et de faux Moyen Age était si curieux que je ne sentis pas le temps passer et que je n'entendis pas le major Sholto entrer. Il avait, il est vrai, la légèreté des hommes gros. Je sursautai lorsqu'il me parla. Il avait la voix brève, ronchonne, catarrheuse que, je ne sais pourquoi, les militaires de carrière adoptent si volontiers mais que mon père, grâce à Dieu, n'affectait nullement.

– Hum! dit-il, les bronches grondantes. Je me présente. Sholto, major au 34e, caserné à Bombay. Cité à Balaclava. Croix de Saint-Michel et Saint-George, Victoria Cross. Miss Morstan, je présume. Comment allez-vous? Avez-vous des nouvelles de votre papa? Charmant homme, tout à fait charmant. Très bon officier. Excellent camarade. Toujours partant pour un poker et un saladier de punch. Enchanté de vous connaître. Que me vaut le plaisir?...

Le major Sholto paraissait la soixantaine, encore qu'il ne dût pas être si vieux. Comment mon père avait-il pu nouer des liens d'amitié avec un homme aussi différent de lui? Il n'y avait certainement pas une idée en commun entre eux, pas un sentiment. Il était flagrant que le major Sholto était le contraire du capitaine Morstan. Autant celui-ci était délicat, gentil, généreux, confiant, naturel, autant celui-là était insensible, dissimulé, rapace. Cela se lisait dans toute sa personne, et c'était même intéressant à observer, car le major avait l'apparence d'un bon vivant, d'un de ces braves militaires tout d'une pièce, aux idées courtes, qui se font tuer à la guerre ou en duel sans savoir comment, tant ils sont intrépides. Mais les yeux de langouste démentaient tout cela. Un tel personnage, bourré de rosbif et de côtelettes, abreuvé de bordeaux, qui avait tant fumé de cigares qu'il s'essoufflait après avoir prononcé trois paroles, dont le postérieur tendait le pantalon, dont les joues flamboyaient, dont la nuque avait l'épaisseur d'un avant-bras, dont la moustache grise était hérissée comme une vieille brosse à dents, ce pilier de l'empire britannique pour tout dire, n'a pas le regard inhumain qui de temps à autre se posait sur moi. Il a des yeux bleus, ingénus, délavés, clignotants, noyés d'eau, exprimant une stupidité de bon aloi. Or, les yeux du major Sholto étaient noirs, ternes, tout ronds, placés si loin du nez qu'on aurait dit qu'il pouvait voir de côté sans tourner la tête. Je n'avais malheureusement que dix-sept ans et, bien que je fusse une femme, je me méfiais de mon instinct, je n'osais pas croire à mes intuitions. Une petite voix au fond de moi m'avertissait que tout, dans cet homme, était mensonge, mais c'était une voix hésitante et faible, un timide murmure. La grosse voix de la raison n'avait aucune peine à la couvrir. Le major Sholto était la seule personne dans tout Londres dont je pusse espérer quelque chose. Ce n'était pas le moment de faire la fine bouche. Je lui racontai l'arrivée de mon père, son télégramme si pressant, sa disparition, ses cantines dans la chambre du Langham, mon attente, mes recherches.

– Bien, bien, graillonna-t-il en dardant sur moi son regard de crustacé. Très bien. Tout à fait d'accord. Mais permettez-moi une question, Miss Morstan. Pourquoi moi? Pourquoi une visite à moi? Avez-vous vu un papier qui me mentionnait dans la cantine de l'ami Morstan? Hein? Quoi? Dites-moi ça. Et dites-moi ce qu'il y avait sur le papier. On ne sait pas, hein? Cela peut servir. J'aime beaucoup l'ami Morstan. Beaucoup. Mais il faut tout dire au bon major Sholto. Tout. Pas de cachotteries.

Il me sembla qu'il ressentit une espèce de soulagement quand je lui affirmai que je n'avais trouvé aucun document le concernant, et que je n'étais venue le voir que parce que mon père m'avait parlé de lui autrefois.

– Parfait, parfait, dit-il dans une quinte de toux. Pauvre petite! Vous allez le retrouver, le cher Morstan, c'est sûr. On ne s'évapore pas comme ça, en plein XIXe siècle à Londres. C'est Sholto qui vous le dit, et Sholto ne raconte pas de blagues. Hum! pardon pour ce mot de « blague », un peu osé pour une demoiselle. Langage de vieux militaire qui dit les choses comme elles sont. Papa Morstan est plus raffiné, hein? Ah! Encore un détail, chère Miss Morstan. Mon adresse? Comment l'avez-vous eue? Personne ne sait que je me suis établi ici. Ce n'est pas un secret, non, non! Sholto n'a rien à cacher. Il pourrait vivre dans une maison de verre. Mais Sholto veut être tranquille, voilà. Répondez.

Une fois encore, le regard de langouste se fixa sur moi et j'en fus curieusement gênée. Je déclarai au major que j'avais eu tout simplement son adresse par Scotland Yard.

– Et voilà! s'écria-t-il avec un rire rocailleux qui se termina dans des halètements. Suffisait de le dire. La police sait tout. Bonne vieille police! Mais il y a une chose qu'elle ne vous a pas dite. Hein? Quoi? J'ai vu que vous étiez épatée – hum! épatée, ce mot-là non plus ne figure pas dans le vocabulaire des jeunes personnes –, enfin, va pour épatée!... Oui, épatée par mon mobilier, j'ai remarqué ça. Encore une chose facile à expliquer. Tout est facile à expliquer quand on n'a rien à cacher. J'ai hérité d'un oncle. Les oncles meurent quelquefois. Ha! ha! Le mien m'a légué un tas de meubles et de pendules. Et mes peaux de tigres, hein? Vous n'en verrez pas souvent de pareilles. Des bêtes superbes, des tigres du Kanah et de Madhapur, s'il vous plaît. Tous tués par le major Sholto. Celui-ci en 62, celui-ci en 65, celui-ci en 68 et le dernier en 72. Ah! la chasse au tigre, Miss Morstan, il faut avoir connu cela! Eh bien, j'ai été très content de vous rencontrer. Très content. Vous verrez, tout ira bien. Papa va réapparaître demain ou après-demain. C'est un jeune homme. Dix ans de moins que moi, je dirai. Un jeune homme, à Londres, cela fait des frasques, surtout quand il revient d'un pays perdu comme les Andaman. Papa est en bordée. Oh! Pardon! s'écriat-il en me voyant rougir. Je n'aurais pas dû dire cela. Sholto est incorrigible. Les petites filles pensent toujours que leurs papas sont des anges. Adieu, Miss Morstan. Ne mollissons pas. C'est le conseil du major, et le major est toujours de bon conseil.

Il frappa dans ses mains et le khitmutgar entra aussitôt de son pas de lézard. Cette manière d'appeler les serviteurs indiens m'a longtemps déconcertée. Du temps que j'étais petite, à Calcutta, je ne parvenais pas à m'y accoutumer. Je m'acharnais à tirer le cordon de la sonnette et personne ne venait. Puis je me suis mise à taper dans mes mains à mon tour, et mes deux Ghurkas apparaissaient comme si j'avais frotté la lampe d'Aladin. Les grandes maisons de l'Inde comportent une foule de domestiques qui sont paresseux à proportion de leur nombre. Chacun a sa petite fonction qui ne lui prend que quelques heures par jour, sinon quelques minutes. Le reste du temps, ils se tournent les pouces. Deux ou trois valets, parfois plus, sont au service exclusif d'un seul maître. Ils le suivent partout. Ils se tiennent derrière la porte, en prêtant l'oreille, ce qui fait bien leur affaire, car ils sont la curiosité et l'indiscrétion mêmes. Il y a une certaine façon de frapper dans ses mains à laquelle ils ne se trompent jamais.

— La memsahib suit Lal Chowder, dit le khitmutgar en me faisant une révérence exagérée. Lal Chowder reconduit la memsahib à la grille pour partir. La visite est finie. En avant, marche!

Moi qui ne suis pas d'un naturel morose, j'étais accablée. Qu'avais-je espéré en allant à Norwood? Je ne sais pas au juste, mais j'avais espéré quelque chose. Que le major, peut-être, aurait reçu une lettre de mon père, qu'il fournirait une clé à l'énigme qui m'oppressait. Toute jeune fille que j'étais, il me restait des traits enfantins : mon esprit se refusait à imaginer des malheurs irrévocables, et pourtant j'avais vu mourir ma mère jadis, je m'étais arrachée de mon père, à présent encore mon cœur était étreint par le pressentiment d'une tragédie. Comme les enfants, je croyais que tout était toujours sujet à révision. Papa disparu sans laisser de trace, c'était une absurdité et une absurdité ne dure pas : elle n'est qu'une apparence incompréhensible recouvrant des faits dont on s'aperçoit un jour ou deux plus tard qu'ils étaient bien simples et bien naturels. L'absurdité se dissipe comme une fumée, on en sort comme d'un cauchemar, on est le premier à rire de la peur qu'on a eue. Or, l'absurdité que je vivais ne se dissipait pas. Elle s'épaississait plutôt. C'est peu dire que le major Sholto m'avait déçue : il m'avait fait une impression atroce, dont je ne me rendais pas bien compte, du reste, et que je combattais au nom de la raison. Mais l'abattement, le désespoir où j'étais en sortant de chez lui étaient les plus forts. J'avais le sentiment d'être toute salie, non pas salie épidermiquement comme on l'est par de la boue, mais en profondeur. Pendant une demi-heure, j'avais été en présence du Mal, et le Mal était entré en moi. Je le sentais comme un objet, comme un microbe qui m'aurait sauté dessus. J'avais l'esprit en révolte. J'étais pareille aux chevaux qui donnent des coups de pied dans leur bat-flanc quand le diable rôde autour de l'écurie. Mon esprit critique, qui ne m'avait pas quittée, alimentait cette espèce de fureur : je songeais qu'on ne saurait avoir trop de méfiance à l'égard des gens qui parlent d'eux-mêmes à la troisième personne. Ce n'est pas seulement par vanité, par suffisance, mais aussi par désir de se dédoubler, de montrer d'eux objectivement pour ainsi dire une image rassurante. Il était révélateur que le major et son khitmutgar en usassent de la sorte. Le maître avait déteint sur son serviteur. Ils se ressemblaient. Par intermittence, je soupçonnais que j'avais eu affaire à deux larrons singulièrement liés l'un à l'autre.

– Lal Chowder vous souhaite le bonjour, memsahib, dit le lézard en ouvrant une bouche mince de petit saurien. Lal Chowder vous souhaite le bon voyage. Bye-bye, memsahib.

Les deux portiers à casquette actionnèrent la grille. Lorsque je l'eus franchie, ils la refermèrent soigneusement et l'entourèrent d'une chaîne armée d'un gros cadenas, en faisant des plaisanteries de cockneys sur le patron qui avait la frousse des cambrioleurs. Ces précautions me parurent bizarres, mais on comprend tout, on comprend trop, hélas! quand on est jeune. Je pensai qu'elles ne signifiaient rien, que le major Sholto, ayant fait la guerre en Crimée, ayant vécu aux Indes pendant des périodes troublées, ayant été geôlier au bagne des Andaman, en avait conservé un goût excessif pour la sécurité et les serrures.

De Pondichéry Lodge à la gare du chemin de fer, il y avait environ un demi-mille. Bien que le froid de décembre fût vif, cette marche me remit les idées en place. Les chevaux qui donnaient de furieux coups de sabots dans ma tête se calmèrent; le mal sortit de moi aussi subrepticement qu'il y était entré. C'est l'effet habituel et bienfaisant de la nature. Je chassai de ma mémoire l'homme aux yeux de langouste, son domestique reptilien, ses gardes du corps, son horrible villa, ses mystères. Il n'était pas possible que papa ait eu un tel individu pour ami. Papa était la lumière. Le major Sholto était l'ombre. J'avais perdu une journée. Il était évident que papa n'était jamais venu à Norwood.

A force d'économies, me nourrissant de trois petits pains par jour, acceptant de quitter la belle chambre de papa et de grimper à l'étage des courriers ainsi que me l'avait obligeamment offert le directeur du Langham, lavant moi-même mon linge dans la cuvette de toilette, je fis durer trois semaines mon séjour à Londres. Ces trois semaines, occupées à courir en tous sens, à n'arriver nulle part, à me débattre dans le noir, m'ont laissé un souvenir si pénible que je suis encore tremblante en les évoquant. J'appris à cette occasion ce que c'est vraiment que de souffrir. Mes épreuves d'autrefois n'étaient presque rien en comparaison de l'incertitude où j'étais. Chaque jour qui passait m'enfonçait d'un degré dans le découragement. Mon corps et mes membres étaient creux. Le matin, je me réveillais en pleurant. Je me rappelais tout à coup ma situation, si différente de mes rêves heureux de la nuit, et j'avais cinq minutes de désespoir aigu. Après quoi, je me levais et c'était les allées et venues habituelles : ma tournée dans Fleet Street, afin de vérifier auprès des journaux si l'on avait répondu à une de mes annonces, ma visite à Scotland Yard et, pour finir, des heures d'inaction. Je revenais dix fois dans la journée à l'hôtel, espérant y trouver une lettre, un télégramme, un message, papa en personne m'attendant les bras ouverts. J'imaginais mon explosion de joie. Je conjurais le Seigneur de faire ce miracle. Pour tuer le temps, j'allais partout où l'on peut entrer gratis : au British Museum, à Westminster Abbey, à Saint-Paul, dans les jardins de Kensington. Je contemplais la relève de la garde à Buckingham Palace comme un badaud de province. J'écoutais les prophètes de Hyde Park sans entendre un mot de leurs vaticinations, tant j'étais absorbée dans mon anxiété. J'aurais voulu être partout à la fois, faire cent choses en même temps, et j'étais indignée par mon impuissance. Pour faire durer davantage mon argent, je ne prenais même pas l'omnibus. Le soir, j'avais marché pendant des dizaines de milles. Les jambes me rentraient dans le corps, j'étais éreintée. Je me jetais dans mon petit lit de courrier à sommier métallique qui sonnait comme un carillon chaque fois que je me tournais, et je m'endormais comme une brute.

Le seul miracle que Dieu consentit à faire pour moi fut qu'au bout de trois semaines, alors que je n'avais plus un farthing et que je me demandais comment je m'y prendrais pour payer mon billet de chemin de fer pour Edimbourg, je vis débarquer à l'hôtel la bonne Mrs Mc Lamuir. Mrs Mc Lamuir en voyage était un spectacle. Elle était entourée de voiles comme une momie de bandelettes, mais une momie obèse. Elle portait un chapeau qui avait trois pieds de diamètre et un carrick vaste comme une tente. Ce dindon gigantesque et majestueux, descendant du cab, avait une expression si bonne, si maternelle, que j'éclatai en sanglots. Je m'abattis sur sa poitrine, ce qui la déconcerta, ce genre de démonstration n'appartenant en aucune façon à sa conception du monde et à sa morale. Cependant, le geste que je suppliais le Seigneur que fît mon père retrouvé, c'est elle qui le fit : elle referma ses bras sur mes épaules et me pressa contre elle. Je crois que, pour la première fois de sa vie, elle était émue.

A travers mes hoquets et mes reniflements, j'entendais sa voix distinguée qui me disait avec douceur : « Ma petite Mary, ma petite fille... Tante Margaret est là. N'ayons plus peur. Je vais m'occuper de tout. Allons, ma petite chérie, calmons-nous. Ne pleurons plus. Cela n'est pas convenable. Redevenons la raisonnable petite Mary dont nous sommes si fiers!... »

Curieuse chose que l'esprit critique. Au milieu des pires drames il ne m'abandonne pas. J'en suis quelquefois gênée, comme s'il y avait là, de ma part, un manque de cœur. J'avais beau inonder de mes larmes le jabot de Mrs Mc Lamuir, je n'en observais pas moins qu'elle s'adressait à moi en disant « nous », comme si elle et moi nous ne faisions qu'un, et j'étais touchée par cette tournure gentiment pédante, j'y voyais autant d'affection et de dévouement que j'avais décelé de fausseté dans la manie du major Sholto de parler de lui-même à la troisième personne du singulier. Mrs Mc Lamuir, elle aussi, était un des piliers de l'empire britannique.

Elle tint à monter dans ma chambre pour m'aider à mon baluchon. Ce fut là d'autres exclamations. Pauvre enfant qui avait été si petitement logée! Une chambre de domestique pour une élève de la pension Mc Lamuir d'Edimbourg, qui aurait jamais prévu cela? Mrs Mc Lamuir ne se pardonnait pas de m'avoir laissée si longtemps dans une telle détresse. Une jeune fille de dix-sept ans, toute seule sur le pavé de Londres, pendant trois longues semaines, de mémoire d'homme cela ne s'était jamais vu. Mais nous allions partir toutes les deux. J'allais retrouver le calme du pensionnat où la vie est simple comme des problèmes de robinets qui remplissent une baignoire, et les sentiments clairs comme la peinture des couloirs. C'était cela qu'il me fallait après tant de tribulations, et on y veillerait. Devant cette bonne personne qui descendait du ciel comme un *Deus ex machina*, et en qui je découvrais des trésors d'amour maternel, je me remis à pleurer à chaudes larmes. Mrs Mc Lamuir là encore m'étonna. Elle me dit d'un ton sec, un vrai ton de mère, que cela suffisait, que « nous nous étions assez attendries sur nous-mêmes », et qu'il était urgent de « nous ressaisir ». C'était tout à fait le genre de gronderie dont j'avais besoin, sans quoi je pense que j'aurais sangloté sans arrêt pendant deux jours. Elle avait deviné cela, elle l'avait senti derrière son binocle. Je me tamponnai violemment les yeux à la manière des enfants, lorsqu'ils décident que leur chagrin doit s'arrêter, et je me forçai à faire un sourire.

– Eh bien! dit-elle en souriant aussi, vous voyez que ce n'est pas si difficile! Vouloir, c'est pouvoir. Nous devons être brave et nous le serons, n'est-ce pas? Allons, Mary, du nerf! Nous avons un train dans une heure et demie. Il ne s'agit pas de le manquer. Le plus tôt nous aurons quitté cet affreux endroit, si inconvenant pour une jeune personne, le mieux ce sera. Passez-moi ces brosses. Pliez-moi un peu mieux ce jupon, s'il vous plaît. Ce n'est pas parce que nous sommes malheureuse que nous devons faire les choses n'importe comment. Qu'est-ce que c'est que ces mains qui tremblent? Otez-vous de là. A-t-on idée de remplir une valise de la sorte?

La présence de Mrs Mc Lamuir m'avait enlevé mon énergie. Il ne m'en restait même pas pour empaqueter mes affaires. Moi qui avais été infatigable pendant trois semaines, qui avais remué ciel et terre, et qui l'aurais fait indéfiniment, j'en suis sûre, j'étais soudain molle comme une chiffe, je n'avais plus aucun ressort. Maintenant que quelqu'un prenait en main mon destin, et que je n'avais qu'à obéir, je me sentais moulue comme un portefaix que l'on décharge d'un fardeau qui a écrasé son échine pendant des heures. J'avais envie de me coucher par terre, de ne plus bouger, de devenir paquet à mon tour. Mrs Mc Lamuir voyait cela parfaitement mais feignait de ne pas le remarquer, ce qui était d'une telle délicatesse que, malgré mon hébétude, je sentis une fois encore mes yeux se mouiller. Le monde qui, pendant trois semaines, n'avait été que désordre, obscurité, hostilité, inconfort, redevenait familier et doux. Je revenais à la vie. Tout se dénouait en moi. J'avais sommeil. Il émanait de Mrs Mc Lamuir un parfum de violette que je connaissais bien, l'ayant respiré quasi quotidiennement pendant neuf ans. Ce parfum remplissait ma petite chambre. Il me disait avec éloquence que mes tribulations prenaient fin, que désormais je n'étais plus seule à me débattre contre des mystères tragiques, que quelqu'un de compétent se substituait à moi. Autre effet bienfaisant de Mrs Mc Lamuir : du fait qu'elle était là, positive, pratique, matérielle, rassurante, qu'elle me consolait, qu'elle me grondait, qu'elle remettait l'existence en marche, j'acceptais l'idée, intolérable la veille, que je ne reverrais peut-être plus jamais mon père; elle ne me causait plus que du chagrin, et je calculais, comme les enfants, que je rongerais ce chagrin avec le temps, qu'il diminuerait, qu'il se métamorphoserait un jour en un souvenir tendre. Pendant mon séjour à Londres, il me semblait que j'avais une épée plantée en moi, et une grande plaie qui saignait sans cesse. Mrs Mc Lamuir était venue et avait retiré l'épée. La blessure était encore douloureuse, mais ne saignait plus.

Je n'ai effectivement jamais revu mon père. Il a disparu de ma vie le 3 décembre 1878 et, comme je le prévoyais, j'ai fini par m'accoutumer à cette absence. C'était comme s'il était aux Indes et qu'il ne m'eût jamais écrit. Je songeais quelquefois avec attendrissement que c'était bien dans sa manière de mourir ainsi, sans prévenir personne, pas même moi, de s'en aller de ce monde sur la pointe des pieds, sur une dernière chimère, celle du trésor fabuleux, lui qui avait passé son temps à chevaucher des chimères. Ma peine, qui était au début égoïste et sauvage, s'adoucit par ces réflexions. Papa était un être aérien et gai, qui marchait un peu trop vite sur la terre. Un jour, il a été si rapide qu'il a semé tout le monde. Même moi je ne l'ai pas retrouvé. Le pauvre n'aura rien réalisé de ses ambitions; il n'a été ni colonel, ni brigadier, ni vice-roi, mais aurait-il dépassé le grade de major s'il avait vécu? On ne monte pas haut dans la hiérarchie des hommes quand on est fantasque comme lui. Après tout, ce qu'il voulait, il l'a eu : le jeu, le luxe, l'amour de sa fille, car je l'ai aimé passionnément, il le savait, et il m'aimait autant. Il a fait pour moi les folies que font les hommes pour les femmes dont ils sont amoureux. Nous nous attendions pendant des années de chaque côté de l'Océan, nous nous voyions pendant quelques semaines, quelques mois, et il me comblait comme une fiancée, comme une courtisane. Il m'appelait son bijou, son adorée, son pinson parce qu'en sa compagnie je pouffais de rire du matin au soir, sa petite sultane, sa rani. Il a fait de moi une jeune fille accomplie, comme il le désirait tant, avec quelque chose de plus, que je tiens de lui seul, de sa façon d'être que j'observais avec avidité, il m'a donné un peu de ce qu'il possédait au plus haut point : l'intelligence de la vie, ou, si l'on préfère, l'usage, ce mélange si particulier de respect des convenances et de largeur d'esprit, cette faculté de comprendre avant de savoir. L'unique chose qu'il ne m'ait pas léguée, c'est de l'argent. Et encore : les grosses perles que j'ai reçues par la poste, six ans durant, de 1882 à 1888, représentent une petite fortune. N'est-ce pas lui qui, par des voies détournées, me les envoyait, pour preuve que le grand trésor existait bien, que j'avais eu tort de ne pas croire en mon papa une dernière fois?

Mrs Mc Lamuir ne m'avait jamais traitée autrement que les autres pensionnaires. Après son expédition de sauvetage, elle se mit à m'aimer. Non certes qu'elle le manifestât : cela n'était compatible ni avec son personnage, ni avec son langage, ni avec sa distinction, ni avec son sens britannique de l'équité. Il lui eût semblé scandaleux et de mauvais ton de favoriser quelqu'un. Mais je la connaissais comme les enfants connaissent les grandes personnes, c'est-à-dire que pas un de ses mouvements, fût-il profondément caché, ne m'échappait. Je voyais bien ses regards qui se posaient sur moi et qui étaient tout autres que l'année précédente. Au début, j'étais incrédule, n'imaginant pas que ce monument de la pédagogie pût changer, et surtout changer à mon égard. La tournure extravagante de ma vie, mes rapports passionnés avec mon père, mes aventures étaient au contraire autant de raisons de l'éloigner de moi. Dans la pension, j'étais une rareté. Mes camarades étaient des fillettes ou des jeunes filles dont la dignité n'avait été entamée par aucun drame, qui n'avaient connu que des sentiments tièdes, dont elles n'avaient point à rougir; elles venaient de familles riches et convenables, elles avaient toutes le même trousseau. Ce n'était pas comme moi, qui avais un passé, ce qui était à la fois ridicule et vaguement répugnant, des malles pleines de robes et de dentelles, et jusqu'à un coffret où je rangeais mes bracelets et mes bagues. C'est évidemment parce que je n'étais pas pareille aux autres que Mrs Mc Lamuir eut cette prédilection pour moi. J'ai été sa brebis égarée et son enfant prodigue. Elle a accompli cette action inouïe d'aller rechercher la brebis jusque dans Londres, autant dire Babylone, de la ramener toute frissonnante dans ses bras à la bergerie, et ensuite elle a tué le veau gras en mon honneur. Pour la première fois de sa vie, quelqu'un s'était pressé contre elle pour être protégé, pour être sauvé. Quelqu'un l'avait choisie. Non seulement elle n'a pas refusé ce choix, mais encore elle l'a accepté comme un devoir et une bénédiction. J'étais un pauvre petit être à qui il ne restait plus qu'elle. Elle le voyait, elle en était éblouie. C'était une maîtresse de pension comme toutes les autres, formaliste, égoïste, pharisienne. Je jurerais que jamais elle n'avait sacrifié à aucune considération personnelle les intérêts de son établissement, lequel était le modèle des maisons d'éducation à l'usage des jeunes filles de la bonne société. Pour l'amour de moi, elle a offert son pharisaïsme et son égoïsme en holocauste au Seigneur.

Tuer le veau gras, c'était me garder gratis à la pension, me permettre de terminer mes études, me prodiguer, s'il se peut, encore plus d'attention et de soin qu'aux autres élèves, me garder encore, en m'attribuant un poste, après la fin de mes études, et me placer ensuite dans quelque endroit où je n'aurais pas le sentiment de déchoir. Nous n'eûmes là-dessus, elle et moi, qu'une conversation, et encore ce fut moi qui la provoquai, car, s'il n'eût tenu qu'à elle, tout se serait accompli sans un mot. Quinze jours environ après notre retour à Edimbourg, je lui demandai une audience. J'avais moins de pudeur qu'elle. Je souffrais de n'avoir exprimé ma gratitude que de façon muette, au hasard des rencontres. Je n'étais pas du tout une adepte de la litote ou *understatement* qui gouverne les rapports des Anglo-Saxons entre eux. J'avais besoin de paroles, d'épanchements, comme une petite Latine. Avec mon père, nous en disions plutôt trop que pas assez. Qui, à part lui, m'avait témoigné autant de dévouement et d'affection que Mrs Mc Lamuir, laquelle, pendant toutes mes années d'études, ne m'avait inspiré, par son allure majestueuse, son quant-à-soi, ses manies, son binocle qui remuait sur son grand nez, ses cheveux posés sur sa tête comme une grosse brioche, son jabot de dindon, que les moqueries habituelles des enfants pour leurs maîtres d'école ? J'étais honteuse de m'être tant méprise sur elle. Je voulais aussi qu'elle sût que je n'étais pas moins généreuse qu'elle n'avait été.

Je ne me rappelle plus très bien ce que je lui dis au cours de l'audience. C'est d'elle surtout que je me souviens. Je la revois, droite derrière son bureau, me considérant avec un bon sourire par-dessus le binocle. Elle ne faisait pas le moindre mouvement de mains ou de corps, ce qui était une de ses caractéristiques, ou plutôt un exemple qu'elle tenait à nous donner constamment, car elle professait que rien n'est plus commun que de gesticuler, et que l'on reconnaît les gens bien élevés à leur degré d'immobilité. J'étais très émue. Est-ce que je pleurai ? En tout cas, ce n'était pas d'apitoiement sur moi mais de remords, de regret, d'affection. J'ai remarqué que c'est les actions nobles, ou les beaux livres, qui me mettent une boule dans la gorge et me font monter les larmes aux yeux, bien plus que les chagrins. Ma fierté était à l'épreuve : n'ayant plus un penny, je voulais vendre tout ce que j'avais, ne conserver que deux robes et mes tabliers. Il me semble que je m'offris à toutes sortes de besognes, que je proposai de payer ma pension en lavant les carrelages, en aidant à la cuisine et à la blanchisserie, en faisant office de surveillante pour les petites.

– Allez-vous vous taire, Morstan ! dit Mrs Mc Lamuir. Tout ce que vous me racontez est un tissu de niaiseries. Vous êtes une excellente élève. Il n'est pas question d'interrompre vos études. Faire la cuisine, laver les parquets ! Etes-vous devenue folle ? Quelle idée avez-vous de notre maison ? Puisque M. votre père semble empêché de régler votre pension ces temps-ci, nous attendrons tout simplement qu'il puisse le faire de nouveau.

– Et s'il ne le peut jamais, madame? dis-je d'une voix que je tâchai de rendre aussi indifférente que possible.

– Eh bien, c'est un risque à prendre, Morstan, répliqua Mrs Mc Lamuir avec tranquillité. Passez vos examens, réussissez-les. Continuez votre piano, votre chant et votre peinture. Ne vous occupez de rien d'autre. Vous avez eu suffisamment de responsabilités au-dessus de votre âge jusqu'à présent. Allons, mon enfant, ajouta-t-elle avec gentillesse, obéissez-moi. Laissez-moi décider à votre place. Il est très reposant d'obéir. Vous avez besoin de ce genre de repos-là, je le sais. Il n'est pas convenable pour une jeune fille de dix-sept ans d'avoir la maturité que vous avez. Désormais, vous ferez exactement ce que je dirai, jusqu'au jour où nous aurons la joie d'avoir des nouvelles de votre cher papa, et je vous donne ma parole que vous ne vous en trouverez pas mal. Qu'il ne soit plus jamais question de tout cela. Vous pouvez disposer.

– Ah Madame! dis-je, violemment remuée. Permettez-vous que je vous embrasse?

– Vraiment? dit Mrs Mc Lamuir.

– Oui, madame, vraiment. C'est tout ce que je peux vous donner, et je serais très affligée si vous le refusiez.

Mrs Mc Lamuir fit le tour de son bureau, se planta devant moi, énorme, formidable, le binocle pendant à son ruban noir, elle m'ouvrit ses bras et j'eus encore une fois l'impression d'être à l'abri du monde, de me réfugier dans le giron d'une mère, d'une tante ou d'une grand-mère.

– Ma petite Mary, murmurait Mrs Mc Lamuir. Ma fille. Je ne vous abandonnerai pas.

Je ne pouvais m'empêcher de songer aux paroles que mon père m'avait dites neuf ans plus tôt dans ce même bureau directorial. Mrs Mc Lamuir les retrouvait presque. Et quoi de plus différent, de plus opposé qu'elle et lui ? Rien ne pouvait davantage me remplir de paix que ces paroles, qui pour moi étaient le langage même du cœur. John aussi m'appelle quelquefois sa fille ou sa petite fille, et cela ne manque jamais de me faire fondre.

4

Les cahiers de Miss Gallagher – Pas une nuance ne lui échappait – Les cadeaux sont aussi des sacrifices – L'empereur était poétique – Je deviens optimiste

J'ai quitté la pension Mc Lamuir en 1882, à vingt et un ans. Ce n'est qu'à cet âge que Mrs Mc Lamuir accepta de se séparer de moi. Elle avait été si discrète sur ma situation que personne, élève ou maîtresse, aussi longtemps que j'étudiai, ne soupçonna qu'on me faisait la charité. Je fus même mieux et davantage instruite que mes amies, car Mrs Mc Lamuir avait le projet de m'attacher à l'école en qualité de professeur. Elle me le proposa aux vacances de 1880. Je savais tout ce qu'on pouvait apprendre à la pension. Il ne me restait pas le moindre examen à réussir. Je me demandais une fois de plus ce que j'allais devenir. De toutes les élèves, j'étais la seule qui se trouvât dans l'obligation de gagner son pain. J'ignorais absolument comment m'y prendre et, bien entendu, personne autour de moi n'avait de lumière là-dessus. De ce ton distingué qui cachait si bien sa bonté, Mrs Mc Lamuir m'informa que Miss Gallagher, l'une de nos maîtresses, avait atteint la retraite et que son poste était à moi pour peu qu'il me plût. Nous étions fin juin. Les cours recommençaient en septembre. De la sorte, ajouta-t-elle, étant assurée d'un emploi, je profiterais sans souci des vacances. J'aurais les mêmes appointements que Miss Gallagher et sa chambre, qui serait repeinte.

Tout est facile quand c'est imprévu. On est le premier émerveillé d'être à la hauteur des circonstances. On fait bonne figure devant les dragons que la vie, sans crier gare, fait se dresser devant vous, on les combat héroïquement, on les met en fuite. Telle était en tout cas mon expérience. Mais deux mois de réflexion, c'est affreux. Une de mes camarades de classe, Pamela Saint-Clair, qui était, comme disent les enfants, « ma meilleure amie » depuis plusieurs années, et qui comme moi avait fini ses études, m'avait invitée à passer quelques semaines chez elle. Ce furent des vacances charmantes, dans une villa de Cornouailles, avec une quantité de distractions et d'amusements, des jeunes gens qui me faisaient la cour et que je battais au lawn-tennis, des promenades, des pique-niques, des bains de mer. On me traitait comme l'enfant de la maison. Cependant, il ne s'écoulait pas de jour que je ne fusse tourmentée par l'idée de ce qui m'attendait. Comment allais-je passer tout à coup de l'état d'élève à celui de maîtresse ? Après avoir tant obéi, saurais-je commander ? Et m'accommoderais-je d'être dans la nécessité de parler après avoir été si longtemps dans celle d'écouter ? J'étais de plus en plus effrayée à mesure que la rentrée approchait, ce qui ne m'empêchait pas, non plus, d'être heureuse. Car rester à la pension, dans un endroit où j'étais protégée de tout, sous l'aile d'une personne qui veillait sur moi comme une tante, me procurait un sentiment de sécurité presque poignant. A dix-neuf ans, j'étais beaucoup moins forte que douze ans plus tôt. Je n'étais pas prête à affronter la vie et la solitude. Je n'avais plus mon âme de fer de petite fille.

Dieu merci, Miss Gallagher était chargée du cours moyen, c'est-à-dire des petites de dix à douze ans; ce que j'avais à enseigner n'était pas difficile : c'était l'anglais, l'histoire d'Angleterre, la géographie, l'arithmétique, la grammaire, les rudiments du français, toutes matières que je connaissais sur le bout du doigt, même si j'avais un peu oublié mes dates et s'il m'arrivait de m'embrouiller dans les verbes irréguliers. Autre bonne surprise : l'excellente Miss Gallagher avait consigné ses leçons sur des cahiers, qu'elle me remit. Présent inestimable! J'eus ainsi le plan de mes cours pour l'année entière, chose qui me tracassait beaucoup. Restait la grande épreuve de l'autorité. Je n'avais pas été moi-même une élève exemplaire sur le chapitre de la conduite. J'étais très au fait des diverses façons de persécuter un professeur qui ne se fait pas respecter. Mais il est à présumer que les petites coquines dans mon genre, justement parce qu'elles ont fait beaucoup de grimaces, ne se laissent pas tourner en bourrique. Dès ma première classe, dès mes premiers mots, je compris au silence qui s'établit dans la salle que je n'aurais pas de difficultés quant à la discipline.

Seul détail que je n'avais pas prévu en me rongeant dans les appréhensions, c'est que je n'avais pas de vocation pour la pédagogie. On croit avoir pensé à tout, on se fait une montagne de tout, et on oublie l'essentiel. Je parlais avec facilité, je commandais encore mieux, mais enseigner m'assommait. Je n'avais pas de patience. J'étais excédée de répéter dix fois la même chose afin que cela entrât dans des petites cervelles obtuses. Les cahiers de Miss Gallagher, qui m'avaient tant soulagée lorsqu'elle me les avait remis, étaient une raison supplémentaire de découragement. Etais-je condamnée à commenter perpétuellement ces niaiseries élémentaires? Les enfants, sentant que je ne leur étais pas attachée, m'aimaient d'autant plus. Elles s'évertuaient à me plaire en ayant de bonnes notes, en se piquant d'émulation pour me tirer une approbation ou un sourire.

Mrs Mc Lamuir, que j'avais des occasions de voir plus souvent depuis que j'avais changé d'état, s'apercevait tout à fait que j'étais partagée entre ma reconnaissance pour elle et l'ennui profond que me causait le métier qu'elle m'avait offert. Je donnerais ma tête à couper que pas une nuance ne lui échappait. Jamais un mot là-dessus de sa part, évidemment. Toutefois je suis certaine qu'elle en était préoccupée, non pas, la chère âme, pour sa maison qui n'en souffrait pas et n'en aurait pas souffert, y eussé-je enseigné durant un demi-siècle, mais pour moi qui m'étiolais sans me plaindre. Un des aspects les plus plaisants des pensions pour jeunes filles est que rien ou presque rien n'y est dit et qu'il n'y a jamais de malentendus. Je suppose qu'il en est de même dans les couvents et en général dans les endroits où beaucoup de gens vivent ensemble, sans quoi la coexistence serait impossible. Chacun garde pour soi ses états d'âme. On apprend à lire dans les regards, dans la physionomie, comme dans un livre. Peut-être est-ce là le meilleur enseignement que l'on puisse recevoir, souffrît-on sur le moment d'être ainsi toujours laissé à soi-même, sans personne apparemment qui s'intéresse à vos complications intimes. Cela apprend la fierté, et puis cela a l'avantage de tout minimiser. Je me suis aperçue souvent que bien des peines auraient passé assez vite si des bavards bien intentionnés ne vous avaient pas plaint. C'est à cause des autres qu'on s'exagère ses malheurs. Les paroles nourrissent les passions. La leçon des couvents et des pensionnats anglais est qu'il faut laisser les passions mourir de faim.

J'ai joué le personnage de la maîtresse d'école jusqu'à vingt et un ans. Le dernier jour de l'année scolaire 1882, Mrs Mc Lamuir me manda avec quelque solennité. Dans un des fauteuils de son bureau était assise une dame trop élégante pour être une mère d'élève. Elle n'en avait d'ailleurs pas la pose. Les mères d'élèves ont un air à la fois autoritaire et intimidé. Elles se tiennent droites sur leur siège. Celle-ci y était lovée à la manière d'un chat. Quoique je ne fusse pas allée depuis longtemps sur le continent, il ne m'échappa point qu'elle était à la dernière mode parisienne. Il faisait une belle journée, comme il y en a en Ecosse plus fréquemment qu'on ne croit. L'élégante avait la plus coquette toilette estivale qu'on pût rêver. Est-ce drôle : c'est son ombrelle surtout qui me fascinait. Elle avait un manche ciselé comme un ivoire de la Renaissance. Cela venait tout droit de la rue de la Paix ou du faubourg Saint-Honoré. Seul un artisan parisien avait pu réaliser cette petite œuvre d'art.

— Ma chère enfant, dit Mrs Mc Lamuir à sa façon brusque et didactique, je vous présente à Mrs Forrester. De toutes les personnes que je connais, et je crains d'en connaître une quantité, Mrs Forrester est sans aucun doute celle avec laquelle vous vous entendrez le mieux.

— Parle donc autrement qu'un sergent qui commande la manœuvre, Margot, soupira Mrs Forrester dans un français qu'un soupçon d'accent rendait tout à fait joli. Dis à mademoiselle que je serais heureuse qu'elle vînt vivre avec moi. Puisque tu dis qu'elle est la huitième merveille du monde, je l'adopte.

— Il ne faut pas que vous disez adopter, ce n'est pas le bon mot, répliqua Mrs Mc Lamuir en français, elle aussi, mais avec un accent énorme. Je ne disais pas la huitième merveille non plus. Je disais Miss Morstan était une courageuse et instruite personne, qui est une très bonne compagnie pour vous.

— Ma pauvre Maggy, dit Mrs Forrester avec un petit rire, tu n'as pas fait beaucoup de progrès en français depuis notre jeunesse! J'espère que mademoiselle se débrouille mieux que toi.

J'étais charmée par Mrs Forrester qui, ayant à ce qu'il semble le même âge que Mrs Mc Lamuir, paraissait dix ou quinze ans de moins. Elle avait au plus haut point l'aisance des jolies femmes du monde, qu'elles conservent toujours, et qui leur donne de la séduction jusque dans leur vieillesse. Il fallait la regarder de tout près pour s'apercevoir qu'elle avait dépassé la cinquantaine, tant son visage était lisse sous la voilette, sa taille bien prise dans le corset, ses petites mains blanches sortant du gant de suède retroussé sur le poignet, son pied étroit dans la bottine. Elle avait tellement le ton parisien que j'en eus une bouffée de nostalgie. C'était Paris qui était là inopinément devant mes yeux. Paris, c'est-à-dire les plus heureux moments de mon enfance et de ma jeunesse : l'hôtel Lotti rue de Castiglione, le Brébant, les Boulevards, Mlle Hortense Schneider dans *La Périchole* aux Variétés, papa qui réglait ces fêtes comme un magicien.

— Enfant, disez quelque chose en français, dit Mrs Mc Lamuir. Je veux Mrs Forrester constater que vous maîtrisez ce langage absolument bien.

— Madame, dis-je en m'adressant à Mrs Forrester, je vois bien que vous avez longtemps habité Paris. J'ai cru même en entrant que vous étiez française. Je suis allée à Paris moi aussi, quand j'étais petite, avec mon père. Je crains, hélas! que mon français ne soit pas comparable au vôtre. Je sens que j'ai encore un peu d'accent et il m'arrive de mettre les adjectifs avant les noms. Si vous voulez, je peux vous réciter le songe d'Athalie ou une fable de la Fontaine.

— Bravo! s'écria Mrs Forrester. Non, non! Par pitié, pas de fable, pas de songe! Cela va très bien comme cela. Avez-vous beaucoup de bagages? Je trouve Edimbourg d'un mortel ennui, malgré ma bonne Margot. J'ai hâte de rentrer à Londres. Faut-il que je t'aime, dit-elle en se retournant vers Mrs Mc Lamuir, pour être venue dans ce pays de sauvages.

— Je pense que vous avez tout compris, Morstan, dit Mrs Mc Lamuir en anglais. Mrs Forrester est ma plus vieille amie. Nous nous sommes connues enfants. Quoique Mrs Forrester ait eu une vie fort différente de la mienne, nous ne nous sommes jamais perdues de vue.

— Et nous n'avons jamais cessé de nous écrire, ce qui est plus méritoire, n'est-ce pas, ma vieille Margot? interrompit Mrs Forrester avec un gentil rire. Mrs Mc Lamuir est la correspondante idéale. On lui envoie une carte postale et elle vous répond six pages. Elle ne bouge pas. Elle a toujours vécu au même endroit et elle n'a jamais changé de sentiment sur rien ni personne. N'est-il pas stupéfiant que je sois restée son amie, moi qui suis la futilité faite femme, qui ai passé les plus belles années de ma vie à Paris, ville qui l'épouvanterait si elle y mettait les pieds, et qui n'ai pas deux jours de suite la même opinion sur quoi que ce soit?

— Taisez-vous donc, Cecilia, dit Mrs Mc Lamuir. J'ai horreur de ce genre que vous avez de vous dénigrer. Si c'est cela le ton de vos salons, je suis bien contente de ne pas y être invitée. Pour en revenir à vous, ma chère Mary, je vous ai observée. Je ne veux que votre bien. Vous n'êtes pas faite pour être professeur. Votre cher papa vous a mis dans la tête des goûts et des aspirations qui ne seraient jamais satisfaits ici. Qu'il ait eu raison ou tort n'est pas la question. De toutes les personnes de ma connaissance, Mrs Forrester est celle qui ressemble le plus à votre père. Elle vous l'a dit tout à l'heure. Je lui ai souvent parlé de vous, soit directement, soit par lettre. Elle sait quelle sorte de personne vous êtes. Elle est disposée à vous emmener avec elle à Londres et à vous engager comme demoiselle de compagnie, occupation qui comporte nécessairement quelques servitudes, mais qui vous amusera, je suppose, étant donné la personnalité de Mrs Forrester. Malgré ses affectations et ses toilettes étranges, c'est une vraie Anglaise. Vous pourrez avoir en elle la même confiance qu'en moi. Vous pensez bien que je ne vous aurais pas confiée à n'importe qui. Il va sans dire que, si vous le désirez, vous pouvez rester ici.

Combien de personnes aurai-je aimées, j'entends aimées du fond du cœur, aimées plus que moi-même ? Quatre, cinq. Mrs Mc Lamuir est l'une d'elles. Qui l'eût dit au temps où mon père me remettait entre ses mains ? Qui eût prévu que cette bonne dame que, pendant tant d'années, j'avais jugée plutôt bornée, sans autre horizon que son train-train pédagogique, un peu ridicule comme tous les professeurs, serrée dans un carcan de préjugés britanniques, me deviendrait si chère ? On représente les anges sous les traits de belles jeunes filles blondes munies de grandes ailes blanches. Pour moi, je les vois autrement : ils ont la figure de M. Wilde ou d'une maîtresse de pension écossaise. Ils ont une âme irradiante de lumière cachée derrière trop de joues, trop de ventre, trop de chair, mais à certains moments la lumière traverse leur corps et on est ébloui. Ainsi Mrs Mc Lamuir descendait quelquefois dans ma vie pour me sauver. En entendant de sa bouche que « je pouvais rester ici », je ressentis un véritable déchirement. Me séparer d'elle me sembla un grand malheur. Pis : une ingratitude. J'hésitai à accepter ce cadeau si imprévu, si bien ajusté à moi, dont elle avait eu l'idée. Puérilement, je voulais rivaliser de générosité. Pour un rien j'aurais sacrifié mon avenir. Je le lui aurais offert comme une babiole sans valeur. Pour l'amour d'elle, j'aurais commenté les cahiers de Miss Gallagher jusqu'à mon dernier souffle. Puis je songeai avec sagesse qu'on ne refuse pas les cadeaux, que cela attriste le donateur, car les cadeaux aussi sont des sacrifices. Mrs Mc Lamuir m'aimait comme on doit aimer : sans égoïsme. Ce n'est pas facile d'aimer de la sorte. Elle avait tant pensé à moi que je lui devais d'y penser à mon tour. La jeunesse, l'impatience, le plaisir de voir du nouveau, la curiosité de devenir la compagne de Mrs Forrester qui – c'était tout à fait vrai – avait quelque chose de mon père, m'enchantaient. Sans doute je quittais Mrs Mc Lamuir, mais je ne serais qu'à un jour ou une nuit de train d'elle, pouvant revenir au moindre appel. Je lui fis jurer de m'accueillir à tel ou tel moment de l'année où elle n'en serait pas gênée; pour Pâques, par exemple, ou à la Noël. Je la suppliai de rester éternellement ce qu'elle était pour moi, car moi je resterais éternellement ce que j'étais pour elle : une fille adoptive, une créature qui ne cesserait jamais de lui être attachée.

– Mais comme tout cela est donc touchant! dit Mrs Forrester d'un ton moqueur. Miss Morstan, sans me vanter, je suis une aussi bonne personne que tante Maggy. Pourtant je vous assure que, si un jour vous me faites des scènes de ce genre, je vous obligerai à lire les œuvres complètes de M. Carlyle, homme atroce, entiché des Prussiens et qui n'arrête pas de chanter leurs louanges.

Brook Street va de Park Lane à Hanover Square. A mon avis, c'est non seulement la rue la plus élégante de Londres, mais encore une des plus jolies. L'hôtel de Mrs Forrester se trouvait au coin de Park Street. Il était le seul, je crois bien, à avoir un jardin, et même assez grand, où il y avait quelques arbres. La maison était une agréable demeure géorgienne, avec un fronton, des colonnes et des fenêtres à la française, paraissant petite du dehors et immense du dedans, comme il arrive souvent avec ce genre de construction.

Un décor révèle autant de secrets qu'un visage, sinon davantage, car on fait mentir plus facilement des yeux ou une bouche que la couleur d'un mur, qu'une table en acajou de Macassar. Etant donné le caractère si particulier de Mrs Forrester, il était prévisible que sa maison lui ressemblerait. J'étais curieuse d'y pénétrer. Elle avait la profusion et le désordre artiste de ce qu'on appelle en France le style Second Empire, qui est un mélange agréable de tous les styles, le Louis XV prédominant. La trouvaille des tapissiers français vers 1855 a été de rendre douillettes, presque intimes, les grandes pièces en les tendant de tissu, en couvrant leurs parquets de moquettes épaisses, en y disposant des quantités de fauteuils et de sophas capitonnés, en ajustant aux fenêtres d'épais rideaux. Sur un pareil fond, on peut mettre n'importe quoi, tout fait joli, et plus il y a de meubles et d'objets, plus cela paraît raffiné et riche.

Le grand salon de Mrs Forrester était un modèle d'exotisme. Il n'y en a pas de tel en Angleterre, sauf à Farnborough, peut-être, où s'est retirée l'impératrice Eugénie. On se serait cru à Compiègne chez l'empereur, ou chez les Rothschild à Ferrières. La comparaison n'est pas de mon fait : Mrs Forrester, amusée par mon dépaysement, me confia qu'elle avait arrangé une pièce lui rappelant ces deux palais où elle était allée souvent et où elle avait été « si heureuse ». Le canapé rond, en velours rouge, au milieu, couronné d'une jardinière de plantes vertes, me parut le summum de l'opulence. Les vastes fauteuils capitonnés et les sophas recouverts de perse étaient entremêlés de sièges rococos en bois laqué, de guéridons ornés de fleurs peintes et incrustés de nacre. Il y avait deux longues et lourdes consoles Louis XVI en marqueterie, surmontées l'une de l'empereur Napoléon III en bronze, à cheval, l'autre du prince régent, à pied, en biscuit. Autour de ces majestueux sujets se pressait une population de photographies dans des cadres ouvragés. On se doute qu'en six ans j'ai eu le loisir de les examiner! J'ai souvent rêvé sur l'une d'elles, dont il émanait une singulière impression de plaisir. Cela représentait un groupe de gens, sur les marches d'un perron, parmi lesquels ma maîtresse, vêtue d'un caraco et d'une jupe écossaise, en compagnie d'une demi-douzaine d'autres femmes avenantes et de messieurs tenant sous le bras des haut-de-forme gris. L'un d'eux était l'empereur, personnage que j'ai toujours trouvé poétique, non à cause des anecdotes que m'a racontées à son propos Mrs Forrester qui l'évoquait avec une sorte de tristesse tendre, mais plutôt de son regard mélancolique, de ses paupières fatiguées et de son destin dont on eût dit qu'il avait la prescience. Les autres photographies étaient surtout des portraits, la plupart portant quelques lignes écrites par leur modèle : M. Mérimée, qui avait le nez carré, M. le duc de Morny, dont la moustache était encore plus pointue que celle de l'empereur, Mlle Cora Pearl, laide et maigre, la pauvre impératrice Charlotte, M. de Gramont-Caderousse, beau comme un amour, M. Offenbach dans sa célèbre pelisse, M. Halévy, M. Flaubert et ses moustaches de phoque, la princesse Mathilde et ainsi de suite. Je n'en finirais pas de les énumérer. Toute la France de 1850 à 1870 était là.

Le tapis du salon était un Aubusson multicolore et gigantesque, surchargé de bouquets de roses, de touffes de pivoines, de rinceaux, d'arabesques, qui se fripait quand on marchait dessus, et même quand on n'y marchait pas. Le plafond se recommandait par des dames dévêtues jouant avec des bébés joufflus dans un ciel légèrement nuageux. Les murs en boiseries peintes avec des motifs du XVIIIe siècle rehaussés de dorures disparaissaient sous les tableaux pressés les uns contre les autres comme dans les musées, ce qui était d'un effet magnifique. C'était des paysages d'Italie de M. Corot, des lavis de M. Constantin Guys représentant des dames en crinoline ou des voitures avec leur cocher tout droit sous le chapeau à cocarde, enlevées par des chevaux aux pattes d'araignée, des aquarelles très gaies de M. Eugène Lami, un groupe par M. James Tissot et, au-dessus d'une des commodes, un portrait grandeur nature de la maîtresse de ces lieux, souriante, rose, rebondie, coiffée d'une toque à aigrette, dont je n'identifiai pas l'auteur, et qui me déplut par la dureté du dessin, la vivacité excessive de la couleur, le modernisme outré. Fis-je une moue? En tout cas, Mrs Forrester s'aperçut de ma répugnance et me dit en riant que j'étais bien difficile. Le tableau était de M. Manet, le plus grand peintre de notre époque, d'après elle. Il m'a fallu plusieurs mois pour m'habituer à M. Manet, qui a un talent original, j'en conviens, mais une violence qui ne s'accorde pas avec l'idée que j'ai de l'art. M. Wilde, dans ses visites, ne manquait jamais de s'extasier devant ce morceau de peinture. Il restait cinq minutes, dix minutes à le contempler en silence et prétendait que cela était plus fort que Goya, dans le même genre. Je suis convaincue que son célèbre roman, *Le Portrait de Dorian Gray*, vient de ces contemplations, que la première idée qu'il en a eue a été la comparaison entre Cecilia jeune et éclatante sur la toile de M. Manet, et Cecilia sexagénaire. Je me suis bien gardée de communiquer cette supposition à Mrs. Forrester. Elle n'en eût pas été flattée, encore qu'elle n'ait rien de commun avec le sinistre Dorian Gray. M. Wilde avait certainement raison d'admirer le Manet et moi tort de préférer le portrait de Mrs Forrester par Henner; du reste, le temps a confirmé son jugement car M. Manet est à présent très connu ici, et M. Henner a l'air bien tombé, mais enfin, quand on écrit ses mémoires, il faut être sincère.

Pour en finir avec le salon, son côté grotte bourrée de trésors, son côté caverne d'Ali-Baba était souligné par une quantité de bibelots en malachite ou en marbre, de statues de bronze, de groupes en terre cuite de Clodion, de coupes en onyx, de coffrets de bois de santal, de tabatières, de vases de Sèvres, de porcelaines de Wedgwood. Un énorme bureau à cylindre ayant appartenu à je ne sais quel ministre de Louix XVI remplissait un espace entre deux fenêtres. Sur la cheminée, on voyait encore Mrs Forrester sculptée par M. Carpeaux. Pour le coup, voilà une œuvre qui m'a émerveillée dès le premier regard. On l'eût dite taillée non pas dans du marbre mais dans du vent. Il me faudrait vingt pages pour décrire par le menu cette salle prodigieuse, et encore je ne dirais pas l'essentiel : à savoir le charme qu'elle avait. Malgré son immensité, sa somptuosité, son encombrement, elle frappait par l'intimité et par l'harmonie. A quoi cela tenait-il? D'abord à trois ou quatre bouquets de fleurs en sus de la jardinière de plantes vertes, qui donnaient de la vie, qui faisaient entrer la nature dans cet hypogée d'une pharaonne Second Empire, et encore plus à la main qui avait arrangé tout, qui était à sa façon une main d'artiste.

Le reste de la maison, que Mrs Forrester me fit visiter, était à l'avenant du salon. Je fus enchantée par la chambre qu'on m'avait dévolue. Je n'en avais jamais eu qui me plût autant, y compris dans les palaces où je descendais jadis, et celle-ci possédait ce que n'avaient pas les chambres des palaces : elle serait à moi pour longtemps, elle s'imprégnerait de moi.

Ouf! voilà une longue description! Il me semble que j'avais besoin de la faire. Mrs Forrester, à la pension et dans le train, m'avait semblé une aimable excentrique, une femme à la mode, ayant beaucoup vécu, ayant connu beaucoup de monde. Sa maison me révéla qu'elle était, en outre, quelque chose comme une grande dame. Non pas une de ces fades et ennuyeuses ladies dont l'Angleterre est peuplée, mais une vraie grande dame, cosmopolite, amie de tout ce qui avait compté en Europe depuis trente ans, dans la politique et les arts. Autre sentiment singulier que j'eus : cette vaste demeure, ces beaux meubles, ces beaux objets, ce grand train de vie, cela pesait très lourd; je me dis qu'il fallait vraiment des épaules de grande dame pour le porter.

L'imagination n'est pas mon fort. Je n'avais pas prévu qu'un valet de pied et un cocher en livrée nous attendraient à minuit à la gare de Saint-Pancras, porteraient mes bagages et nous installeraient dans une confortable berline jaune et noire. Le trajet de Saint-Pancras à Mayfair n'est pas très long. Nous y fûmes vers une heure du matin. Là encore, j'eus une surprise : la maison était illuminée, le gaz brûlait dans toutes les pièces. Deux femmes de chambre assises dans le vestibule nous accueillirent. Elles étaient plus élégantes que moi, avec leurs robes noires, leurs bonnets blancs et leurs tabliers. Mrs Forrester leur dit bonsoir. J'appris ainsi qu'elles s'appelaient Collins et Pigott. J'appris également que cette dernière serait plus ou moins affectée à mon service. Elle allait d'ailleurs le commencer tout de suite en défaisant mes valises.

– N'est-il pas un peu tard? remarquai-je. On pourrait peut-être attendre à demain.

Réflexion de pauvre, qui choqua Mlle Pigott. Je ne m'en serais pas aperçue si Mrs Forrester ne m'avait dit avec douceur :

— Mary dear, il faut laisser les gens faire leur service comme ils l'entendent. Sinon ils ne s'y retrouvent plus.

— Mais, insistai-je sottement, Pigott sera obligée de se lever tôt demain matin.

— Eh bien, dit Mrs Forrester, elle se couchera plus tôt demain soir, n'est-ce pas, Pigott ?

— Oui, madame, dit Pigott avec le soulagement heureux de quelqu'un qui entend parler son langage. J'ai l'habitude.

Leçon à retenir, pensai-je. Et elle m'est donnée le premier soir. Londres n'est pas Edimbourg. Me revoici aux Indes, dirait-on.

Je pris mes fonctions de demoiselle de compagnie le lendemain de notre arrivée, le 16 juin 1882. J'étais pleine de curiosité et de zèle, comme on l'est à l'âge que j'avais. Ce que j'avais entrevu de Mrs Forrester me séduisait tout à fait. Mais n'aurais-je pas été séduite, c'eût été la même chose. Je brûlais de plaire, et j'aurais fait mille concessions pour y parvenir. Une caractéristique de ma nouvelle maîtresse consistait à ne jamais rien dire, à vous laisser tout deviner, excellent système probablement, car elle était très bien servie. Je descendis à huit heures du matin, dans ce que je supposais être l'uniforme de mon état, c'est-à-dire ma petite robe austère de professeur. La maison était occupée par une nuée de domestiques des deux sexes qui ouvraient les persiennes, balayaient, époussetaient, frappaient les tapis, essuyaient les objets, frottaient l'argenterie et les cuivres. Un homme à l'aspect sévère, les joues encadrées de côtelettes grises, qui avait tellement l'air d'un *butler* qu'on ne pouvait s'y tromper, se présenta à moi, me confia que nous aurions certainement une belle journée et m'offrit de m'apporter mon déjeuner dans la salle à manger. C'était Jenkins, évidemment, à qui, oubliant Pigott et la leçon de la veille, je déclarai avec force sourires que j'étais enchantée de le connaître, et qui m'en remercia par un silence hautain.

– Ne croyez-vous pas que je devrais attendre Mrs Forrester? demandai-je.

– Je ne le conseille pas à Mademoiselle, répondit le maître d'hôtel.

Mrs Forrester n'apparut en effet qu'à dix heures bien sonnées, me fit un sourire en guise de bonjour et but son thé. Cela dura un petit quart d'heure. Après quoi elle bâilla, s'étira gracieusement, ouvrit le *Times*, le lut pendant trois ou quatre minutes, le replia et j'entendis enfin sa voix du matin, pour laquelle je ne trouve pas d'autre qualificatif que celui de mourante.

– Ma chère Mary, soupira-t-elle, croyez-vous qu'il fera beau aujourd'hui? Jenkins le pense. J'en serais heureuse, pour votre premier jour à Londres. Le ciel vous le doit.

Il se passa un autre quart d'heure pendant lequel je vis Mrs Forrester émerger peu à peu vers des zones plus claires de la conscience.

– J'espère que vous ne vous ennuyez pas trop, dit-elle. Je ne suis pas enchantée par votre robe noire. Puis-je vous suggérer de venir désormais prendre votre thé en déshabillé; vous verrez: il a meilleur goût. Mais avez-vous seulement un déshabillé? A-t-on des déshabillés dans les pensionnats écossais? Margot Mc Lamuir n'en a jamais eu. Je me demande si cela lui irait. Pardonnez mon indiscrétion : je suis très intriguée par le nombre de vos valises. Auriez-vous l'obligeance de me montrer ce que vous avez à vous mettre? Naturellement, si cela vous gêne le moins du monde, nous n'en parlerons plus.

– Au contraire, madame, répliquai-je. Tout de suite, si vous voulez.

– Tout de suite, vraiment? dit Mrs Forrester. Mais vous êtes un monstre d'énergie. Il faut monter deux étages. Je n'étais pas si pressée. Attendons encore un peu. Dites-moi pourquoi vous avez tant de bagages.

Je n'avais jamais raconté à Mrs Mc Lamuir ni à personne mes séjours avec papa à Londres et à Paris, nos folies, sa joie à me couvrir de parures comme une idole. J'ignore pourquoi j'eus soudain envie que Mrs Forrester connût cela. Elle était femme à le comprendre. Je désirais aussi qu'elle sût que j'étais un peu de sa race. Elle m'écouta avec un air d'indifférence et de distraction qui ne parvint pas à me décourager.

– Eh bien! montons, dit-elle enfin. Deux étages, quelle horreur!

Je lui montrai mes habits, mes souvenirs, mes bijoux. Elle y jeta un coup d'œil négligent.

– Votre père avait un goût ravissant, dit-elle. Voilà un homme qui m'aurait plu. Quel dommage que tout cela soit trop petit pour vous maintenant. Cet après-midi, lorsque je serai complètement réveillée, nous irons dans les magasins. Je veux que vous soyez aussi élégante à vingt ans que vous l'étiez à treize.

Aller dans les magasins avec papa, c'était une fête, un rêve. J'en sortais métamorphosée. Je respirais sur moi l'odeur des vêtements neufs, du tissu qui n'a jamais été chez le teinturier ou le blanchisseur. Tout était un peu rugueux, un peu raide. J'étais comme un animal qui a mué. Je ne pensais pas que je connaîtrais cela de nouveau. Je le connus avec Mrs Forrester, qui avait la même frénésie de dépenser que papa et qui, dans les boutiques, furetait comme un chien de chasse. La journée, conformément aux prévisions de Jenkins, était chaude, le ciel bleu. Mrs Forrester avait fait atteler sa calèche. Elle avait de beaux chevaux alezans aux oreilles desquels on avait piqué une rose. Le cocher et le valet de pied qui nous avaient accueillies la veille au soir à la gare étaient aussi raides sur le siège que dans une aquarelle de M. Guys. J'étais tout étourdie de me promener dans un si bel équipage. Le soir, la voiture croulait sous les paquets, les cartons à chapeaux, les boîtes de bottines et même les écrins car Mrs Forrester avait tenu à m'offrir des boutons de manchettes pour mes corsages ainsi qu'une montre en or avec sa chaînette. Quelle femme n'est pas frivole? Moi qui crois l'être si peu, je nageais dans la joie, ce qui ne m'empêchait pas d'être mélancolique. Cette folie d'achats me rappelait trop de semblables expéditions.

Papa, superstitieux comme un joueur, professait que certaines personnes portent chance, mais que d'autres, si bonnes soient-elles, quelque amitié ou dévouement qu'elles vous prodiguent, n'attirent que des ennuis. Son avidité à rechercher les premières, son effroi devant les secondes étaient comiques. Je crains, hélas! qu'en la matière son instinct n'ait pas été excellent. Je l'avais si souvent entendu exposer cette théorie que j'avais fini par y croire à mon tour. Avec Mrs Forrester, j'eus aussitôt l'intuition que rien ne pourrait me venir d'elle que de bénéfique. A quoi cela tenait-il? A son opulence, peut-être, car il était patent qu'elle était très riche, à la façon apparemment insouciante dont elle usait de cette fortune, à un air de bonheur, ou plus exactement de tranquillité dans le bonheur. On voyait que c'était une femme pour qui tout avait été facile, à qui tout avait réussi. Il existe certains êtres dont on dirait qu'ils sont aimés par la nature, qui ne rencontrent jamais de difficultés ni de chagrins. Ils traversent la vie avec légèreté. Ils ne pèsent pas plus sur le monde que le monde sur eux. Cela fait quelquefois de vieux enfants égoïstes, mais cela peut faire aussi des sages. Mrs Forrester appartenait indiscutablement à cette dernière catégorie. Le bonheur lui avait enseigné la philosophie. Je ne voyais pas tout cela, bien sûr, à vingt et un ans, je ne me l'expliquais pas comme je le fais ici; toutefois, je le sentais fortement, et j'éprouvais un surcroît de reconnaissance pour Mrs Mc Lamuir qui m'avait confiée à quelqu'un qui m'inspirait une telle sécurité. Changement curieux et révélateur : peu de jours après mon installation à Brook Street, je devins optimiste. Jusqu'alors j'avais vécu dans des tragédies, des angoisses, des attentes. A tout moment je craignais un malheur imprévu. Mrs Forrester, par ses bâillements matinaux, ses déshabillés de satin, ses chevaux avec des roses aux oreilles, ses quinze domestiques, sa nonchalance, sa manière de laisser entendre que rien n'était grave, que tout pouvait toujours attendre, me modifia le cœur. Le matin, je me levais dans les dispositions du bon M. Micwaber, de *David Copperfield*, qui, malgré ses déboires et sa pauvreté, espère chaque jour que le ciel va lui envoyer l'aubaine de sa vie.

5

*Un mystère heureux – Histoire du coffret de Fabergé
et des quatre-vingt-douze lettres – Première apparition
d'un homme maigre – Cambriolage à l'Elysée*

Je n'avais pas tort, l'événement le confirma plus tôt que je n'aurais cru. Je n'étais pas demoiselle de compagnie depuis quinze jours que le destin, qui m'avait si longtemps grimacé, m'adressa enfin un sourire. Nous prenions notre thé et notre muffin dans la salle à manger Chippendale. Mrs Forrester avait un déshabillé bleu pâle couvert de dentelles de Malines. Mon déshabillé était rose et avait un peu moins de dentelles, mais il était quand même très coquet. Ma maîtresse parcourait languissamment le *Times*. Je regardais pensivement (c'est-à-dire en ne pensant à rien) un portrait de Mrs Fitzherbert par Gainsborough pendu au mur en face de moi.

– Alors, vous voilà dans les journaux, maintenant, dit Mrs Forrester avec un mélange suprêmement artistique de curiosité et d'indifférence.

– Moi, dans les journaux, madame? m'écriai-je. Je ne vois pas bien ce que j'y ferais.

– Eh bien! vous y êtes quand même, dit Mrs Forrester en me tendant mollement la première page du *Times* consacrée aux annonces, comme on sait.

— Je n'y comprends rien, dis-je. « Miss Mary Morstan, fille du capitaine Morstan », cela ne peut être que moi. (Un espoir si violent me traversa que ma main trembla et que je rougis.) Croyez-vous, madame ?... dis-je d'une voix chevrotante.

— Non, répliqua Mrs Forrester qui soudain parut aussi réveillée qu'à cinq heures d'après-midi. Je ne crois rien et je vous conseille de ne rien croire du tout.

— Pourtant, madame... objectai-je, en tremblant encore.

— Mary dear, dit Mrs Forrester, pardon de vous faire un peu de mal, mais vous vous en feriez davantage. Si c'était votre père qui avait fait passer cette annonce, elle aurait été libellée autrement, et il l'aurait signée. Et, avant de vous rechercher par les journaux, il serait allé à Edimbourg.

— C'est vrai qu'elle n'est pas signée, dis-je. Et ce n'est pas son style. « Miss Morstan, fille du capitaine Morstan, aurait intérêt à se faire connaître et à communiquer son adresse. » Papa ne me parlait jamais de mon intérêt. De quoi peut-il s'agir ?

— Il faut répondre, dit Mrs Forrester. Donnez votre adresse puisqu'on vous la demande. Jenkins enverra quelqu'un la porter au *Times*. Mon Dieu, que c'est amusant ! Je suis sûre que vous allez avoir une bonne surprise. Je le sens. J'ai un sixième sens pour cela.

Le lendemain, au courrier du soir, arriva un petit paquet recommandé, composé d'une boîte de carton très légère. Je l'ouvris en la massacrant. Elle était remplie d'ouate. Dans l'ouate reposait une énorme perle, comme un œuf dans un nid. Pas un mot d'explication.

— Eh bien, dit Mrs Forrester à qui je courus la

montrer, que vous avais-je dit? L'annonce dans le *Times* m'avait fait le meilleur effet. Je dois être un peu pythonisse : j'avais deviné quelque chose d'heureux pour vous. Savez-vous que cette perle vaut une fortune? Je n'en ai jamais vu de pareille. Vous allez peut-être en recevoir une autre demain, qui sait? Et à la fin du mois vous aurez un sautoir comme la reine elle-même n'en a pas. Il y a dans Londres un gentleman qui vous veut du bien. J'aime assez sa manière d'envoyer des perles sublimes dans des boîtes de carton. Je trouve cela tout à fait bon genre. Montrez-vous au jour. Vous êtes très jolie. Je ne vois pas de raison pour que vous n'ayez pas inspiré une passion à un nabab. Ne prenez pas cet air incrédule. Ne tombez pas dans le travers bourgeois qui consiste à penser que l'imprévu ne peut être que mauvais. Non seulement c'est faux, mais c'est imprudent. La plupart des gens regardent l'avenir comme des marins qui attendent un grain. Ils sont tellement absorbés dans leur pessimisme que, lorsqu'il leur advient quelque chose d'agréable, ils ne le voient pas. Je n'ai cessé de rencontrer des gens qui ont manqué le bonheur ou le plaisir parce que cela n'entrait pas dans leurs prévisions. La vie est une bête sauvage, une panthère. Si vous voulez l'apprivoiser, il ne faut pas qu'elle croie qu'on puisse vous mordre, sinon elle vous mordra. Savez-vous qu'il m'est arrivé une aventure un peu semblable à la vôtre, autrefois? Un matin, j'ai reçu un diamant. Le matin suivant, un autre diamant, et ainsi de suite pendant un mois. J'en étais assez fâchée. J'ai remué ciel et terre pour découvrir qui se permettait de me faire des cadeaux d'un tel prix. C'était me traiter en biche, en demi-castor. Je n'ai jamais pu le savoir, ajouta-t-elle après un temps, mais je l'ai deviné. En fait, au troisième diamant, j'étais fixée. Un seul personnage en France était capable d'une telle prodigalité.

— M. de Morny ? dis-je étourdiment, pour montrer que je connaissais mon Paris.

— Mettons, dit Mrs Forrester en me coulant un regard moqueur. J'ai fait monter les diamants en parure par Chaumet, qui s'est dépêché et a fait un travail ravissant. Je tenais à les porter au prochain bal des Tuileries. Vous ne pouvez imaginer, Mary dear, à quel point l'empereur, en ce temps-là, était adorable. Il paraît que j'avais de belles épaules et un cou bien rond. Je me suis arrangée pour me montrer à lui sous toutes les faces. Il m'a souri, il m'a regardée tendrement de ses beaux yeux gris, mais pas un mot sur mes diamants.

— Excusez-moi, madame, dis-je, je suis un peu désorientée. Pourquoi l'empereur vous aurait-il particulièrement parlé de vos diamants ?

— Vous êtes un vrai chou, me dit Mrs Forrester avec un sourire malicieux. Oui, pourquoi ? Merci d'écouter si gentiment les radotages d'une vieille belle !

Mrs Forrester, son sixième sens, ses prédictions, sa théorie sur le bonheur qu'il faut autant prévoir que le malheur m'inspiraient une telle confiance que je fus presque déçue, le lendemain, de ne pas voir arriver une seconde perle, ni le surlendemain. L'idée d'un amoureux magnifique qui m'aurait croisée dans la rue flattait mes idées romanesques issues des romans de Jane Austen. C'était vrai, pourtant, que j'étais jolie, et Mrs Forrester m'avait si élégamment vêtue que je pouvais passer pour une demoiselle du grand monde. Avais-je rencontré mon Darcy ? Un détail m'ennuyait : comment Darcy avait-il appris mon nom, et, le connaissant, ne connaissait-il pas aussi mon adresse ?

Le plus grand sage ne peut vous enseigner que ce que vous comprenez. Il y a tout un savoir qui ne se révèle qu'avec le temps, qu'avec la vie. Si sage que fût Mrs Forrester, et le fût-elle autant que Socrate, comment eût-elle fait entrer dans une tête de vingt ans que le destin est compliqué, que les bonnes surprises qu'il vous ménage sont rarement immédiates, qu'il les prépare de longue main, qu'elles arrivent par des voies détournées, et que c'est quand elles sont là, encore plus savoureuses et subtiles qu'on n'avait rêvé, que l'on parvient à reconstituer son cheminement bizarre? La perle que je reçus le 8 juillet 1882 m'annonçait bien l'amour, mais de façon allégorique et sibylline. Entre cette perle et l'amour, il y avait une série de causes et d'effets impossibles à deviner.

Je dois noter quand même qu'en voyant ce que contenait la petite boîte de carton, je pensai aussitôt à papa et à son trésor mythique, auquel j'avais renoncé depuis belle lurette, si tant est que j'y eusse jamais cru, mais qui, malgré tout, me procurait de temps à autre une petite rêverie puérile. Cette perle solitaire dans son lit d'ouate semblait avoir été distraite d'un coffre de pirate rempli d'autres joyaux, de saphirs, de rubis en vrac, de souverains d'or, de doublons d'Espagne. Imagination encore plus romanesque que celle de l'amoureux invisible! J'en étais si consciente et si confuse que j'hésitai quelques jours avant d'en faire part à Mrs Forrester.

— Il n'y a plus de trésors, darling, me dit-elle, sauf dans les romans de Stevenson. Cessez de vous poser des questions! Cela ne sert à rien. Un jour ou l'autre, les choses s'éclairciront d'elles-mêmes. Je sais bien qu'il est très ridicule de jouer à la femme d'expérience, mais j'ai vu souvent des énigmes qui se résolvaient toutes seules au bout d'un mois ou d'un an. Rien ne sert de se torturer la cervelle. C'est même dangereux. On croit être très malin, et on ne fait que des bêtises. Tenons-nous-en à l'amoureux. Après tout, c'est peut-être cela. Qui sait? Le prince de Galles vous a aperçue. Il n'ose pas se déclarer.

C'est un homme tout à fait agréable, qui ne paraît pas ses quarante ans.

Nous nous tînmes si bien au personnage de l'amoureux que nous le fîmes durer six ans, et que cela devint une sorte de jeu entre nous. D'où le vers célèbre du sonnet d'Arvers que me récita Mrs Forrester le 8 juillet 1888 entre deux gorgées de thé, lorsqu'elle me tendit une lettre qui m'était adressée. A cette époque, vivant depuis six ans dans son intimité, étant devenue l'amie de tous ses amis, l'ayant accompagnée plusieurs fois à Paris, à Biarritz, à Venise, à Florence, à Vienne, même à Saint-Pétersbourg, j'avais totalement adopté ses manières et sa philosophie. Bien que la lettre eût de quoi enflammer ma curiosité et mon impatience, je lui répondis dans son langage du matin. Je la connaissais sur le bout du doigt, je savais qu'à travers son engourdissement elle avait vu qu'il s'agissait d'une chose importante, qu'elle avait peut-être deviné que l'énigme des perles allait enfin s'expliquer, et qu'elle m'était reconnaissante de ne pas en parler aussitôt comme un étourneau, comme une petite bourgeoise incapable de garder pour elle une nouvelle plus de cinq minutes.

Je dis les perles. En effet, j'en avais reçu six. Une par an, chaque fois le même jour, c'est-à-dire le 8 juillet, dans la même boîte en carton, remplie de la même ouate. Périodiquement, j'avais des velléités de percer ce mystère, sans du tout savoir comment m'y prendre d'ailleurs, mais Mrs Forrester m'en dissuadait. Elle prétendait qu'il ne faut jamais chercher à comprendre un mystère quand c'est un mystère heureux. Exemple : la huitième femme de Barbe-Bleue, qui ne peut se retenir d'ouvrir la chambre interdite et qui y voit les cadavres des sept autres épouses. Mrs Forrester soutenait que Barbe-Bleue était un homme charmant, prodigue, plein de prévenances, comme le sont si fréquemment les assassins, qui n'avait à se reprocher après tout que sept moments de mauvaise humeur, et que si la petite curieuse, à qui on avait pourtant bien recommandé de ne pas mettre son nez dans la chambre verte, n'y était pas allée, elle aurait été la plus heureuse des femmes.

– Il y a peut-être des horreurs derrière ces perles, disait-elle. Le Bon Dieu ne veut pas que vous les connaissiez.

Mrs Forrester avait mieux qu'un pouvoir de persuasion; ses paroles agissaient sur moi comme des vapeurs de pavot et me paralysaient la volonté. Il n'est pas du tout dans mon tempérament d'endurer les mystères. Je n'aime que la clarté et la logique; cependant, sous son influence, à cause de son parfum, de sa tranquillité, de son esprit, de ses soirées où je rencontrais la compagnie la plus choisie d'Europe, j'ai vécu pendant six ans avec un mystère dont je ne me souciais presque jamais parce que c'était, selon le mot de ma maîtresse, un mystère heureux.

Suivant notre habitude, nous montâmes au premier étage dans la chambre de Mrs Forrester. Elle se remit au lit. Je m'assis sur une petite chaise avec le livre que nous lisions alors et qui était le dernier ouvrage de M. Henry James : *La Princesse Casamassima*. M. James n'est pas ce qu'on appelle un écrivain facile; ce roman-là, sur le féminisme comme *Les Bostoniennes*, ne m'amusait guère. Je crois qu'il n'amusait pas davantage Mrs Forrester, mais elle mettait son point d'honneur à acheter toutes les productions de son auteur, sitôt qu'elles apparaissaient en librairie, prétendant qu'il fallait avoir lu « tout James », même si c'était ennuyeux, attendu que cela contenait des fortifiants en plus grande quantité qu'ailleurs, et qu'il était bon pour la santé d'en prendre une bonne cuillerée chaque matin. La lettre m'avait mis l'esprit en révolution. A chaque ligne, ma pensée s'envolait. Je ne comprenais rien à ce que je lisais. Moi qui d'ordinaire variais si bien les intonations, moi qui jouais le texte artistement comme un morceau de violon, je m'arrêtais aux virgules comme un cheval devant une ombre, je laissais tomber ma voix comme une apprentie. Enfin, je bouillais. Il était inconcevable que Mrs Forrester ne s'en aperçût pas, et sans doute s'en apercevait-elle, mais par un mélange de grandes manières et de malice elle ne faisait semblant de rien. A demi assise sur ses oreillers, la tête un peu tournée, elle regardait le ciel gris et les arbres du jardin que l'on voyait par la fenêtre ouverte. Elle avait un beau lit français marqueté, en forme de gondole, dont les montants étaient terminés par des têtes de cygne. Il serait exagéré de dire que j'étais au supplice. Cependant je me demandais à chaque minute combien de temps il faudrait encore peiner sur les phrases de M. Henry James qui n'avaient jamais été aussi longues.

— Mary dear, dit Mrs Forrester après deux siècles, vous n'êtes pas en train ce matin. Si au lieu de nous lire la prose de M. James, vous nous lisiez celle de votre amoureux? Ce serait plus vite fait, et je crois que cela nous intéresserait davantage.

— Vous êtes trop indulgente, madame, répondis-je avec beaucoup de soulagement et un peu de perversité. Allons jusqu'au bout du chapitre. Je vais tâcher de me racheter. Et nous n'avons pas entièrement avalé la potion.

— Quelle bonne idée, Mary darling! répliqua Mrs Forrester d'une voix si exténuée que je compris qu'elle avait autant envie que moi de planter là la princesse Casamassima.

Tout mon talent de lectrice me revint. J'ose dire que j'interprétai les deux pages restantes avec une virtuosité et des modulations dignes du maestro Eugène Ysaïe.

— Vous êtes un vrai démon, ma chérie, dit Mrs Forrester en riant, après que la vibration de mes derniers accords s'éteignit. Mais je ne suis pas non plus un ange. Nous sommes quittes. Dieu, que M. James m'a donc rasée ce matin. Encore plus que vous. Alors, cette lettre ?

— La voici, madame, dis-je en la tirant de la poche de mon déshabillé.

— Lisez-la, petit singe. Vous voyez bien que je n'ai pas mon face-à-main.

— Elle dit ceci, madame : « Vous êtes victime d'une injustice qui sera réparée. Trouvez-vous ce soir à sept heures au Lyceum Theatre, à côté de la troisième colonne en sortant à partir de la gauche. Si vous avez peur, faites-vous accompagner par deux amis, mais n'amenez pas la police, sinon tout échouerait. Votre ami inconnu. »

— Eh bien, dit Mrs Forrester, peut-être que le trésor de votre papa existe après tout, et qu'on s'apprête à le partager avec vous. Ce mot d'injustice me paraît très prometteur. Vous êtes une vraie héroïne de roman. Quand je pense que nous avons perdu plus d'une demi-heure avec la princesse Je ne sais quoi, alors que vous nous apportiez une intrigue tellement plus captivante ! Vous irez au Lyceum Theatre, ce soir, je présume ? Il ne faut pas y aller toute seule. Je ne crois pas que vous risquiez la moindre chose, mais ce serait inconvenant. Il faut trouver quelqu'un pour aller là-bas avec vous.

Je suggérai Jenkins, qui était la respectabilité faite homme, à qui il était inconcevable qu'il pût arriver la moindre aventure, qui était une sorte de garant contre le ridicule ou le tragique.

— Jenkins ? dit-elle. Croyez-vous ? Je ne trouve pas que ce soit une très bonne idée. Il est trop vieux et trop ronchon pour une expédition de ce genre. Il serait fichu d'emporter un parapluie. D'ailleurs, j'ai besoin de lui ce soir. Vous savez que nous avons à souper deux poètes français, M. Verlaine et M. Mallarmé. M. Verlaine est un original qui s'enivre assez facilement. Jenkins est remarquable avec les ivrognes. Non, non, pas Jenkins. J'ai mieux à vous proposer.

Elle me pria de lui passer un certain coffret de malachite et d'or qui se trouvait sur sa coiffeuse, que je voyais quotidiennement, mais que je n'avais jamais regardé de près, par discrétion. J'admirai la délicatesse des ciselures et l'ingéniosité avec laquelle l'or sertissait les plaques de malachite. Sur le couvercle, un aigle à deux têtes, en corail rose et en diamants, déployait ses ailes. Un des quatre pieds, en forme de serre, était tordu. C'était un travail du célèbre Fabergé, dont on ne connaissait aucun coffret, à part celui-là. Il l'avait exécuté pour une grande-duchesse qui, finalement, l'avait refusé, soit que la lubie lui en fût passée, soit que le prix fût trop fort. Bref, dit Mrs Forrester, cette grande-duchesse était une buse : pour une chose pareille, on met sa montre au mont-de-piété, on ruine sa vieille mère. Le coffret était arrivé en France, où quelqu'un qui avait les moyens de l'acheter le trouva à son goût et l'offrit à Mrs Forrester pour qu'elle y serrât les lettres qu'il lui écrivait.

– Les désirs de cette personne étaient pour moi des ordres, dit-elle, mais des ordres charmants, des ordres désirés, auxquels j'obéissais avec un bonheur que je vous souhaite de connaître.

Elle avait reçu de la personne en question quatre-vingt-douze lettres, qui étaient ce qu'elle possédait de plus précieux. Le coffret avait une serrure si bien agencée qu'il aurait fallu le casser à coups de marteau pour l'ouvrir. Quant à la clef, elle ne quittait jamais Mrs Forrester. Elle écarta son déshabillé et me montra une petite clef d'or enchâssée d'une émeraude, pendue à son cou par une chaînette. Avec celui qui la lui avait remise, j'étais, me dit-elle, la seule à l'avoir vue. Chaque matin, en se réveillant, son premier regard était pour la boîte de Fabergé, unique témoignage des deux années les plus adorables qu'elle avait vécues, souvenir d'un monde délicieux qu'on ne reverrait pas. Or, voilà qu'un matin, le coffret n'était plus là. Elle l'avait vu la veille au soir avant de baisser sa veilleuse. Elle l'avait même caressé. « Moi aussi, j'ai mes petits mystères, comme vous pouvez constater », conclut-elle avec un peu de gouaille, pour atténuer ses paroles mélancoliques.

Je brûlais de lui demander qui était l'homme dont l'amour lui avait procuré deux années « adorables ». Mais pose-t-on des questions? Et surtout de telles questions? D'un subalterne à un supérieur, ce serait le comble de la grossièreté. L'adjectif « adorable » éveillait en moi une réminiscence ancienne. Ne l'avais-je pas entendu dans une autre conversation? A propos de quoi ou de qui Mrs Forrester l'avait-elle employé? Et quel était le sujet de cette conversation, qui remontait à Dieu sait quand? L'attention avec laquelle je l'écoutais m'empêchait d'appliquer sérieusement mes facultés à cette recherche, mais ce serait bien le diable, pensai-je, si plus tard je ne découvrais pas, avec un peu de réflexion, ce qui avait été si adorable dans l'existence de Cecilia.

Naturellement elle commença par soupçonner quelqu'un de la maison. Elle convoqua Jenkins à qui elle demanda de se livrer à une enquête auprès des valets et des femmes de chambre. Rien! Tout le monde était désespérément honnête. Elle était horriblement malheureuse. Elle aurait donné n'importe quoi, ses tableaux, sa fortune entière, pour retrouver le coffret. On n'avait volé rien d'autre. Qui pouvait convoiter ses pauvres lettres, qui n'avaient de valeur que pour elle? C'est ici qu'apparaissait le personnage auquel elle avait pensé pour m'accompagner ce soir.

Elle me fit le compte de ses démarches : plaintes à la police, visite au superintendant de Scotland Yard, conciliabules avec un inspecteur affecté à son affaire. Tout cela n'aboutissant nulle part, elle recourut à l'*ultima ratio*, c'est-à-dire une annonce dans le *Times* promettant cent guinées, la discrétion et une gratitude éternelle au voleur repentant. L'après-midi même, un individu arriva dans un cab. Elle le reçut dans le grand salon. Il portait un costume de tweed à chevrons et une de ces ridicules casquettes dont on noue les oreilles sur la coiffe. Il puait le tabac. Bouche mince, sans lèvres, long nez, joues creuses.

– Pas possible, madame, m'écriai-je, vous l'avez photographié !

– C'était un personnage curieux, vous savez. Je dirai qu'il était contrasté. C'est peut-être à cause de cela que je l'ai davantage regardé que je ne regarde les gens d'habitude. Mais il avait un regard assez gentil, rêveur même, à moitié caché sous des paupières rouges d'insomniaque. Ce regard me plaisait tout à fait.

Un des charmes de Mrs Forrester consistait à exprimer abruptement les idées incongrues qui lui traversaient l'esprit. Elle déclara à son visiteur qu'il n'avait pas les yeux d'un cambrioleur. Cette figure plutôt maussade, en tout cas austère, que, n'eussent été l'accoutrement et la casquette, on eût prise volontiers pour celle d'un ecclésiastique, d'un nouveau vicaire venant se présenter à une paroissienne notable, se plissa de tous les côtés et partit d'un long rire silencieux.

– Excellente intuition ! dit l'homme. Que savez-vous encore ?

Mrs Forrester le dévisagea comme un amateur qui scrute un tableau.

— Vous fumez un horrible tabac, dit-elle. Vous dormez mal. Vous êtes célibataire, car vos vêtements sont froissés; il manque un bouton à votre paletot. Une femme ne vous laisserait pas sortir comme cela. Vous n'êtes pas très riche. Vous considérez que cent guinées méritent qu'on se déplace. Puisque vous n'êtes pas un voleur, vous venez m'offrir de retrouver mon coffret. Donc, vous êtes un détective.

L'air abasourdi de l'autre était si drôle que Mrs Forrester partit à rire à son tour.

— Madame, dit-il, je vous félicite. Peu de femmes ont de tels dons de déduction.

— Vous me flattez, monsieur. Tout cela n'était pas bien sorcier.

— A mon tour, dit l'homme avec fatuité. Voyons si je vous étonnerai moi aussi.

Mrs Forrester n'avait de sa vie échangé un mot avec un détective. Mais c'était une femme trop fine pour ne point s'apercevoir que celui-ci s'apprêtait à lui faire son numéro.

— Vous avez vécu à Paris, dit-il. Vous y avez connu le gratin de la société. Vous avez été l'intime d'un très haut personnage de l'Empire. Ce personnage vous a écrit des lettres. Ces lettres étaient dans le coffret qui a disparu. Le domestique qui m'a introduit ici est à votre service depuis longtemps. Vous avez obligé ce pauvre homme à habiter Paris pendant... attendez... dix-neuf ans? Non, vingt, puisque vous êtes revenue seulement à Londres en 1871. Il s'appelle Jenkins. Il avait Paris en exécration. Il a chassé le rat pendant le siège et il a fait la queue au Jardin des Plantes afin d'obtenir un morceau d'éléphant pour sa chère maîtresse. Cet homme-là se ferait hacher pour vous. Je vois, madame, que vous êtes surprise que je connaisse ces menus détails. Lorsque je vous aurai expliqué le modeste travail de déduction par lequel je les ai découverts, vous conviendrez qu'ils sont l'évidence même.

— Mais ils sont l'évidence même, cher monsieur, répliqua Mrs Forrester, amusée par le ton de supériorité du personnage. Je vous assure que je ne suis aucunement surprise. Il est à la portée du premier venu de déduire ce que vous avez déduit. Ce salon est rempli de photographies, de tableaux et d'objets qui racontent ma vie aussi clairement que si je l'avais écrite. J'ai appelé Jenkins par son nom tout à l'heure, et vous l'avez entendu. Ce bon Jenkins a tellement l'air d'un meuble qu'il n'est pas difficile de deviner qu'il est à mon service depuis le fond des temps, et qu'il m'a suivie partout. Par surcroît, il a l'air tellement anglais qu'on n'imagine pas qu'il puisse se trouver bien ailleurs qu'en Angleterre.

— Enfin, madame, dit l'homme maigre avec dépit, vous ne pouvez nier que j'aie découvert que vous étiez à Paris pendant le siège et la Commune.

— Ah oui! bravo! s'écria Mrs Forrester ironiquement. Vous avez aperçu ce bout de pierre calcinée sous un petit globe. Vous vous êtes dit que cela provenait de l'incendie des Tuileries, et que je l'avais ramassé pieusement. C'est d'ailleurs exact. Tout le reste en découlait, Jenkins chassant le rat, etc.

— Madame, dit l'autre en riant, je rends les armes! Vous êtes une femme extraordinaire. Quelles facultés! Je ne connais qu'un homme qui en ait de pareilles. Peut-être l'avez-vous rencontré dans les salons. Il s'appelle le professeur Moriarty.

— Mais oui, dit Mrs Forrester. Je l'ai vu deux ou trois fois.

— Et alors? demanda le détective avec un intérêt soudain. Quel effet vous a-t-il produit? L'opinion d'une femme telle que vous m'intéresserait vivement.

— Il m'a surtout fait l'effet d'un snob, dit Mrs Forrester. Pardonnez-moi si c'est un de vos amis. Je le rangerai dans la catégorie des snobs à fanfreluches et à ronds de jambe, genre particulièrement clownesque.

— Un snob! s'écria le détective avec admiration. Ah Madame! comme c'est bien vu et comme j'ai eu raison de vous interroger sur le Pr Moriarty! Un snob! Voilà le morceau qui manquait à mon puzzle. Ne vous liez jamais avec le Pr Moriarty.

Mrs Forrester le rassura là-dessus. Ce Moriarty n'était pas seulement un snob, mais encore un raseur, et elle fuyait les raseurs comme la peste. Le détective fit un sourire énigmatique. Ses sourires étaient agréables, malgré sa bouche sans lèvres. La façon dont il était convenu de sa défaite avait achevé de le rendre sympathique. Sa suffisance aussi plaisait à Mrs Forrester. Cet homme-là était vaniteux, et l'on peut tout attendre des vaniteux. Ils se mettent en quatre pour qu'on les admire. Il promit de rapporter le coffret avant trois jours, ce que Mrs Forrester prit pour une vantardise supplémentaire. Inutile de lui révéler le nom de l'auteur des lettres : il le connaissait. Il le prononça, en ajoutant orgueilleusement : « Est-ce que je me trompe ? »

— Me le direz-vous aussi, madame ? demandai-je.
— Je pensais que vous l'aviez deviné, darling.

Ma foi, non, je ne l'avais pas deviné, mais je n'osai pas insister, mi-par bienséance, mi-par crainte de passer pour une niaise. Pour en finir avec le détective maigre, trois jours plus tard il rapporta effectivement le coffret, intact, à part un pied tordu. Les lettres étaient dedans; il n'en manquait pas une. Mrs Forrester convenait qu'il avait fait des prouesses de raisonnement et de décision. Du reste, il les lui détailla avec sa complaisance habituelle. C'était les lettres qu'on voulait, bien sûr, et non leur boîte. Par conséquent l'affaire était politique. Il y avait en France, à ce moment-là, une agitation bonapartiste qui ennuyait le gouvernement, lequel cherchait un moyen quelconque de la discréditer. On savait qu'une dame anglaise avait des lettres telles que, si on les publiait dans la presse, elles remettraient en mémoire aux citoyens les turpitudes de l'exécrable régime de naguère. Cette dame fut bientôt identifiée. Comment lui voler ses lettres? Un commissaire de police français vint à Londres et s'aboucha avec un homme du monde ou prétendu tel, qui avait de mystérieuses accointances avec la pègre. « Quel homme du monde? » demanda Mrs Forrester. « Vous le connaissez, dit le détective. Hélas! je n'ai pas de preuve contre lui. » « Serait-ce votre Moriarty? » dit Mrs Forrester. « Je n'ai aucune preuve, madame », répéta le détective. Celui-ci avait reconstitué la manière dont le coffret s'était envolé. Le printemps était chaud; Mrs Forrester dormait la fenêtre ouverte. Un individu s'était introduit dans le jardin la nuit. Il avait escaladé un marronnier qui se trouvait à une trentaine de pieds de la fenêtre. Cet individu était un de ces bandits américains dont la tête est mise à prix au Far West, et qui émigrent en Angleterre pour échapper aux shérifs. Au cours de sa vie de cow-boy et de hors-la-loi, il avait appris deux choses : voir dans l'obscurité et manier le lasso. C'est ainsi qu'il avait attrapé le coffret. Son lasso, lancé d'une main infaillible, l'avait cueilli sans bruit, délicatement, comme un morceau de sucre dans un sucrier, mais le coffret avait heurté le tronc du marronnier, d'où le pied tordu. Le détective maigre avait inspecté les lieux. Une éraflure sur l'écorce et une branche cassée l'avaient éclairé.

A Paris, il n'avait eu aucune difficulté à savoir quel commissaire était venu à Londres et en était reparti en emportant le coffret de Fabergé. Suivaient des déductions serrées que Mrs Forrester avait oubliées. Bref, le coffret se trouvait au Palais de l'Elysée, chez M. Wilson, gendre de M. Grévy, président de la République française, qui avait eu l'idée de cette machination compliquée et, d'après moi, assez saugrenue. Il ne restait qu'à récupérer l'objet, ce que fit le détective. Il avait obtenu une audience de M. Wilson, fameux concussionnaire dont l'industrie consistait à vendre des décorations. Il l'avait informé qu'une société de lords anglais désirait beaucoup la Légion d'honneur et que cela pourrait bien, l'un dans l'autre, rapporter quarante mille livres sterling. M. Wilson, alléché, le reçut à l'Elysée même, dans ses appartements. Pour son malheur, on l'appela pour quelque affaire, et il quitta la pièce pendant un quart d'heure. Cela suffit au détective pour crocheter son coffre-fort. Le Fabergé était là. Il le prit, referma le coffre, et le pauvre M. Wilson n'eut jamais les quarante mille livres.

— Quelle histoire rocambolesque! dis-je.
— N'est-ce pas? dit Mrs Forrester. Avouez que l'homme qui a été chercher mes lettres jusque chez le président de la République française sera un meilleur chaperon que Jenkins pour votre sortie de ce soir.

J'en convins, encore qu'il me parût exagéré de mobiliser un authentique détective pour une aussi mince affaire. Mrs Forrester me gronda pour cette remarque, qui trahissait, selon elle, un déplorable manque d'imagination, résultat d'une modestie mal placée. Elle reconnaissait là la funeste éducation bourgeoise que reçoivent les demoiselles anglaises dans les pensions d'aujourd'hui où, sous couleur de faire d'elles des personnes bien élevées, on tue les vertus par lesquelles se distinguaient jadis les filles de qualité : fierté, hauteur, audace, conscience de ce qui vous est dû, et même esprit critique. Je n'avais pas échappé à cette malédiction, ce qui était normal, ayant été prise en main par Maggy Mc Lamuir, excellente femme qu'elle aimait tendrement, mais incarnation du sinistre esprit victorien qui nous étouffait sous la bigoterie et l'hypocrisie depuis que le pauvre prince Albert était mort, et dont l'idéal était de fabriquer des brebis incapables de bêler, par bienséance, quand même on les égorgerait. Enfin, étais-je la seule à n'avoir pas été frappée par le romanesque de ma vie ? A quoi bon être passée par où j'étais passée pour raisonner comme une bécasse de Bloomsbury ? Le rendez-vous au Lyceum Theatre était un romanesque de plus. M'y faire accompagner par un détective était une précaution aussi naturelle que de se faire assister par un attorney dans une transaction commerciale. Elle sonna pour donner l'ordre qu'on attelât le buggy après le lunch et que l'on me conduisît chez M. Holmes, 221 Baker Street. Tels étaient le nom et l'adresse de l'homme qui avait retrouvé le coffret de Fabergé.

Quand je remontai dans ma chambre pour faire ma toilette et m'habiller, je trouvai Pigott qui visiblement m'attendait, vu la lenteur et le perfectionnisme inusité qu'elle apportait à son ménage. Elle me regarda avec un mélange de curiosité, d'ironie et de considération.

– Alors, dit-elle, mademoiselle va toucher son héritage ? Tout le monde, en bas, est très heureux pour Mademoiselle.

La sortie de Mrs Forrester m'avait vexée, car elle avait mis le doigt sur une de mes faiblesses. J'étais irritée aussi de ce qu'elle avait dit de ma bonne tante Maggy, qui était fort exagéré. Je ne fus pas mécontente de trouver quelqu'un sur qui essuyer ma mauvaise humeur.

– Merci, Pigott, répliquai-je sèchement. Mais il me semble que je ne vous avais pas demandé votre avis ni celui du personnel.

– Que Mademoiselle m'excuse, dit la femme de chambre avec un respect qu'elle ne m'avait jamais témoigné jusqu'alors. Je ne voulais pas être indiscrète.

– Vous me feriez plaisir en retournant dans votre office, ajoutai-je.

– Tout de suite, mademoiselle, dit-elle avec empressement. Quand Mademoiselle aura besoin de moi pour lacer son corset, elle n'aura qu'à sonner. Peut-être que Mademoiselle désirera aussi que je la peigne.

– Très bien, dis-je d'un ton léger qui me plut beaucoup.

DEUXIÈME PARTIE

1

Je perds mes dents de lait – Dieu lit les romans – Un cheval de deux cents guinées – Le chapeau Cronstadt – A travers Londres avec un cocher ivre

C'est vrai que je n'ai pas d'imagination, pas d'instinct. Devant le n° 221 de Baker Street, nul pressentiment ne me visita. Je vis une maison pareille aux autres maisons de la rue. Sans Pigott qui avait tenu à ce que je fusse particulièrement élégante, sûre qu'elle était que j'allais à la rencontre de l'Argent, et qui avait choisi pour moi une jolie robe beige d'après-midi, avec un turban assorti, orné d'une petite plume blanche sur le côté, j'aurais pris le premier vêtement venu dans l'armoire. Pigott m'avait pomponnée comme une princesse, c'est-à-dire avec une simplicité luxueuse. Elle m'avait forcée à regarder son œuvre dans la glace. J'avoue que j'étais assez bien. Tant de soin pour rendre visite à l'homme maigre qui empestait le tabac me semblait très superflu. Chère Pigott! Je la bénis à l'instant où je pénétrai dans la caverne du fameux M. Holmes.

Une grosse femme entre deux âges m'ouvrit la porte, m'introduisit dans un vestibule, me confia qu'elle allait m'annoncer et grimpa un escalier de bois recouvert d'un tapis à bordure rouge, qui partait tout droit jusqu'au premier. Je m'avisai que je n'étais jamais entrée dans un intérieur anglais petit-bourgeois et que j'avais le bonheur d'en contempler un dans toute sa pureté : fenêtres à guillotine, plante verte dans le vase en céramique qui finissait la rampe de l'escalier, gravures représentant Nelson et le capitaine Cook, reproductions de paysages de Constable, petit carré en tapisserie sous verre où était brodée une inscription proclamant que rien ne vaut son chez-soi. Par une porte entrouverte, j'apercevais l'appartement de la logeuse, tendu de papier à motifs champêtres, meublé de bergères en reps aux bras luisants, d'un canapé défraîchi, d'une table à ouvrage ouverte dont sortaient des écheveaux de laine bariolés. Tout cela était laid, sans goût, mesquin, mais donnait l'impression d'un confort douillet, d'une petite vie bien organisée et agréable. Une odeur d'encaustique et de cuisine refroidie imprégnait la maison. La bonne dame qui m'avait accueillie, j'en aurais juré, ne louait qu'à des messieurs, qu'elle se plaisait à dorloter.

– Montez ! me cria-t-elle du haut de l'escalier. Il est là.

Il y avait une nuance si marquée de respect et de dévotion dans sa voix que je ne pus m'empêcher de sourire. Je souriais encore quand je franchis le seuil du sanctuaire, lequel, je l'avoue, ne ressemblait en rien au rez-de-chaussée. C'était un salon assez vaste, éclairé par deux grandes fenêtres, où régnait un agréable mélange de chic masculin et de laisser-aller. Les fauteuils et le canapé de cuir, par la profondeur et le capitonnage, étaient dignes de l'Athenæum Club. La moquette était épaisse et neuve, mais maculée çà et là de cendre de tabac sur laquelle on avait insoucieusement marché. Sur la cheminée, une demi-douzaine de pipes voisinaient avec un gros revolver d'ordonnance à barillet. Au milieu de la pièce se tenait un petit pupitre de fer réglable, couvert de partitions musicales. Une série de trous sur le mur formant vaguement les lettres V.R. m'intrigua. J'en eus l'explication par la suite : le maître de céans, un jour qu'il s'ennuyait, ce qui lui arrivait souvent, s'était amusé à dessiner à coups de revolver les initiales de notre souveraine. Tirer des coups de feu en appartement, quand on est capable de tracer VR d'une distance de quinze pieds, me semble le comble de l'affectation.

Je ne sais pourquoi le salon de M. Holmes s'est ainsi logé dans ma mémoire. J'y suis entrée une seule fois, mais j'ai tout vu d'un coup d'œil, en un éclair. Je me souviens même de l'odeur de tabac et de pharmacie qui flottait dans la pièce. Je vois la logeuse, qui s'appelait Mrs Hudson, me tenant la porte et s'effaçant pour que je passe. Au fond du tableau, à demi couché sur le canapé, un homme maigre aux paupières rouges, correspondant à la description de Mrs Forrester, en bras de chemise, l'une des manches relevée au-dessus du coude. Sur un guéridon, près de lui, j'aperçois une seringue. Ces diverses impressions défilèrent si vite que j'eus à peine le temps de penser que cette façon de recevoir une visiteuse était étrange. Elles furent immédiatement recouvertes par l'apparition devant mes yeux d'un autre homme, qui se leva pour m'accueillir. Comment rendre l'effet qu'il me produisit ? Je suis obligée de recourir au vieux cliché du « sourire lumineux ». Le sourire de cet homme était si bon, si intelligent que je pensai aux rayons du soleil traversant les feuilles des arbres. Du reste, j'en ressentis une joie semblable. Ce jeune homme, car il n'avait pas plus de trente ans, me causa le même bonheur que je trouve au milieu de la nature et que j'ai noté déjà, à propos de ma visite à l'affreux major Sholto, en décembre 1878. J'oublie de dire qu'il était très beau, incommensurablement plus séduisant que Darcy, car il n'avait ni arrogance ni dureté. Tout était gentil en lui, naïf, *adorable*, pour me servir d'un adjectif cher à Mrs Forrester, dont je comprenais tout à coup qu'il n'était pas une simple hyperbole, qu'il signifiait quelque chose de bien précis. Phénomène extraordinaire et que j'acceptai comme une chose naturelle, ce qui était encore plus extraordinaire : le souvenir de mon père, l'image de mon père, qui m'habitait depuis l'enfance, qui brillait en moi comme une icône dans une église russe, pâlit. L'image du jeune homme se superposa à elle. Il avait le visage hâlé, de grandes mains, une carrure de Coldstream Guard, il boitait un peu. Je ne saurais dire à quel point cette boiterie m'attendrit. Personne, pas même M. Wilde, ne m'avait jamais regardée comme lui. Je me sentais enveloppée par quelque chose de chaud, de bon, de fort, d'entièrement amical.

– Permettez-moi de me présenter, mademoiselle, dit-il : John Watson, M.D.

Il était médecin. Quelle déception ! C'est en médecin qu'il me regardait, en homme habitué à réconforter des gens qui ont peur. Son sourire n'était qu'un sourire professionnel, et non ce message où j'avais lu tant de choses si douces. M. Holmes était-il souffrant ? La seringue sur le guéridon le faisait présumer. M. Watson me rassura. Il habitait ici, avec M. Holmes. Chacun avait sa chambre. C'était ce qu'on appelle un ménage de célibataires. Quant à la seringue, M. Holmes, dans ses périodes d'oisiveté, avait la manie que lui, M. Watson, blâmait hautement, de s'injecter dans le bras de petites doses d'une solution qui lui procurait l'excitation intellectuelle que seuls, à part cette mixture, des événements tragiques et mystérieux étaient capables de lui apporter. Il venait justement de se faire une piqûre. Cela expliquait qu'il fût affalé sur le divan. Les piqûres étaient toujours suivies de quelques instants de torpeur. Du reste, je pouvais constater que la torpeur se dissipait. M. Holmes bougea, s'assit, baissa sa manche de chemise, enfila sa veste. Il alla jeter un coup d'œil par la fenêtre puis se retourna et me considéra des pieds à la tête. Je l'informai que je venais de la part de Mrs Forrester, chez qui je travaillais, et qui avait été fort impressionnée jadis par son talent.

— Travailler est un grand mot, dit-il. Vous n'avez pas l'air de quelqu'un qui travaille. Ces petites mains-là sont trop soignées (j'avais retroussé un de mes gants). Les femmes qui travaillent n'ont pas de plume à leur turban. Elles n'ont pas non plus de turban. Elles ne viennent pas voir les détectives dans un buggy attelé d'un cheval de deux cents guinées et conduit par un cocher à chapeau à cocarde. Vous êtes la pupille de Mrs Forrester, à la rigueur sa lectrice.

L'expression du Dr Watson pendant ce bref discours était si touchante que je lui rendis ma tendresse : il couvait des yeux son ami comme une mère qui exhibe son poupon, il me jetait des regards qui signifiaient : « Hein, est-il fort ? » L'autre, à ce que j'observai, n'était pas gêné par cette admiration, à laquelle il se prêtait avec une imperceptible complaisance.

— Mrs Forrester a été impressionnée par mon talent ? reprit-il rêveusement. En effet, je crois lui avoir rendu un petit service. C'était pourtant, si je m'en souviens bien, une affaire très simple.

Piquée par cette ostentation de modestie, je répliquai que je souhaitais qu'il jugeât la mienne aussi simple. Le charmant Dr Watson, qui, outre ses qualités, était pétri de délicatesse, se leva en disant : « Vous voudrez bien m'excuser... » La perspective de rester en tête à tête avec l'homme maigre me désespéra. Pourquoi éprouvais-je si peu d'attirance pour lui ? Je me le reprochais, mais c'était invincible. Je sais, aujourd'hui que j'écris ceci, la raison de mon antipathie pour cet homme réellement supérieur. J'ose à peine la dévoiler, tant elle est commune : c'était son intimité avec le Dr Watson. J'étais tout bêtement jalouse de lui, comme les femmes le sont des amis de leur mari. Je ne connaissais M. Watson que depuis quelques minutes mais cela suffisait pour que je désirasse tout remplacer pour lui, qu'il me sacrifiât tout ce qu'il avait aimé avant de me connaître. Il était évident qu'une grande amitié le liait à M. Holmes. Je ne manquais pas non plus d'être agacée par l'admiration qu'il lui témoignait. Cette admiration me semblait indue. L'esprit des femmes marche d'une curieuse façon. Peut-être est-ce ces impulsions, cette violence irrationnelle qu'on appelle l'intuition féminine ? J'étais certaine, sans que rien ne m'autorisât le moins du monde à le penser, que des deux, le grand homme était M. Watson et non M. Holmes, qu'il y avait une imposture dans le partage des rôles.

– Non, s'il vous plaît, m'écriai-je en faisant un geste de la main pour retenir le Dr Watson. Si votre ami avait l'obligeance de rester, dis-je à M. Holmes, il me rendrait un grand service !...

M. Watson qui était, lui, réellement modeste, n'imaginait guère, sans doute, qu'il pût être en mesure de rendre des services à quiconque, hors ceux de son métier. Je vis la surprise se peindre, dans tous ses détails si j'ose dire, sur son visage, aussi expressif que celui de M. Holmes était fermé. Mais c'était une surprise heureuse, de quelqu'un qui se réjouit qu'on le mette à contribution. Il m'adressa le beau sourire qui m'avait si émue tout à l'heure, et qui devait donner tant confiance aux malades qui avaient la chance qu'il les soignât.

Quel grand service attendais-je de lui ? J'aurais été bien en peine de le préciser. Mais ce qui n'a pas un sens immédiat, et que l'on prononce en croyant dire une bêtise, en a un caché. Le service que pouvait me rendre M. Watson par sa présence était le plus grand de tous les services : il me réchauffait l'âme, il me faisait naître de nouveau. Avant de pénétrer dans le n° 221 de Baker Street, je ne savais pas ce qu'était une femme, et voilà qu'en une seconde je l'avais appris. Une femme est un être incomplet tant qu'elle n'a pas rencontré l'homme à qui elle désire tout donner d'elle, qui l'accepte et qui, en échange, la métamorphose. Une image bizarre me traversa l'esprit : j'étais en train de perdre mes dents de lait. A vingt-sept ans, il était temps! Je regardais le délicieux, l'adorable (décidément ce mot revient tout le temps sous ma plume) Dr Watson qui me souriait comme à une petite fille atteinte de la scarlatine. « Exposez votre affaire », dit M. Holmes brusquement. Cela me prit un bon quart d'heure. J'avais apporté mes six perles et la lettre reçue le matin. M. Holmes m'écouta les yeux fermés comme, j'imagine, les prêtres catholiques écoutent les pénitents à confesse. Malgré son impassibilité, je sentais en lui une espèce de jubilation. Tout à fait une jubilation d'ecclésiastique, d'ailleurs, à qui l'on soumet un cas de conscience épineux. Quand j'eus fini, il déclara que je lui apportais « un joli petit mystère » et m'interrogea sur ce que j'avais l'intention de faire. J'en fus déconcertée car c'était exactement le conseil que j'attendais de lui. Alors nous irions au Lyceum Theatre, décida-t-il, lui, moi et, ajouta-t-il après un temps, le Dr Watson.

Celui-ci accepterait-il? Le cœur me sauta dans la poitrine. C'est avec lui que je voulais affronter le joli petit mystère, bien plus qu'avec M. Holmes. Lui présent, cela devenait une partie de plaisir romanesque. Si je parvenais à l'entraîner, il s'attacherait un peu à moi, pensais-je, calcul bien féminin. Etait-ce seulement un calcul? Mrs Forrester m'avait expédiée à Baker Street pour que M. Holmes me protégeât, mais il ne me plaisait d'être protégée que par le Dr Watson. Avec cette présence à côté de moi, j'étais persuadée de n'avoir rien à craindre, d'être absolument en sécurité, comme autrefois lorsque je marchais dans les rues avec mon père. Que n'avais-je dix ans au lieu de vingt-sept, que n'étais-je une petite fille et non une femme, pour pouvoir mettre ma menotte dans cette grande main douce! Je levai les yeux d'un air si anxieux, si implorant vers le Dr Watson qu'il vint aussitôt à mon secours.

– M'acceptez-vous, mademoiselle? dit-il.
– Vous voulez bien? m'écriai-je avec joie.
– Je ne vous lâcherai pas d'une semelle, dit-il avec son bon sourire dont il émanait tant de tranquillité que j'en étais fortifiée comme par osmose. J'ai été enchanté par votre description du major Sholto. Mais il n'est pas le seul type à avoir des yeux de langouste. Il me semble que j'en ai rencontré un autre.

– Nous l'avons rencontré tous les deux, dis-je, heureuse que nous eussions les mêmes lectures. C'est le major Bagstock, dans Dickens.

– Bien sûr! s'écria-t-il. Sholto a les yeux de Bagstock. Sholto et Bagstock. N'est-ce pas extraordinaire? Dickens a peint Sholto trente ans avant que vous ne le rencontriez. Les grands écrivains sont des prophètes. Ils racontent une histoire, ils inventent un personnage et, un demi-siècle plus tard, leur histoire arrive dans la réalité, leur personnage existe vraiment. A croire que le Bon Dieu lit les romans et s'amuse à les reproduire dans la vie.

Il est à peine exagéré de dire que je crus tomber à la renverse. C'était, avec d'autres mots, la théorie même de M. Wilde, que je l'avais entendu développer si souvent. Le Dr Watson, dans son entresol de Baker Street, n'ayant pour toute compagnie qu'un détective occupé à arrêter des malfaiteurs et une logeuse qui mitonnait des petits plats pour vieux garçons, avait reconstitué tout seul l'une des trouvailles esthétiques les plus originales du poète le plus subtil de notre temps. C'était cela l'extraordinaire, et non que le major Sholto ait eu des yeux de langouste à l'instar du major Bagstock. J'étais stupéfaite et ravie d'entrevoir chez le Dr Watson une intelligence littéraire avec laquelle j'avais tant d'affinités. Il était de ma famille! Je ne m'y attendais pas. Je l'avais pris tel qu'il était, devinant ou sentant en lui une substance si forte, voyant un caractère si attirant, qu'il était de peu d'importance qu'il fût perspicace ou borné. Je n'espérais pas que l'homme qui, avec M. Wilde et de manière bien différente, m'avait le plus séduite eût un esprit qui marchait du même pas que le sien. Peu s'en fallut que je ne visse là, superstitieusement, une indication du destin. Le Dr Watson était-il un génie inconnu? Etait-il lui aussi, comme je l'avais pensé avec désespoir de moi le matin même, une de ces fleurs qui épanchent à regret leur parfum doux comme un secret dans les solitudes profondes! Mon Dieu! que la vie est imprévue, qu'elle est amusante! Et qu'il est agréable, n'en déplaise à Mrs Forrester, de n'avoir pas d'instinct! On a parfois de mauvaises surprises, mais aussi de bien charmantes! Ces pensées dans ma tête, qui y naissaient presque simultanément, étaient si violentes que je rougis.

— Connaissez-vous M. Oscar Wilde? demandai-je au Dr Watson. C'est un écrivain. Il dit que l'art ne copie pas la nature, mais au contraire que c'est la nature qui copie l'art.

Exquis docteur! Je crois qu'il se rembrunit. Ah! certes, non, il n'était pas borné: il savait que, lorsqu'une femme ne peut se retenir de prononcer le nom d'un homme dans la conversation, c'est qu'elle l'aime ou lui porte quelque tendre intérêt. Il n'avait jamais entendu parler de M. Wilde et ne sembla en rien charmé quand je lui proposai de le rencontrer.

– Ne pourrions-nous pas discuter de cela une autre fois? dit M. Holmes. Il est trois heures et demie. J'ai quelques petites choses à faire. Soyez ici ce soir à six heures au plus tard, mademoiselle. Au revoir.

En montant dans le buggy, je levai la tête vers l'appartement de M. Holmes et j'eus le plaisir d'apercevoir le Dr Watson derrière la fenêtre qui me regardait partir. Je lui fis un signe de la main, auquel il répondit par un autre signe. Quand le cocher fit claquer sa langue et que le cheval à deux cents guinées démarra, je me retournai encore. Le Dr Watson n'avait pas quitté la fenêtre, mais je m'éloignais trop vite pour voir s'il me souriait.

Mrs Forrester me demanda mon opinion sur M. Holmes. Je lui parlai du Dr Watson, ce qui amena sur ses lèvres un sourire comme celui du tableau de M. Henner. Puisque ce monsieur m'avait plu, dit-elle, il faudrait l'inviter à un de nos raouts. Je ne sais pourquoi cette idée, qui aurait dû m'être agréable, ne me le fut pas. Je ne voulais partager le Dr Watson avec personne. Peut-être aussi craignais-je qu'il n'eût pas l'aisance des amis de ma maîtresse.

– Il me semble, darling, dit Mrs Forrester, que vous êtes plus jolie que tout à l'heure. Je connais très bien ce phénomène. Le Dr Watson est-il bel homme, au moins?

– Ah Madame! m'écriai-je avec ferveur, bien mieux que moi!

– Vous n'êtes pas si mal. Il ne vous manque que quinze mille livres pour être malheureuse toute votre vie avec le fils d'un lord. Un médecin doit être moins exigeant.

– Bon! dis-je avec vivacité. Me voilà mariée! Je ne sais rien du Dr Watson. Je ne sais même pas si je lui plais.

– Ne me prenez pas pour une vieille bête, darling, dit Mrs Forrester. Vous savez tout de votre Dr Watson, et en particulier qu'il est fou de vous. D'ailleurs, je ne me trompe jamais sur ces sortes de choses. M. Watson et vous avez eu ce qu'on appelle en français le coup de foudre. Avant de vous marier avec lui, il faut que je le voie. Vous me dites qu'il est sublime, que c'est un Adonis, mais vous n'espérez quand même pas que je vous croie sur parole. Une femme amoureuse dit n'importe quoi. Il peut très bien être bête comme une huître et vilain comme un singe. J'imagine mal M. Holmes cohabitant avec la huitième merveille du monde.

Ces paroles m'irritèrent extrêmement. Malgré mes efforts pour le cacher, Mrs Forrester s'en aperçut et me rit au nez, ce qui m'irrita davantage. Elle me proposa, comme toujours lorsque j'allais en ville, son cocher et celle de ses voitures qui conviendrait à mon expédition. J'étais si piquée que je répondis que j'avais trop abusé de ses bontés et que, si elle le permettait, je me contenterais d'un fiacre, et la voilà partie à rire de plus belle.

Le fiacre puait le vieux cuir, le vieux feutre, la vieille crasse, odeurs que je n'avais pas senties depuis longtemps et que je humai avec un certain plaisir. Le luxe et la facilité dans lesquels je vivais depuis six ans avaient fini par former un écran entre la réalité et moi. Dans ce fiacre qui grinçait, tiré par un cheval prolétaire au poil mouillé, conduit par un cocher qui m'appelait « ma p'tite dame », j'eus un sentiment analogue à celui que devait éprouver le géant Antée en touchant terre : je repris mes esprits. Un peu d'humour rentra dans mon cœur. Pourquoi enrage-t-on lorsque quelqu'un devine que vous êtes amoureux ? L'amour n'est pas une faiblesse dont on ait à rougir. Les amoureux ressemblent aux avares, épouvantés par le soupçon qu'un indiscret aurait pu jeter un coup d'œil sur leur or. Je n'avais à m'en prendre qu'à moi des moqueries de Mrs Forrester. Je les avais bien méritées. Qu'est-ce qui m'avait démangée de lui dévoiler mon petit secret? D'autant que ce secret n'était rien. Je m'étais sûrement monté le coup. En arrivant à Baker Street, je m'aperçus que mon cœur battait très fort et que ce n'était pas l'aventure à laquelle me conviait la mystérieuse lettre qui le faisait battre.

Le Dr Watson et M. Holmes m'attendaient sur le trottoir, ce qui, vu le temps, n'était pas sans mérite. M. Holmes portait un ample manteau de loden et la casquette à oreilles qui avait égayé Mrs Forrester jadis. Le Dr Watson était bien plus élégant dans son paletot beige qui mettait en valeur ses formes athlétiques. Il était coiffé d'un petit cronstadt enfoncé légèrement de côté, ce qui était d'un effet très gai. Il tenait une lourde canne. Je crois que j'étais assez pâle, au fond du fiacre, et que ma pâleur était rehaussée par le grand manteau noir de loutre que Pigott m'avait fait endosser presque de force. Le Dr Watson me considéra avec une attention anxieuse et me demanda en me prenant la main dans les deux siennes si tout allait bien.

– Mais oui, tout va bien, Watson, dit M. Holmes avec impatience. Cocher, au Lyceum, s'il vous plaît.

– On y va, bourgeois, dit le cocher dans un claquement de fouet plus théâtral qu'utilitaire. Hue donc!

Londres au printemps ou en été, lorsque le ciel est bleu et que le soleil ricoche de la Tamise sur le dôme de Saint-Paul, est si joli qu'on dirait une vue de Venise peinte par Canaletto. Certains jours d'automne et d'hiver, il peut devenir atroce. Nous étions dans un de ces jours-là. Il pleuvait depuis l'avant-veille. La pluie s'était arrêtée, mais le fog l'avait remplacée. On n'y voyait pas à dix pieds devant soi.

Tout était marron : la boue, les maisons, l'atmosphère, le pavé des rues, le ciel. Le fiacre avançait au pas. Nous nous traînâmes le long du Strand où les vitrines avaient l'air de brèves oasis de lumière et où les becs de gaz, de loin en loin, émergeaient comme de petites lunes mouillées. D'autres voitures nous croisaient, dont on entendait le roulement sur la chaussée et le pas des chevaux, mais dont on ne voyait que les lanternes. M. Holmes, rencogné dans le fond du fiacre, avait le front plissé et l'œil vague. Le Dr Watson avec qui j'avais un peu causé au début de notre voyage, s'était tu. A l'inverse de M. Holmes, que rien ne parvenait à émouvoir, je songeai que c'était un homme d'une singulière sensibilité, en dépit de sa haute taille et de ses muscles, qui ressentait exagérément les impondérables et les nuances, dont l'âme passait sans cesse par des couleurs différentes. Cette idée me rendit très forte et très joyeuse : je ne m'étais pas trompée tout à l'heure en décelant en lui quelque chose de littéraire. Ce médecin était un artiste. Je me demandai s'il le savait. Nous étions serrés dans le fiacre. Son épaule, son bras, sa hanche contre moi me communiquaient leur douceur. Sa main gantée était posée sur son genou.

Au Lyceum Theatre, une foule d'hommes en frac et de dames emplumées piétinait aux entrées latérales. Devant le théâtre, l'encombrement habituel de cabs et de voitures particulières. Cela avait un air de fête qui contrastait avec nos mines sérieuses. Nous allâmes, comme il était enjoint, nous poster à la troisième colonne sur la droite. Un homme nous y attendait. J'avais déjà vu cette figure-là, mais où ? Ce nez cassé, ce visage cabossé, ce front qui n'avait pas un pouce de hauteur, ces oreilles décollées, cette allure à la fois lourde et chaloupée me rappelaient je ne sais quel épisode obscur et humiliant de ma vie. L'homme était vêtu en cocher, d'un carrick et d'un chapeau de cuir bouilli. Cet accoutrement m'égarait mais, quand il parla de sa voix éraillée, avec son accent cockney, le souvenir jaillit dans ma tête. Je revis la grille de Norwood, la déesse Kali dans le coude de l'allée, le khitmutgar à face de lézard.

— Williams! m'écriai-je.
— Ah ben alors, ça! dit-il en me soufflant dans le nez une haleine chargée de vapeurs de bière. Y a que les montagnes qui se rencontrent pas. Vous avez pas changé, depuis qu'on s'est vus chez le général. Ça fait un moment! Alors, comme ça, c'est vous Miss Morstan? Si j'aurais pensé! Dites, ces deux clients-là, ils ne sont pas de la Maison J' t'arquepince, hein? Parce que, sinon, y a plus personne. C'est la consigne. Jurez-moi sur l'honneur que c'est pas des cognes, et on met les adjas.
— Ces deux messieurs sont mes amis, Williams, dis-je. Vous pouvez me faire confiance.
— Amis, ça veut rien dire, répliqua le Cockney brutalement. Williams a confiance en personne, pas même en vous, Ducky. Ils ont pas l'air de bourres, d'accord, mais faut jurer. Le patron y tient.

Je jurai, puisqu'il fallait en passer par là. Il siffla dans ses doigts. Un gamin amena un coupé à deux chevaux. Nous nous installâmes à l'intérieur. Williams grimpa sur le siège et la voiture partit à toute vitesse. J'ai gardé de ce voyage l'impression d'une chose à la fois effrayante et très heureuse. Notre cocher conduisait n'importe comment, au risque d'écraser les piétons et de verser à chaque tournant. Il chantait des romances de beuglant en donnant de grands coups de fouet sonores à ses pauvres bêtes qui, affolées par le bruit et les cinglades, brûlaient le pavé, selon l'expression consacrée. Nous étions secoués comme des dés dans un cornet. De temps en temps, j'avais un accès d'allégresse intime, dû au Dr Watson qui, croyant que j'avais peur, faisait des efforts continuels pour me distraire, et avait entrepris de me raconter sa vie, ce qui lui était aussi doux qu'à moi. Me trompais-je? Cette vie, il me l'offrait, il voulait que je connusse tout de lui. J'eus ainsi l'explication de sa boiterie. A la fin de ses études de médecine en 1878, il s'était engagé dans l'armée. On l'avait expédié comme aide-major aux Indes. Il débarqua à Bombay pendant la seconde guerre d'Afghanistan. Le 5e régiment de fusiliers du Northumberland, auquel il était affecté, stationnait à Kandahar. Il courut le rejoindre. A la terrible bataille de Maiwand, il reçut une balle djézaïle au bas de la cuisse qui lui fracassa l'os. A un quart de pouce près, l'artère fémorale était touchée. Les Ghazis écumaient le champ de bataille et égorgeaient les blessés. Son ordonnance le sauva en le jetant sur un cheval de bât. Il faillit encore mourir, de l'entérite, ce fléau des colonies indiennes, à l'hôpital de Peshawar. Tout cela narré de façon suprêmement britannique, c'est-à-dire comme un roman anodin et entremêlé de divers épisodes médico-guerriers : le Dr Watson arrachant au colonel toute la provision de gin du régiment pour anesthésier ses blessés avant de leur couper les membres; le Dr Watson se réveillant en pleine nuit, voyant le canon d'un fusil pointé sur lui, empoignant son revolver, tirant jusqu'à ce que le fusil tombât par terre, se rendormant, et le lendemain matin trébuchant sur un cadavre moustachu devant l'entrée de sa tente; le Dr Watson écœuré des Indes, retournant en Angleterre maigre comme un chat, tanné comme un vieux marin, *and so on*.

Je l'aurais écouté des heures, bouche bée, en extase, comme j'écoutais les récits de mon père autrefois. L'un et l'autre avaient l'art de réduire leurs aventures à la dimension d'anecdotes sans importance, de montrer le rôle qu'ils y avaient joué sous un jour plaisant et un peu ridicule. Tous deux redoutaient comme la peste le genre « ancien combattant ». A dix ans de distance, je retrouvais, sous une forme différente, l'homme que j'avais le plus aimé au monde. J'étais visitée par la pensée sacrilège que le Dr Watson, qui avait les qualités charmantes de papa, n'avait pas ses défauts, qu'il n'était ni léger, ni joueur, ni dépensier, ni chimérique, mais sérieux, et aussi solide que mon père était fragile.

Je suis bien anglaise, moi aussi. L'apparition de Williams devant le Lyceum Theatre m'avait ramenée à ce sinistre séjour à Londres pendant lequel je cherchais papa comme une petite Antigone à béret, souvenir que je tenais aussi éloigné que possible car, chaque fois qu'il revenait, il me semblait qu'on m'enfonçait un couteau dans la poitrine. Croira-t-on que je ne révélai qu'au bout d'un quart d'heure à mes deux compagnons qui était notre cocher? Oui, je gardai cela secret pendant quinze longues minutes, sachant très bien que M. Holmes, qui avait levé les sourcils en constatant que Williams et moi nous nous connaissions, attendait que je l'éclairasse. Mais, pour la première fois, le couteau n'était pas dans ma poitrine. Parler tout de suite de Williams eût été de mauvais goût. Du reste, à peine étions-nous assis dans le coupé que le Dr Watson m'avait prise en main, et j'étais si touchée d'être l'objet de son inquiétude que je n'avais pas envie de briser ce charme.

— Je ne serais pas étonnée si nous allions à Norwood chez l'homme aux yeux de langouste, dis-je après que le Dr Watson eut fini de déjeuner dans un restaurant de Holborn avec un certain Stamford qui l'avait mis en rapport avec M. Holmes. Ce Williams qui nous conduit était son portier autrefois.

— Nous n'allons pas à Norwood, dit M. Holmes qui n'était pas moins anglais que moi, car ma révélation sensationnelle ne lui inspira nul commentaire. Nous sommes passés par Rochester Row et Vincent Square. En ce moment, nous traversons le pont de Vauxhall. Si vous vous penchez par la portière, vous verrez les lumières qui se reflètent dans l'eau. C'est la route du Surrey. Nous n'allons pas chez le major Sholto, pour l'excellente raison qu'il est mort en 82, il y a six ans.

– Holmes, vous êtes inouï! s'écria Watson. Miss Morstan nous fournit une information de premier ordre, et cela vous laisse froid. Enfin, c'est très important, non? de savoir que Williams est l'homme qui fermait les grilles de Sholto avec un cadenas!

– Je l'avais deviné, dit M. Holmes. Deviné ou déduit, comme vous voudrez. C'était très simple, du reste. Il suffisait d'écouter et de regarder, ce que vous n'avez pas fait, mon cher Watson, pour des raisons qui vous sont personnelles, sans doute. Ah! nous voilà dans Wandsworth Road. Maintenant, c'est Priory Road.

Le coupé n'avait pas ralenti son allure. Dans ces rues désertes, noyées de brouillard, cette galopade était, s'il se peut, encore plus terrifiante qu'au centre de la ville. Les roues cerclées de fer de la voiture sur le pavé ou l'asphalte, les sabots des chevaux, les claquements de fouet et les chansons de Williams faisaient un tintamarre qui, si l'on y avait vu à plus de dix pas, aurait attiré la population aux fenêtres. Il fallait que M. Holmes eût l'œil bien perçant pour reconnaître les endroits où nous passions.

– Larkhall Lane, énumérait-il... Stockwell Place... Robert Street... Coldharbour Lane... Votre Williams ne nous mène pas dans des quartiers huppés.

En effet, autant que je pouvais distinguer, nous arrivions à la périphérie de Londres, qui est si laide, avec ses pavillons de briques à bow-window et jardinet, tous pareils, soudés deux à deux. Puis ce furent des immeubles roses, plats, neufs, encore pires. Dans un horrible grincement de freins, accompagné des hurlements de Williams, nous nous arrêtâmes devant le troisième bâtiment d'une rue qui venait d'être percée et qui avait encore l'apparence d'un chantier. Il s'agissait d'un cottage coincé entre deux buildings inhabités, et qui semblait inhabité aussi. Les chevaux étaient couverts d'écume et tremblants, la voiture jaune de boue.

— Terminus! Tout le monde descend! dit Williams en nous ouvrant la portière.

— Joli coin, dit M. Holmes d'un ton de pince-sans-rire. Vous nous avez superbement conduits, Williams.

— Merci, gouverneur, répondit Williams avec modestie. Et vous savez, cocher, c'est pas mon métier. Je serais plutôt du genre homme de confiance.

— Homme de confiance? dit M. Holmes. Tiens! Ce n'est pas le mot que j'aurais employé. Vous n'avez pas fait une petite retraite à Wormwood Scrubs? A moins que ce ne soit à Dartmoor?

— Vous m'aviez juré que c'était pas des flics! s'écria Williams furieux en se tournant vers moi. On peut dire que vous êtes une sacrée menteuse!

— Moi? m'exclamai-je en rougissant, mais je vous ai dit la vérité...

— Ah oui? dit Williams avec un rire amer. Alors expliquez-moi comment il sait, celui-là, que j'ai fait de la taule? Y'a qu'un bourrin qui peut être au courant.

— Calmez-vous, Williams, dit M. Holmes sèchement. Miss Morstan ne vous a pas menti. Ni monsieur ni moi ne sommes de la police. Dès que je vous ai vu, j'ai su que vous aviez été en prison, à votre manière de pencher la tête et de la tourner à moitié, quand on s'adresse à vous. Tous les détenus font cela pour entendre ce que leurs camarades leur chuchotent au réfectoire ou à la promenade. Il y avait aussi votre mégot.

– Quoi, mon mégot? dit Williams.

– Lorsque vous nous avez aperçus, tout à l'heure, au Lyceum Theatre, vous l'avez dissimulé dans votre main en le tenant entre le pouce et l'index, les trois autres doigts repliés. Deux catégories de citoyens seulement pratiquent ce système d'escamotage : les militaires de deuxième classe et les prisonniers de droit commun. Or, les militaires se servent de leur main gauche afin de garder la droite libre pour saluer. Vous avez utilisé la main droite. Donc vous n'étiez pas un ancien militaire. Donc vous étiez un ancien détenu. C.Q.F.D.

– Mince, alors! s'écria Williams, admiratif. Mais attention, hein? J'étais innocent. J'ai été victime d'une erreur judiciaire.

– Bien entendu, dit M. Holmes avec placidité.

2

Thaddeus – Le trésor d'Agra – Une grande main sur mon épaule – Les traductions de l'âme – Mon père sous un massif d'ageratums – Annabel Thompson a été pendue pour avoir empoisonné six personnes à l'arsenic

La porte du cottage était munie d'un heurtoir. Williams l'actionna. Un Indien enturbanné ouvrit aussitôt, comme s'il avait été posté là pour nous guetter. Je m'attendais à une apparition de ce genre, encore que rien ne fût plus improbable que ce turban dans cette banlieue, et je fus presque surprise, ma foi, de ne pas voir Lal Chowder, le petit lézard de Norwood. Celui-là était un Indien tout jeune à la peau douce et imberbe, aux yeux de gazelle, aux gestes lents et gracieux. Il nous dit que le Sahib nous attendait, nous précéda dans un couloir sordide et nous introduisit dans un salon aussi inattendu que sa présence, regorgeant de coussins, de tapisseries persanes à fils d'or, de tentures damassées, de vases chinois, d'objets d'ivoire et de jade sur des étagères derrière des vitres, de bouddhas souriants dans des niches, de chevaux en terre cuite peinte, de griffons de bronze.

Par terre, sur un tapis de Chine rose et bleu épais comme du gazon, les pattes en croix, étaient jetées deux peaux de tigres qui ne m'étaient pas inconnues. Tranchant sur tout cet orientalisme, deux adolescents blancs, couronnés de pampres, presques obscènes, dus au pinceau voluptueux de M. Gérôme, attendaient entre deux rideaux de brocart rouge je ne sais quel compagnon de jeux. La pièce était surchauffée. Il y régnait un air épais, à cause d'un narghilé posé sur un plateau d'argent et de quatre ou cinq cassolettes dans lesquelles brûlaient des parfums comme j'en avais respiré dans mon enfance à Calcutta. Sur le divan se trouvait le personnage que Mrs Forrester appelait mon amoureux. Il fumait le narghilé comme un rajah ou un sultan. Mais un rajah inquiet, un sultan névropathe, les paupières agitées de tics, remuant les mains et les pieds, tournant la tête sans raison. Je songeai à ma bonne tante Maggy qui m'avait tant fait la guerre pour que j'apprisse à rester immobile : elle aurait été à son affaire ici !

Le sultan se leva si brusquement qu'il manqua renverser son narghilé. C'était un magot doté d'un bedon, d'une grosse tête chauve, d'une voix aigrelette, sautillant de-çà de-là, nous donnant des shake-hands saccadés et maladroits. Il nous informa avec des sourires spasmodiques qu'il s'appelait Sholto, Thaddeus de son prénom. Ne pas confondre avec Bartholomew, son frère, qui ne lui ressemblait nullement, et avec qui, du reste, il ne s'entendait pas. Après la mort du major Sholto, leur père, Bartholomew avait gardé Pondichéry Lodge. Lui, Thaddeus, s'était exilé dans la banlieue sud de Londres. Nous pouvions observer néanmoins qu'il y avait transporté tout un art de vivre qui n'avait rien de banlieusard. Il attira notre attention, en souriant une demi-douzaine de fois, sur le Gérôme, qu'il affectionnait et qu'il nous révéla avoir payé une fortune. Mais un tel chef-d'œuvre valait tous les sacrifices. J'étais Miss Morstan, bien entendu. Qui m'accompagnait? M. Thaddeus était un dandy, un raffiné, un être doué d'une sensibilité frémissante. La seule idée qu'un pithécanthrope de Scotland Yard pût souiller sa bonbonnière le révulsait. Je le rassurai et lui présentai mes amis. Apprenant que l'un d'eux était médecin, il exulta. Il fallait que le Dr Watson l'examinât sur-le-champ. Avait-il sur lui son stéthoscope? Non? Tant pis. L'oreille suffirait. M. Thaddeus était très malade. Sa valvule mitrale le désespérait. Nous eûmes alors le spectacle d'une auscultation en règle qui dura cinq minutes, le Dr Watson plié en deux sur le bréchet de M. Thaddeus, encore plus ravagé de mouvements convulsifs qu'auparavant et prenant des postures d'agonisant. Comme il était prévisible, il n'avait rien du tout. La valvule était parfaite. Je pense que M. Thaddeus, qui devait consulter des médecins toutes les semaines, n'en doutait guère, car il ne manifesta pas le soulagement qu'une nouvelle aussi heureuse eût dû lui procurer. Il se remit sur ses pieds et me pria de l'excuser pour la scène bouffonne qu'il venait de nous offrir. Eh diable! c'est que la santé était une chose importante! On ne saurait trop la surveiller. Si mon père, le capitaine Morstan – Arthur Morstan, n'est-ce pas, c'était bien Arthur? –, ne s'était pas livré à tant d'excès qui lui avaient fatigué l'organisme, s'il s'était fait examiner périodiquement par des médecins, nous aurions le plaisir de le compter encore parmi nous.

Je me sentis pâlir en entendant cette dernière phrase. Mon sang quitta mon visage. Le Dr Watson me révéla plus tard que mes lèvres devinrent blanches et qu'il s'était retenu pour ne pas gifler le malheureux Thaddeus qui me jetait à la figure une chose que, contre tout espoir, contre toute raison, mon cœur ne s'était pas résigné à accepter tout à fait. Ainsi mon pauvre papa était bien mort! Je l'avais ignoré pendant dix ans, mais ce gnome le savait, et il savait même comment. Cette vague chimère, la seule que je cultivais, et bien ténue, qu'un jour mon père réapparaîtrait, que tout n'était peut-être pas perdu, s'évanouissait définitivement. J'en fus si malheureuse que les larmes me jaillirent des yeux. Je me pris la tête dans les mains pour étouffer mes sanglots. Mon chagrin datait de dix ans; j'en souffrais comme s'il n'était vieux que d'une heure. Une grande main se posa sur mon épaule. Une voix douce me parla. Je ne comprenais pas ce qu'elle disait, mais la musique en était si affectueuse, si tendre, que des flots de baume coulèrent sur mes plaies et les fermèrent. Etait-ce la main de mon père? Etait-ce la voix de mon père? Pendant un instant, je l'aurais juré : je n'avais plus vingt-sept ans, mais dix ou douze. Je n'étais plus une femme; j'étais une petite fille. Une énorme présence paternelle m'enveloppait, me protégeait contre le monde. Je n'avais qu'une envie : me réfugier dans cette chaleur, me pelotonner dans cet amour qui ressemblait tant à celui dont ma vie gardait une si profonde empreinte. Mes sanglots s'arrêtèrent, mes larmes cessèrent de couler. Toute cette douleur se métamorphosa en un sourire. Je relevai la tête, je vis le visage du Dr Watson penché sur moi; j'entendis enfin ses paroles, et c'était très curieux car j'avais l'impression qu'il se servait d'une langue étrangère que j'interprétais à mesure. Il prononçait : « Chère Miss Morstan, remettez-vous, ne pleurez plus. Soyez courageuse, il le faut, même si c'est difficile. M. Holmes et moi, nous sommes là. Nous vous aiderons. Nous ne vous quitterons pas... » et je traduisais par : « Mon enfant chérie, ne pleure pas, sois gaie, je suis à côté de toi. Tu n'as rien à craindre, rien à regretter. Je suis celui qui ne t'abandonnera jamais. Puisque tu es si faible, prends ma force, je te la donne. » Ma traduction était juste : la joie qui entrait en moi me le prouvait. Le Dr Watson essuya les grands sillons de larmes qui descendaient sur mes joues avec un mouchoir embaumant l'eau de Cologne d'Houbigant. Il me tamponna les yeux. Je me laissai faire, tout amollie par la douleur et le bonheur. Un père, mieux qu'un père, m'arrivait du ciel au moment même où j'apprenais que mon véritable père y était retourné. Il y avait là, pensais-je avec une superstition fervente, une intervention de la Providence, en tout cas un signe que le destin, après m'avoir assez rudement malmenée, me voulait enfin du bien. La force qui habitait le Dr Watson commençait à circuler en moi, comme du sang qui revient dans un membre engourdi.

M. Thaddeus Sholto sautillait, assez penaud, me sembla-t-il, de m'avoir tant bouleversée, ce qui se manifestait par des redoublements de tics et de sourires. Il me dit qu'il connaissait tous les détails concernant la mort du capitaine Morstan, qu'il allait me les révéler, que c'était une mort tout à fait naturelle, dont il fallait prendre son parti.

— Eh bien, qu'attendez-vous ? demanda avec colère le Dr Watson. Vous voyez bien que vous faites du mal à cette jeune fille. Je vous jure bien que, si nous n'étions pas chez vous...

M. Thaddeus avait l'intention de tout dire. Absolument tout. Rien ne resterait dans l'ombre. N'était-ce pas pour cela qu'il m'avait écrit et qu'il nous avait fait venir chez lui ? Nous serions très contents. Nous ne nous attendions pas au contentement que nous étions sur le point d'éprouver. C'était un contentement fabuleux, gigantesque, et qui nous prouverait que lui, Thaddeus Sholto, il avait le sens moral aussi développé que le sens artistique. Au préalable, nous boirions bien un verre de chianti ou de tokay. Souffririons-nous qu'il tirât quelques bouffées de son narghilé? Il était horriblement nerveux, horriblement sensible; rien ne l'apaisait comme cela. Il avait besoin d'entendre le glouglou de la fumée traversant l'eau de rose, et de sentir dans sa gorge l'âcreté du tabac d'Orient. Là-dessus, il nous déclara qu'il était le fils du major John Sholto, celui-là même à qui j'avais rendu visite dix ans plus tôt à Norwood. Je m'en doutais bien, mais j'avais quelque peine à le croire. Comment un tel nabot pouvait-il être le rejeton de l'homme aux yeux de langouste? Le pilier de l'Empire avait accouché d'un bibelot. La brute avait donné le jour à un esthète décadent et contrefait. Quelle leçon! Quel symbole! Assistais-je au déclin de la vieille Angleterre? Je me demandai une seconde si nous n'étions pas, par hasard, à la charnière de deux époques. Je chassai aussitôt cette idée absurde. M. Thaddeus, n'ayant rien de son père, tenait sans doute de sa mère, frêle et infortunée créature que l'effroyable major avait conduite promptement au tombeau.

Le récit que fit M. Thaddeus en fumant son narghilé était si désordonné que je ne sais par quel bout le prendre. Plus il avançait, plus je me reprochais de l'avoir mal jugé, de n'avoir pas ressenti davantage de sympathie. Tout décadent et difforme qu'il fût, il avait l'âme droite et bonne.

– Dites-moi comment mon père est mort, demandai-je. C'est la seule chose qui m'importe.

Tout de suite, tout de suite. Il n'avait pas envie, Dieu sait, de me faire languir. Je voulais savoir comment mon père était mort? Eh bien, est-ce bête? d'une crise cardiaque! Voilà. J'étais renseignée maintenant. Hélas! oui. Le pauvre avait le cœur malade. Personne n'était au courant, sauf son vieux camarade le major Sholto, qui lui avait dit cent fois, mille fois de se soigner. Le major Sholto donnait d'utiles conseils quand cela ne le dérangeait pas. Lui, Thaddeus, avait quelque mérite à être équitable envers ce personnage, ayant toujours eu avec lui, dont il était le souffre-douleur, des rapports exécrables. Sur quoi il se lança dans des souvenirs d'épouvante enfantine, de corrections à la garcette, de cabinet noir, de colères bleues du major. C'était le mot qui convenait, car le major, dans ces moments-là, virait de l'écarlate au bleu et ses yeux de langouste lui sortaient de la tête. Thaddeus en était agité de tremblements pendant vingt-quatre heures. Le major était si grand, si gros, si rouge, si fort, et le petit Thaddeus si frêle, si peureux, qu'il lui semblait qu'une montagne lui tombait chaque matin sur la tête, qu'il ne pourrait pas supporter longtemps ces avalanches, qu'il en mourrait bientôt. Il était tout seul, sans allié. Sa mère était morte quand il était encore en bas âge. Son frère aîné, Bartholomew, ne s'intéressait à lui que pour le persécuter et le cafarder. Il reprit son souffle pendant les années de collège mais, hélas! il y avait les vacances. Une pareille jeunesse, dit-il en relevant sa grosse tête chauve et en nous regardant avec une humilité qui me perça le cœur, expliquait qu'il fût devenu ce que nous voyions : un vieillard prématuré, un malade. Le croirions-nous? Il avait à peine trente ans. J'étais si émue que je me levai et lui pris la main. Moi, du moins, si j'avais traversé quelques drames, j'avais été aimée, j'avais été heureuse. Je n'avais jamais été opprimée par le Mal, détruite dans mon esprit et dans mon corps. Je me rappelai la sensation de souillure qui m'avait envahie, dix ans plus tôt, en sortant de Pondichéry Lodge. Thaddeus avait vécu avec le diable pendant un quart de siècle et il en avait réchappé. Son âme n'avait pas été entamée. C'était un gnome, un magot, mais il avait eu la force de résister à une somme d'injustice à laquelle j'aurais peut-être succombé, moi qui le méprisais.

— Me pardonnez-vous, mademoiselle, de vous avoir appris si maladroitement le décès du capitaine Morstan? dit-il d'un ton qui n'était plus du tout criard ni ridicule. J'étais sûr qu'après dix ans vous n'aviez plus de doute.

Naturellement, je lui pardonnais! Je le lui dis avec conviction. Mais le moment d'émotion était passé. Les sourires et les tics revinrent. M. Thaddeus savait-il ce qui avait provoqué chez mon père la syncope fatale? Oui, oui, il savait tout. C'était à cause du trésor. Quel trésor? Ah voilà! Un trésor inouï. Un trésor de Golconde et des Mille et Une Nuits. Le major Sholto leur avait dévoilé cela à lui et à son frère sur son lit de mort. Avant, pas un mot; il avait attendu ses dernières heures, ses dernières minutes. Depuis son retour des Indes, il n'était plus le même. Lui qui faisait peur à tout le monde, il s'était mis à trembler de tout. En même temps, il s'était adouci. La peur l'améliorait. La peur de quoi? D'un danger, d'une vengeance. De la mort. L'approche de la mort apporte une espèce de lumière, une espèce de bonté, à des gens qui ont été féroces toute leur vie. Cela se remarque souvent. C'est même à ces signes que l'on reconnaît qu'ils ne vont pas tarder à s'en aller. Le major Sholto, qui avait été un loup, une hyène, tournait à l'honnête animal fourbu. Il avait engagé deux anciens boxeurs en guise de gardes du corps: Williams qui nous avait voiturés tout à l'heure et un nommé Mac Murdo. Mais des gardes du corps ne suffisent pas à éloigner la peur et encore moins la mort. Williams et son camarade étaient armés de revolvers. Ils avaient pour mission de tirer sur tout homme à jambe de bois surpris à rôder aux alentours de la maison. Ce détail me rappela la réflexion de l'un d'eux sur le fait que je n'avais pas de pilon, et que par conséquent on pouvait me laisser entrer dans la propriété.

La mort ne vient jamais par le chemin où on l'attend. Celle du major Sholto arriva avec une lettre qu'il reçut au début de 1882 et qui lui fit un tel effet qu'il s'évanouit. Il la brûla dès qu'il fut revenu à lui. A partir de ce moment, il commença à menacer ruine. Il avait un foie énorme. Probablement atteint de cirrhose, résultat de ses beuveries et de sa gloutonnerie. Bref, au bout de six mois, il était à toute extrémité, épouvanté par le trépas, payant ses scélératesses connues et inconnues par quelques semaines d'une terreur qui n'était pas entièrement métaphysique. La nuit, engourdi par le laudanum, se réveillant en sursaut après deux heures d'un sommeil poisseux dû à des doses de plus en plus lourdes de chloral, il voyait derrière le carreau de sa fenêtre une figure jaunâtre qui le plongeait dans un effroi hystérique. Malgré sa faiblesse, il hurlait des injures, il appelait son khitmutgar Lal Chowder, mort l'année passée, de froid ou de tuberculose, ratatiné comme un lézard en hiver, il se pendait au cordon de la sonnette, il ameutait ses gens. Le temps que ceux-ci vinssent en se frottant les yeux, à moitié vêtus, la figure avait disparu. « Il a un pilon, il ne peut pas courir, rattrapez-le, tuez-le! » criait le major, puis il retombait exsangue sur ses oreillers et se rendormait. « Mais oui, c'est ça. Vous en faites pas, mon général, on va vous le buter votre zig, et puis après vous serez bien tranquille », disait Williams en se tapotant la tempe de l'index et en adressant un clin d'œil à Mac Murdo. Ensuite, chacun retournait dans son lit. Mais, le matin, on trouvait les plates-bandes piétinées et l'empreinte d'un pied unique à côté d'un trou rond sur la terre molle.

Thaddeus Sholto, qui avait toujours été écrasé par la taille et la grosseur de son père, ébloui par son flamboiement d'ogre, qui tremblait à son approche, qui se rapetissait devant lui à la dimension d'un insecte, n'en revenait pas de voir ce géant couché et décoloré. Le major avait perdu son teint de rosbif. Il était crayeux, avec des traînées livides sur le cou et sous les yeux. La graisse avait fondu, les grosses mains s'étaient décharnées, les joues s'étaient creusées. Il ne restait rien de cette vigueur, de ce formidable bloc de chair qui avaient tant pesé sur le petit Thaddeus. C'était lui Thaddeus qui était fort, à présent, qui était plein de vie, qui était debout, qui remuait, qui marchait, et même, ô retournement des choses, qui se penchait pour parler à son père. Il n'était plus l'enfant apeuré sur la tête de qui tombent les malédictions d'en haut. Sa nature était si bonne qu'il n'en éprouvait que de l'étonnement, et non la satisfaction de la revanche. Il n'avait que de la pitié pour cet homme si méchant dont le temps et la destinée avaient fait un chiffon.

Le soir précédant sa mort, le major appela ses fils à son chevet comme le laboureur dans la fable de La Fontaine. Ses yeux de langouste avaient conservé leur éclat terne, mais ils n'avaient plus rien d'effrayant. Ils étaient à moitié recouverts par des paupières violettes et granuleuses. Il était temps, chuchota-t-il en haletant, que Bartholomew et Thaddeus apprissent qu'ils étaient riches. Beaucoup plus riches qu'ils ne l'imaginaient. Immensément riches. Il possédait, lui, Sholto, un trésor, qu'il appelait le trésor d'Agra. C'était un trésor véritable, un trésor de flibustier, composé de diamants, d'émeraudes, de rubis, de perles, de pièces d'or, de diadèmes, de colliers, de bijoux de toutes sortes enfermés dans un coffre cerclé de fer et clouté. Pour preuve, il ouvrit en tremblant le tiroir de sa table de nuit et en tira un chapelet de grosses perles, irisées comme des plumes de tourterelles. Elles provenaient du trésor. Il avait le ferme dessein d'envoyer ces perles à l'orpheline du capitaine Morstan. Thaddeus, sans même songer à demander pourquoi, dit spontanément :

— Confiez-les-moi, père; je les enverrai à votre place.

— Non, non, pas encore! crachota le grabataire en fourrant le chapelet dans son lit. On ne les enverra que si je meurs. Je peux guérir. Des gens plus malades que moi se sont rétablis.

Il était écrit là-haut que le major Sholto se conduirait mal jusqu'à son dernier souffle. Thaddeus en était attristé. Impossible de se réconcilier avec cet infâme moribond, ainsi qu'il l'avait espéré. Il était saisi de dégoût devant son père qui abusait de sa faiblesse comme il avait abusé de sa force, s'apitoyait sur lui-même, faisait son propre panégyrique avec des larmoiements ignobles : il avait toujours été honnête, toujours serviable. La droiture faite homme. Le dévouement personnifié. Sa vie entière, il s'était sacrifié pour la reine, pour le pays et pour sa famille. Il avait beau chercher, il ne se voyait que des vertus. Ah si! quand même, un défaut, il le reconnaissait de bonne foi. L'heure était à la lucidité. Quel défaut? L'avarice. Eh oui! il faut regarder les choses en face. Il avait trop aimé l'argent, il aurait fait n'importe quoi pour augmenter sa fortune. Ce n'était pas très joli, il le reconnaissait. Mais, pour le reste, irréprochable. Bon père, bon époux, bon soldat. Alors un dernier petit plaisir, s'il vous plaît. Ne touchez pas au trésor avant de m'avoir fermé les yeux. D'ailleurs, on ne le trouverait pas. Il ne dirait où il l'avait mis que quand il sentirait venir la fin. Lui-même ne l'avait jamais entamé, à part les perles. Le trésor était intact. Il ne manquait pas une topaze, pas une roupie. Avant sa maladie, quand le coffre n'était pas encore dans un lieu insoupçonnable, il allait de temps à autre l'ouvrir secrètement et le contemplait. Cet amas étincelant d'or et de pierreries lui procurait une joie comparable à nulle autre. C'était plus beau que tout, plus beau que la plus belle femme du monde, plus beau que l'honneur, plus beau que la victoire, plus beau que la vie. Il plongeait ses mains dedans. Il était en extase, comme un amateur devant un tableau de maître. Ah! certes, il y avait la petite Morstan, la pauvre petite Morstan, qui mangeait de la vache enragée depuis quatre ans. Oh! il ne l'avait pas oubliée. Il pensait même à elle très souvent et non sans remords. Mais distraire ne fût-ce qu'un petit rubis ou un petit saphir du trésor et le lui expédier pour l'aider à tenir le coup était au-dessus de ses forces. C'eût été un sacrilège, un vandalisme comme de couper un morceau de toile dans une peinture de Léonard de Vinci. Pourquoi se souciait-il tellement de la petite Morstan, qui ne lui était rien? Parce que la moitié du trésor d'Agra lui appartenait, en tant qu'héritière du capitaine Morstan. La façon dont cette fortune avait abouti dans leur poche à tous deux, obscurs officiers de l'armée des Indes, était un vrai roman, mais il n'avait pas la force de le raconter. D'ailleurs, c'était sans importance. L'essentiel était que le trésor d'Agra eût quitté les Indes, qu'il eût traversé la mer, qu'il fût là, dans le coffre à ferrures et à clous, bien à l'abri quelque part dans Pondichéry Lodge.

Je ne pouvais m'empêcher pendant ce récit de faire par-ci, par-là la réflexion que le major Sholto était bien bavard pour un mourant. Mais peut-être fallait-il mettre une partie de ce bavardage sur le goût de l'arabesque qui caractérisait M. Thaddeus. Je me moquais bien du trésor d'Agra. Malgré sa description précise et les six perles que j'avais reçues, cela me semblait une chose irréelle; en tout cas ne s'accordant pas avec la ligne générale de ma vie. J'étais persuadée que je n'en verrais jamais un penny, j'en avais quasiment la révélation, et cela m'était indifférent. Seul m'intéressait ce qui était arrivé à mon père. Enfin voilà qu'il apparaissait ! Mon cœur battit plus fort. M. Thaddeus déposa le tuyau de son narghilé sur le plateau d'argent. M. Holmes décroisa ses jambes maigres. Le Dr Watson me lança un regard anxieux. Dans son lit, sur ses quatre oreillers, le major Sholto demandait qu'on lui donnât son dernier cigare. Il l'alluma, tira une bouffée et toussa durant une minute avec d'horribles raclements de bronches, ce qui lui rendit un peu de couleur. Le moment était venu de révéler comment Morstan était mort.

Dès le soir de son arrivée à Londres, papa avait couru à Norwood, afin de recueillir sa part du trésor d'Agra, que Sholto avait convoyé l'année précédente. Détail dont je fus attendrie et qui le peint bien : il avait apporté une valise vide, dans l'intention de la remplir de bijoux et d'or, puis de rentrer à Londres avec ce chargement, comme si c'eût été tout simplement des chemises et des chaussettes ! Le khitmutgar Lal Chowder l'introduisit dans la salle des gardes en se livrant à diverses contorsions exprimant le respect et l'enthousiasme, faisant le salut militaire, exigeant de porter la valise vide du sahib, circulant autour de lui comme un lézard. Mon père lui demanda qui étaient les deux gibiers de potence qui lui avaient ouvert la grille. Lal Chowder rit énormément et déclara que le capitaine était toujours aussi farceur, ça, c'était chic, alors ! Des lapins de potence ! Avait-on jamais dit quelque chose de plus drôle ! Quant à lui, ces lapins-là, il les abominait.

– Vilaines têtes ! dit-il. Vilaines têtes de lapins. Mon capitaine a vu ça tout de suite. Bravo, capitaine sahib ! Le majo, il est là dans une minute. Il va être ravi, ravi de retrouver son camarade capitaine. Ça, on peut dire, c'est un beau jour. Et maintenant, mon capitaine regarde. Mon capitaine voit rien ? Il est là le coffre. Le majo et moi on l'a descendu tout à l'heure. Il est lourd! Oh! qu'il est lourd!

Effectivement le coffre du pirate était posé devant la cheminée, comme un cadeau de Noël.

– C'est mon capitaine qui va être heureux! C'est bien d'avoir le trésor ici, à Pondichéry, non?

– Va donc regarder dehors si j'y suis! cria le major Sholto en faisant son entrée, rouge comme un fromage de Hollande, ses yeux de langouste exceptionnellement opaques.

– Oui, oui, sahib, dit le khitmutgar avec empressement. Lal Chowder va regarder si le sahib est dehors. Et, s'il ne trouve pas le sahib, ça ne fait rien, il cherche quand même. Très humoristique, non?

– Content de vous voir, Morstan, dit Sholto. Un sherry? Un cigare?

Il ne s'était pas passé un quart d'heure qu'ils poussaient tous deux des cris de colère, chacun accusant l'autre de vouloir le flouer dans le partage. Il paraît que mon père, qui était enfoncé dans une bergère Louis XVI, se leva brusquement et dit :

– Cette dispute est absurde. Vos arguments ne valent rien. Ouvrons le coffre, et faisons deux tas de même valeur. C'est mon dernier mot.

Le litige était là. Il avait été décidé entre les deux hommes que Sholto transporterait le trésor, mais que Morstan en conserverait la clef et qu'ils procéderaient ensemble à l'inventaire de leur fortune. Sholto soutenait qu'il avait couru beaucoup plus de risques que mon père en se chargeant du coffre, qui était le gros morceau, qu'il fallait surveiller sans cesse, qui pouvait attirer l'attention de la douane, et que par conséquent il avait droit à une part plus importante. Les deux tiers, par exemple. Cette prétention mettait mon père hors de lui. Il y voyait une malhonnêteté flagrante, une escroquerie. Rien de pareil n'avait été envisagé. Il aurait tout aussi bien ramené le coffre que Sholto : c'est celui-ci qui avait insisté pour le faire, parce qu'il quittait les Indes un an plus tôt et parce qu'il avait un grade plus élevé qui lui faciliterait le numéro d'esbroufe à exécuter si l'on visitait ses bagages à Portsmouth, éventualité peu probable, l'administration ayant coutume de fermer les yeux sur les petits souvenirs et babioles exotiques rapportés de leurs campagnes par les braves militaires. Papa donc s'était extrait de sa bergère, et je sentais mes mains toutes froides. Il allait mourir, je le savais. Il tira de la poche gauche de sa redingote une grosse clef de fer ouvragée, qu'il lâcha aussitôt et qui tomba par terre avec bruit sur les dalles de la salle des Gardes. Il poussa un râle, changea de couleur, porta la main à son côté et s'abattit. Par malheur, il se tenait sur une des peaux de tigre, qui glissa sous sa chute. Sa tête heurta un des coins en fer du coffre. Son visage se couvrit de sang instantanément. Le major Sholto se pencha sur lui et constata qu'il ne respirait plus.

Quoiqu'il eût à peu près autant de sensibilité qu'un rhinocéros, il fut atterré. Non pas, bien sûr, que son ami fût mort. Des morts il en avait vu par dizaines, défigurés, le ventre béant, grimaçants, décomposés, mais un mort chez lui, dans son salon, c'était une sale affaire. Il risquait, si la police venait, qu'on l'accusât de l'avoir assassiné. Sans parler du trésor, dont il faudrait expliquer la provenance, ce à quoi il ne tenait nullement, et qui serait confisqué, perspective insoutenable. Heureusement, papa, étourdi, insouciant, forçant sur le genre conspirateur, lui avait confié que personne au monde ne savait qu'il était venu à Norwood. Pauvre Morstan! songea le major avec pitié, il faut toujours qu'il donne des verges pour le battre! Il se baissa une seconde fois pour ramasser la grosse clef qui avait échappé de la main de mon père. Quand il se releva, il vit Lal Chowder dans l'encadrement de la porte.

— Chut! murmura le khitmutgar. D'abord, on

ferme la porte à double tour, clic clac. Ensuite, moi je suis dévoué au sahib parce que le sahib me protège contre tout. Je suis l'homme du sahib. Je me fais fusiller pour le sahib si le sahib demande. Bon. Le majo me dit de chercher le majo dehors. Moi, je reste à la porte et j'écoute. J'entends la dispute. J'entends boum. Le sahib a tué le capitaine. Pourquoi ? Je ne sais pas, mais c'est bien, puisque le majo le fait. Morstan était l'ennemi du majo. Pour moi, Lal Chowder, khitmutgar du majo, Morstan est un chien. Alors j'aide mon sahib à emporter le chien Morstan. Hop! Fini. Le sahib est tranquille. Il a le trésor tout pour lui. C'est mieux comme ça, non ?

Le major balança à dire la vérité à son khitmutgar, à savoir qu'il n'avait aucunement tué mon père, qu'il s'agissait d'un accident, puis y renonça. Non seulement le khitmutgar ne l'aurait pas cru, mais il aurait été blessé par ce manque de confiance envers lui, qui venait de donner une telle preuve de loyauté féodale. Le major comprit cela en une seconde. Il n'était pas aussi épais que son apparence le suggérait. Il scruta le khitmutgar de son œil de langouste : cet homme-là était attaché à lui par des liens de vassalité incompréhensibles au XIXe siècle et en Occident. Il ne le trahirait jamais.

Lal Chowder creusa un trou dans le fond du parc. Aidé du major Sholto qui soufflait comme une locomotive et s'arrêtait toutes les deux minutes pour rallumer son cigare, il y traîna le corps de mon père. Le lendemain, le jardinier reçut l'ordre d'arranger un massif d'ageratums sur l'emplacement. A quels comédiens avais-je eu affaire ! J'en étais à la fois bouleversée et frappée de stupeur. Quarante-huit heures à peine après cette tragédie, j'étais allée à Pondichéry Lodge et je n'avais pas été effleurée par le moindre soupçon. Je n'avais vu que les yeux de langouste du major et la figure de lézard de Lal Chowder. Ah! ils m'avaient bien trompée, ces deux-là! Je suffoquais de fureur à la pensée que l'on avait traité papa de chien, qu'on l'avait enterré comme un chien. Quelle horreur que tout cela! Et Thaddeus ne faisait grâce d'aucun détail. J'entendais le Dr Watson qui s'agitait sur sa chaise.

– Cela suffit, dit-il. Il n'est pas nécessaire de raconter ces infamies à Miss Morstan. Regardez-la : elle est au bord de l'évanouissement.

Cher Dr Watson, je l'aurais embrassé pour cette bonne opinion qu'il avait de moi! Hélas! l'évanouissement n'est pas mon fait. Toute ma vie j'ai envié les frêles héroïnes de roman qui tombent en pâmoison au premier prétexte, espérant en vain quelque émotion qui me procurerait une faiblesse si seyante. Il est peu probable que je connaisse jamais la griserie d'entrouvrir une paupière, de dire « Que m'est-il arrivé? » dans un murmure, pendant que l'on s'affairerait autour de moi, que l'on me taperait dans les mains, que l'on me passerait des sels sous le nez. Les pires secousses, les épreuves les plus rudes ne me font rien : je reste éveillée comme un lièvre, le cœur cognant contre les côtes, la raison aux aguets. En l'occurrence, mes lèvres tremblaient, peut-être aussi mes bras, j'étais blanche et froide, mais quant à s'évanouir, pas question. Une pensée furieuse m'occupait la tête et m'opprimait la poitrine : celle du contraste entre la vie si gaie, si aristocratique de mon père et cette mort obscure, le crâne défoncé, dans le sang et la crapule. Car le récit de Thaddeus avait un côté crapuleux qui m'horrifiait, à cause duquel le trésor d'Agra m'inspirait plus de répulsion que de convoitise. Mon père vivant était pour moi un trésor autrement précieux que ces cailloux. Je me le représentais par l'imagination dans cette grotesque salle des Gardes aux vitraux préraphaélites, bourrée de meubles et de pendules, qui devait lui donner la nausée, lui qui n'aimait que le luxe et les belles choses. L'une des peaux de tigre du salon de Thaddeus était peut-être celle qui avait glissé sous ses pieds. J'étais désespérée que la dernière image qu'il avait emportée eût été celle de la face bleue, des yeux ternes et méchants, de l'expression hideuse du major Sholto. Dire que j'étais là, moi, le surlendemain, dans l'endroit même où cette abomination s'était passée, que j'avais marché sur la dalle qu'il avait éclaboussée de son sang, que j'avais causé avec l'homme qui avait assisté à sa mort et avec l'homme qui l'avait enterré, et que je n'avais rien deviné! Comment s'évanouir quand on est agité de tels mouvements?

– Pardon, dit Thaddeus au Dr Watson. Navré! Vraiment navré! Je me laisse toujours entraîner quand je parle. Mais je suis comme vous : je trouve ces épisodes effarants. Je ne comprends pas qu'un homme comme mon père, qui était, malgré tout ce qu'on peut lui reprocher, un soldat et un gentleman, ait pu en arriver là.

– Watson, vous faites du zèle, dit M. Holmes. M. Sholto raconte admirablement. Laissez-le poursuivre son récit comme il l'entend. Pour ce qui est de Miss Morstan, soyez rassuré : elle supporte tout cela mieux que vous. Vous avez des femmes une conception charmante, qui vous honore, mais qui, je le crains, est assez erronée. J'ai connu en 77 une jeune personne à qui on aurait donné le Bon Dieu sans confession. Elle était d'une beauté céleste, elle avait des cheveux d'or, c'était un ange descendu sur la terre. Si l'on élevait le ton, elle vous regardait avec des yeux de biche traquée. Sa peau était si fine, si nacrée, qu'on suivait le trajet de ses veines sur son poignet. Dès qu'on l'apercevait, on tombait amoureux d'elle, on avait envie de la protéger. Elle s'appelait Annabel Thompson. Elle a été pendue pour avoir empoisonné six personnes à l'arsenic, dont sa mère et son frère. Je pourrais vous citer également Emilienne Madureau, jugée à Toulouse en 83, qui avait fait tuer son mari par son amant, puis cet amant-là par un autre amant; Abigaïl Murphy, surnommée « la goule de Cincinnati »...

— Holmes, vous êtes monstrueux, dit le Dr Watson avec une sorte d'indignation amusée ou, si l'on préfère, d'admiration moqueuse qui devait être plus ou moins de règle entre eux deux. Vous êtes une machine, un automate, un dictionnaire du crime. Comment osez-vous comparer ces viragos à Miss Morstan? Vous rendez-vous compte à quel point cela est indécent?

— Je ne compare rien, mon cher Watson, répliqua M. Holmes. Je veux seulement vous montrer que les femmes sont des créatures aussi solides que les hommes, sinon davantage, à l'occasion.

— Eh, Mon Dieu, je le sais bien! soupira le Dr Watson. Je ne suis pas médecin pour rien. Ayez quand même pitié de Miss Morstan!

Cette querelle saugrenue me rafraîchit comme un verre d'eau. Le ton didactique de M. Holmes, le Dr Watson tournant la chose en comédie me tirèrent de mes idées noires. C'était deux hommes normaux qui se chamaillaient mi-sérieusement mi-pour rire, c'était la réalité, c'était la vie. Ma pâleur disparut, le sang et la chaleur me revinrent dans les mains. Mon cœur se calma. J'eus presque envie de sourire.

— Continuez, monsieur, dis-je à Thaddeus. J'ai entendu ce qui pouvait m'être le plus pénible. La suite me concerne à peine.

3

Crustacé expirant dans le court-bouillon – Thébaïde en banlieue – La plus riche héritière d'Angleterre – Une légère malhonnêteté est garante des bonnes mœurs – Chute définitive de la maison Usher – L'épée de Tristan

Erreur! La suite me concernait beaucoup. Thaddeus exigeait que j'eusse ma part du trésor d'Agra, et il fallait me mettre au courant de tout. Nous avions laissé le major Sholto vacillant sur ses quatre oreillers. Il semble que son dernier cigare ne lui ait pas apporté le contentement qu'il escomptait : après en avoir tiré trois ou quatre bouffées, il le posa sur le marbre de la table de nuit où il s'éteignit et refroidit, ajoutant sa pestilence à celle de la chambre. Sa confession l'avait éreinté. Il abaissa ses paupières violettes sur ses yeux de crustacé expirant dans le court-bouillon. Il avait le souffle désordonné à cause de la mort qui le prenait à la gorge et de son vieux catarrhe qui encombrait ses poumons. D'une voix éraillée, à moitié effacée, il demanda qu'on le laissât dormir. Demain il irait mieux, il aurait repris des forces. Il indiquerait à son cher Bartholomew et à son cher Thaddeus l'endroit où il avait caché le coffre. Encore une nuit, messieurs mes héritiers! Bartholomew était d'un côté du lit, Thaddeus de l'autre. Le major leur tendit à chacun une main maigre et molle semée de ces taches brunes qu'on appelle en français « fleurs de cimetière ». Mais ces deux vieilles pattes les serrèrent soudain si fortement qu'ils sentirent les os des doigts. Le major avait rouvert les yeux. Son visage était épouvanté, sa bouche béante, il se recroquevillait dans son lit comme un chien apeuré.

– Chassez-le, gargouilla-t-il. Tuez-le!

Thaddeus et Bartholomew se tournèrent vers la fenêtre. Dehors la nuit était très noire. Sculptée par la lumière jaune de la pièce, ils aperçurent une tête chauve et barbue, le nez écrasé contre la vitre. Le major les maintenait avec la force d'un cadavre. Il leur fallut plus d'une minute pour se dégager. La tête avait disparu lorsqu'ils purent se précipiter. Le major se cachait les yeux de ses deux bras et suppliait d'une voix lamentable qu'on ne l'abandonnât pas, qu'on restât près de lui, qu'on le veillât, qu'on ne laissât surtout entrer personne. Bourré de laudanum, assommé de chloral, il s'endormit au bout d'une demi-heure, non sans avoir encore balbutié que le lendemain matin sans faute il dévoilerait la cachette au trésor.

Cette séance funèbre et dramatique avait tué le pauvre Thaddeus. Lorsque son père ronfla de façon à peu près régulière, il regagna sa chambre en titubant et se coula dans ses draps. Il se réveilla vers neuf heures du matin, conscient d'une présence à côté de lui. Son frère Bartholomew, tout habillé, la bouche pincée, les sourcils froncés, se tenait au pied du lit.

– La vieille carne est crevée, dit-il d'un ton amer.

Thaddeus, dans sa naïveté, ne comprit pas tout de suite que ces paroles signifiaient que le major Sholto était mort. En s'en avisant, il fut vivement choqué par leur grossièreté. Il reprocha à Bartholomew de parler ainsi de leur père, surtout lui, qui était sans doute la seule personne que le major eût aimée. Comment était-il mort? Dans son sommeil, étouffé par sa bronchite chronique. Tel était le diagnostic du médecin. Ah? le médecin était déjà là? Thaddeus comprit enfin ce qui s'était passé pendant qu'il dormait ingénument : Bartholomew s'était levé à l'aurore et était allé au chevet du major, afin d'être le premier à savoir où était le trésor, courir le visiter, en retirer les plus belles pièces. Thaddeus sut par la suite qu'il avait donné l'ordre aux domestiques de ne pas le réveiller. Cette scélératesse, quoiqu'elle ne l'étonnât pas outre mesure de la part d'un sujet tel que Bartholomew, l'attrista. Il s'était flatté de l'idée que son frère n'était plus le garnement qui l'avait tant brimé jadis, qu'il s'était amélioré en grandissant. Espoir fallacieux! La petite brute était devenue un voleur.

Il y a quelque chose de comique dans la déconvenue d'un homme qui prend toutes ses dispositions pour accomplir une mauvaise action et qui n'y parvient pas. Cette ironie du destin dont Bartholomew était victime amusa Thaddeus. Lui, au moins, il avait bien dormi, tandis que son frère avait le teint cireux, les boursouflures et les yeux rouges des insomniaques. Pour en terminer avec le major Sholto, on dut l'enterrer avec la plus extrême célérité, attendu qu'il se décomposait à vue d'œil, comme s'il était mort depuis un mois ou deux. Il avait répandu dans la villa de Norwood une puanteur telle que l'on ne put se dispenser de faire venir les services de désinfection municipaux.

Thaddeus voulait qu'on se mît en quête de moi, qu'on me dénichât et qu'on me prévînt que j'héritais d'une fortune. En guise d'échantillon, il suggéra que l'on m'offrît tout de suite le chapelet de perles qui avait été récupéré, non sans peine, du reste, car le major l'étreignait d'une main crispée par la rigidité cadavérique. Cet objet était visiblement d'une grande valeur. Bartholomew, qui avait l'âpreté de son père, refusait de s'en séparer, tant par avarice que par superstition : le chapelet constituait la seule preuve que le trésor existait; il devait rester dans la maison; il serait une espèce d'aimant qui finirait bien par désigner la cachette. Idée stupide que Thaddeus combattit à outrance, mais dont Bartholomew ne démordit pas. Il y ajoutait un argument qui ne manquait pas de pertinence, à savoir que, si l'on exhibait les perles tout de go, cela éveillerait des soupçons et provoquerait des ennuis sans fin. Il n'ignorait pas que la petite Morstan était venue à Pondichéry Lodge deux jours après la mort de son père. Qu'arriverait-il si on l'invitait à Norwood? Elle n'était pas idiote. Il ne lui faudrait pas deux minutes pour déduire que le major Sholto avait assassiné le capitaine Morstan dans l'intention de le dépouiller. Elle courrait aussitôt à la police. Thaddeus désirait-il cela? Bref, après trois semaines de discussions, Thaddeus obtint que, jusqu'à ce qu'on eût déterré le trésor, on m'enverrait anonymement une perle chaque année. De la sorte, je n'aurais pas été entièrement lésée, et, si j'en avais besoin pour vivre, je pourrais vendre la perle qui valait au bas mot deux cents livres. Avec deux cents livres, on tient un an et même davantage.

Il est émouvant d'apprendre que quelqu'un qu'on ne connaissait pas vous voulait du bien et qu'il a bataillé rudement pour vous en faire. La grosse tête luisante de Thaddeus, sa bouche rose qui suçait l'embout du narghilé comme celle d'un bébé tétant le sein de sa nourrice, ses bons gros yeux noirs et humides, jusqu'à ses sourires et ses tics, me causèrent un tel attendrissement qu'une fois encore je sentis des larmes mouiller mes yeux, mais c'était des larmes agréables et douces, pareilles à celles que provoquent les beaux tableaux ou les belles musiques. La bonté et la beauté sont deux sœurs. Tout au moins je les conçois telles, car elles suscitent chez moi les mêmes effets.

– Merci, monsieur, balbutiai-je en tâchant de mettre dans mon expression la gratitude que j'éprouvais pour ce brave garçon. Merci d'avoir montré tant de générosité pour une personne qui ne vous était rien. Je serais très honorée si vous acceptiez que je sois votre amie.

– Ah Mademoiselle! répliqua Thaddeus dont le crâne rougit, n'en parlons pas. C'était la moindre des choses. Entre nous, mon frère est un chenapan. Ne le répétez pas! J'ai horreur des avares. Les avares sont des gens de mauvais goût, c'est-à-dire des gens sans âme. Il faut avoir de l'âme pour avoir du goût. C'est le Français Vauvenargues qui dit cela. Jolie formule. Et très vraie. Ruiner une jeune fille est le comble du mauvais goût. Non, non, ne me remerciez pas. Je n'ai vraiment rien fait d'extraordinaire.

Là-dessus, il nous raconta comment Bartholomew et lui avaient cherché le trésor, fouillant la maison, labourant le parc, abattant les arbres, sondant les fondations de la villa, asséchant le puits. La déesse Kali fut la première victime du saccage. On la flanqua par terre sans souci de son éventuelle rancune. Le massif d'ageratums fut le seul endroit qu'ils n'osèrent pas retourner. Le caractère de Bartholomew, déjà difficile d'ordinaire, s'aigrit tout à fait. Il tourna au sombre, à l'exaspéré, au monomane, avec des colères continuelles et des mesquineries tatillonnes. Au bout de cinq mois, Thaddeus en eut assez de cette existence, qui lui déplaisait de toutes les façons. Le trésor l'aurait enchanté s'il n'y avait eu qu'à le chercher au grenier et le transporter au salon. Cela ne valait pas cinq mois de travaux assommants en compagnie d'un énergumène fou de convoitise. Il avait une nature artiste, comme nous savions. L'argent, la richesse lui étaient indifférents, car les artistes sont au-dessus de ces préoccupations. Que lui fallait-il pour être heureux? Un ermitage, quelques tableaux de maîtres, des vases chinois, de beaux tapis, des tentures de soie, quelques-uns de ces meubles français du XVIIIe siècle que les frères Goncourt ont remis à la mode, une demi-douzaine de domestiques. Grâce à son héritage, il pouvait s'offrir ce cadre modeste et cette vie conforme à ses goûts. Pourquoi s'en priver? Adieu, trésor! Adieu, Bartholomew! Il avait plié bagage, emmenant avec lui Williams et le petit khitmutgar aux yeux de velours auquel il était particulièrement attaché. Ici, dans cette banlieue, loin de l'horrible civilisation industrielle du XIXe siècle, il coulait des jours délicieux. Il s'était fait installer un orgue au premier étage, sur lequel il jouait des airs de sa composition. Il s'était également constitué une assez jolie bibliothèque. Avec tout cela, il ne mangeait pas la totalité de son revenu. Au bout de l'année, il lui restait quelques centaines de guinées pour acheter un dessin du Guide, une édition originale de Bacon, un piano en marqueterie ayant appartenu à Wagner, une chinoiserie rescapée du sac du Palais d'Eté.

Bartholomew chercha le trésor pendant six ans. Comme les gens en proie à une idée fixe, il négligeait tout ce qui ne se rapportait pas à son obsession. Ses cheveux avaient grisonné. Il s'habillait n'importe comment. Dès l'aube, il errait, dépeigné et hagard, dans la maison et dans le parc, frappant les murs avec l'espoir que l'un d'eux sonnerait creux un jour, enfonçant mille et mille fois une perche ferrée dans la terre et creusant fébrilement dès qu'il sentait une résistance. De sa banlieue où il était si tranquille, Thaddeus observait cette chasse à l'oie sauvage en faisant des réflexions philosophiques dont il ressortait qu'il était un sage et Bartholomew un imbécile. S'il avait eu à se plaindre de celui-ci dans le passé, il était bien vengé à présent, et vengé sans avoir levé le petit doigt, vengé comme on l'est quand votre ennemi fait lui-même son malheur. L'histoire du coffre, qui avait fini par se savoir, était la fable de Norwood. Dans les pubs, on prenait des paris. La cote du trésor était tombée à huit contre un.

– Je présume que monsieur votre frère a enfin mis la main sur le coffre, dit M. Holmes. Vous souhaitez que Miss Morstan soit présente lors du partage.

Tout juste. Thaddeus avait appris la nouvelle la veille, non par Bartholomew qui aurait bien attendu une ou deux semaines avant de se résoudre à la lui communiquer, mais par Williams, qui la tenait de Mac Murdo. Les deux boxeurs en retraite entretenaient leur amitié en vidant fréquemment des pintes de bitter dans un bouge où ils avaient leurs habitudes. Mac Murdo, qui avait participé à la découverte, en narra les détails, que je vais tâcher de me rappeler. Après six ans d'entêtement obtus, le patron avait eu un éclair de génie. Il mesura la hauteur de chaque étage, puis la hauteur totale de la maison, et constata une différence de trois ou quatre pieds. Cette différence le jeta dans une extrême agitation. Il se mit à trembler, à crier des ordres incohérents et courut prendre une pioche dans la cabane à outils du jardinier. Mac Murdo transporta une échelle double dans la pièce. « Plus vite! plus vite! » disait Bartholomew en trépignant derrière lui dans l'escalier et en le poussant avec la pioche. Il monta lui-même sur l'échelle et démolit le plafond, sans souci des gravats qui lui tombaient sur la tête. Il était sûr de toucher au but. Il ne se trompait pas : c'était la cachette. Enfin! Le coffre était là, posé sur deux poutres, emmuré comme un vieux cadavre. Bartholomew était dans un tel état de folie, un tel étouffement de joie que sa prudence s'était envolée. Il fallait qu'il se confiât à quelqu'un, au premier venu. Le premier venu était Mac Murdo, qui raconta à Williams que M. Sholto avait chanté et dansé et que cela avait été bien surprenant. Après quoi il se calma, il ouvrit le coffre et, comme son père, plongea ses bras dans les bijoux.

— Il y en a pour cinq cent mille livres au moins! criait-il. C'est fantastique. C'est fou. Est-ce que vous vous rendez compte, Mac Murdo? Il ne faut pas laisser ça là. Il faut le transporter tout de suite à la banque dans une chambre forte!

— Eh bien, dit le Dr Watson d'une voix lugubre, en s'adressant à moi, je vous félicite, mademoiselle. Vous avez droit indiscutablement à la moitié du trésor. Cela fait deux cent cinquante mille livres. Vous allez être la plus riche héritière d'Angleterre.

Cher Dr Watson! Son aimable visage incapable de dissimuler quoi que ce fût racontait toute une histoire d'amour qui me plaisait infiniment. J'y lisais ceci à livre ouvert : « Je vous ai aimée dès que je vous ai vue. Je crois que je ne vous étais pas indifférent. Comme vous étiez aussi pauvre que moi, j'ai espéré que je pourrais vous épouser. A présent que vous êtes riche, c'est impossible. Même si vous le vouliez, je n'y consentirais pas, par élémentaire honneur. Je devrais me réjouir de cette fortune qui vous tombe du ciel. Pardonnez-moi si je n'y arrive pas, car elle signifie que je vais être bien malheureux. »

— Merci, monsieur, dis-je en mettant dans mon expression autant d'amitié et de douceur que je le pus, mais l'argent ne m'intéresse pas. Bien des choses me paraissent plus désirables. Je n'ai jamais tout à fait cru à ce trésor. D'ailleurs, d'où vient-il? Comment est-il tombé entre les mains du major Sholto et de mon père? On connaît bien les êtres qu'on a beaucoup aimés. J'ai beaucoup aimé mon père : je sais qu'il n'était pas dans son destin d'avoir deux cent cinquante mille livres. Le trésor d'Agra me fait peur. Il a tué mon père. Le major Sholto n'en a guère profité. Le frère de M. Thaddeus

Sholto a perdu six ans de sa vie à cause de lui. Mrs Forrester prétend que je n'ai pas d'instinct. Pourtant je sens quelque chose de maléfique dans ces diamants, dans ces roupies, dans ce coffre. Je n'ai pas envie de m'en approcher.

J'étais un peu étonnée de m'entendre énoncer cela, à quoi je n'avais pas songé deux minutes plus tôt, et que je ne disais que pour consoler le Dr Watson. Il me sembla qu'une vérité mystérieuse, qui n'était pas dans ma tête, mais Dieu sait dans quel recoin obscur de moi, sortait par ma bouche. Je me rappelais une réflexion de M. Butler, à propos de certaines touches qu'un peintre pose sur sa toile : elles étaient d'après lui aussi peu raisonnées que les aboiements d'un chien qui tâche d'attirer l'attention sur quelque chose dont il ne se rend pas un compte exact. M. Whistler avait ricané et répliqué qu'il ne se sentait nullement chien lorsqu'il peignait, mais au contraire très humain et dans certaines occasions surhumain. J'avais ri moi aussi, par entraînement, mais plus tard, en y repensant, j'avais trouvé la remarque de M. Butler très juste, très profonde, en dépit de sa bizarrerie. Etais-je, dans ce moment, un chien qui aboyait et, si j'ose hasarder cette image, qui aboyait à la mort ? Quelques heures plus tard, je sus que j'avais été ce chien-là.

– Mrs Forrester est une femme de grand sens, dit M. Holmes avec respect. Si elle juge que vous manquez d'instinct, mademoiselle, cela est certainement basé sur des observations et des déductions sérieuses. Du reste, j'ai noté souvent de mon côté qu'en matière d'instinct les femmes étaient très inférieures aux hommes. En particulier les femmes jalouses, qui se trompent toujours sur leurs véritables rivales. Je ne vois rien a priori de maléfique dans un coffre contenant des bijoux et des monnaies. Quant au destin, mademoiselle, je n'y crois pas. Le destin est ce qu'on le fait. Vous fiez-vous à l'évaluation de monsieur votre frère? ajouta-t-il en s'adressant à Thaddeus.

– Oh oui! répondit celui-ci. Bartholomew a un œil d'aigle pour ces choses-là. S'il dit cinq cent mille livres, c'est cinq cent mille livres.

Le pauvre Dr Watson faisait une mine si triste que j'aurais tué ces deux bavards. Moi qui ai toujours des idées flottantes, qui suis incertaine sur tout, j'étais assurée de quelque chose : à savoir que j'avais trouvé mon trésor, qu'il avait cinq pieds six pouces, un chapeau Cronstadt, une grosse canne, qu'il traînait la jambe et que j'aurais refusé les mines du roi Salomon d'un cœur léger s'il y avait eu à choisir entre elles et lui.

– Eh bien, dit Thaddeus, maintenant que vous savez tout, allons à Norwood. Je ne suis pas fâché que nous soyons quatre pour cette expédition.

Il enroula le tuyau de son narghilé et tapa dans ses mains. Le petit khitmutgar entra, tenant à bout de bras une pelisse d'astrakan qui semblait peser au moins six livres, dans laquelle Thaddeus s'emmitoufla. Puis, il se coiffa d'une casquette en lapin dont les pans se rabattaient sur les oreilles. Cet équipement était si inattendu pour la saison que j'eus peut-être un regard éberlué. Avec force tics et sourires, Thaddeus m'expliqua que sa santé fragile l'obligeait à se couvrir comme un oignon. Au plus fort de l'été, il ne sortait pas sans deux tricots au moins, un bon cache-nez et des gants fourrés. A plus forte raison ce soir, après une journée si humide.

le coupé attendait devant la porte du pavillon. L'air de la nuit avait dissipé les vapeurs de porter et de gin qui habitaient la tête de Williams. Celui-ci avait changé les chevaux. Pour un cénobite, M. Thaddeus possédait une écurie assez bien montée.

– A Pondichéry Lodge, s'il vous plaît, Williams, dit-il.

— C'est comme si on y était, patron, répondit avec bonne humeur le cocher-boxeur.

— J'aime bien cet homme-là, nous confia Thaddeus, après que nous nous fûmes casés dans le coupé, lui et moi sur la banquette, M. Holmes et le Dr Watson sur les strapontins. Il a ses défauts, bien sûr. C'est un cocher exécrable, il est très étonnant qu'il n'ait encore écrasé personne. Il a l'accent cockney comme il n'est pas permis. Je n'ai jamais pu l'empêcher de s'accoutrer de ces ridicules complets à carreaux, qui sont, m'a-t-on dit, le summum de l'élégance à Whitechapel. Il entretient des rapports dont je veux ignorer la nature avec les femmes de chambre. Il ne sait à peu près rien faire convenablement. Il est ivrogne. Mais il a une qualité inestimable à mes yeux : il est gai. Il a toujours le mot pour rire, même quand il est ivre à ne pas pouvoir tenir debout.

— Je suppose qu'il vous vole, dit M. Holmes.

— C'est vrai, acquiesça Thaddeus. Mais peu. Cela ne tire guère à conséquence. Je ferme les yeux. Je crois qu'il est excellent de se laisser voler par les domestiques. Cela les attache. Ils considèrent ce qu'ils chapardent comme une prime qui leur est plus ou moins due; et, par-dessus le marché, ils ont le plaisir de faire quelque chose de défendu. J'ai remarqué qu'ils ne volent jamais au-delà d'une certaine limite et que cette limite est assez étroite. Etre volé fait partie de mon petit luxe. Une des raisons pour lesquelles le XIXe siècle industriel dans lequel nous avons le malheur de vivre est si abject, c'est que la morale a tout envahi. Les riches sont devenus durs et les pauvres haineux. Au XVIIIe siècle, les pauvres savaient qu'ils pouvaient voler aux riches le peu qui leur manquait, les riches savaient qu'on leur prenait une miette de leur superflu et tout le monde était heureux. La bonne intelligence, le dévouement, l'amitié, le respect mutuel régnaient entre les diverses classes de la société. Et finalement, grâce à ce droit tacite du plus faible sur le plus fort, les gens étaient plus honnêtes que maintenant.

— Il y avait quand même quelques fameux brigands, objecta M. Holmes : Cartouche, Mandrin, Nivet, par exemple, qui ne se contentaient pas de menus chapardages, et qui tuaient volontiers.

— Je ne vous parle pas des bandits de grand chemin, répliqua Thaddeus, mais de l'ensemble de la population. Je soutiens qu'il y a plus de probité dans une société où il est admis que chacun a une raisonnable marge de malhonnêteté que dans une société rigide comme la nôtre, où l'on a fait de la propriété une divinité contre laquelle le plus petit attentat est un sacrilège puni sans pitié par les tribunaux.

J'aurais souhaité que cette amusante conversation se soutînt tout le temps de notre voyage, et surtout que le Dr Watson y prît part. Mais il n'y avait pas moyen de le tirer de son spleen. Il se tenait tout droit sur son strapontin, sa canne entre les jambes, le petit chapeau Cronstadt sautillant sur ses genoux, les yeux farouchement baissés. Il offrait l'image de l'homme qui n'a plus de goût à rien. J'en étais aussi désolée qu'heureuse. Thaddeus, se ressouvenant qu'il était médecin, interrompit ses considérations sociologiques et le tyrannisa pendant près d'une heure en l'interrogeant sur toutes sortes de symptômes hautement inquiétants dont il était le siège. Le Dr Watson le désespéra en lui prouvant qu'il n'avait rien du tout et en lui affirmant qu'il était un malade imaginaire. Thaddeus extraya de sa pelisse un étui en cuir, rempli de fioles variées, qui était sa pharmacie de campagne, sans laquelle il ne se déplaçait jamais fût-ce pour parcourir un demi-mille. Le Dr Watson dut examiner les fioles une par une, lire leurs étiquettes, renifler leur odeur.

– Mon cher monsieur, dit-il, aucune de ces mixtures ne peut vous faire de mal. Prenez-les si cela vous fait plaisir, je n'y vois pas d'inconvénients.

– D'après vous, docteur, dit Thaddeus d'un ton piqué, ce sont des remèdes de charlatan.

– Ma foi, dit le Dr Watson, s'il vous convient de les appeler ainsi, je ne vous contredirai pas.

– Docteur, répliqua Thaddeus en retrouvant son ton d'homme du monde et son humour, puisque vous me donnez un conseil, permettez-moi de vous en donner un à mon tour. Vous avez tort de dire aux malades qu'ils se portent bien, même si c'est vrai. D'abord, ils ne le croient pas; ensuite, ils pensent que vous êtes un mauvais médecin et troisièmement, ils ne reviennent plus vous consulter. Si vous vous adressez à tous vos patients comme à moi, vous n'aurez jamais de clientèle.

Nous roulions vite, mais ce n'était plus la galopade désordonnée de tout à l'heure. Williams ménageait ses chevaux, si tant est qu'il fût capable de ménager quelque chose. Le brouillard s'était levé. La nuit était moins opaque. Dans le ciel, un croissant de lune éclairait des nuages boursouflés que poussait lentement un vent d'ouest assez doux. Je mourais de chaleur dans mon manteau de loutre. Que devait-ce être pour Thaddeus dans sa pelisse d'astrakan et sous sa toque de lapin! Il me semble, avec le recul, que le voyage passa comme un éclair, qu'à peine partis nous étions déjà arrivés. Je serais restée des heures dans ce coupé, mes genoux cognant contre ceux du Dr Watson à chaque cahot, apercevant de temps à autre, à la faveur d'une lumière, son pauvre visage morose. J'étais aussi mal que possible, secouée, incommodée par le parfum que Thaddeus embaumait, mais parfaitement contente. Nous arrivâmes à Norwood vers onze heures. Williams ouvrit la portière. On respira une bonne odeur de terre mouillée et de feuillage. Nous nous trouvions devant la grille que j'avais franchie dix ans plus tôt. Thaddeus décrocha une des lanternes de la voiture et s'en approcha en criant :

– C'est moi, Mac Murdo! Ouvrez!

Mac Murdo apparut dans la clarté de la lanterne et je reconnus l'homme qui m'avait appelée « gisquette » autrefois.

– Qui c'est, tous ces gens-là? dit-il. Moi, je leur ouvre pas. J'ai pas d'ordre. Vous, d'accord, mais pas eux.

– Comment! s'écria Thaddeus. J'ai prévenu M. Bartholomew que je viendrais ce soir avec des amis.

– J'ai pas d'ordre, répéta Mac Murdo. Je ne connais que la consigne. Le patron me dit de laisser entrer personne, moi je laisse entrer personne. Vous, m'sieur Thaddeus, vous pouvez passer, mais ces messieurs-dames, ils resteront dehors.

– Regarde donc la demoiselle! cria Williams. Ça te rappelle rien?

Mac Murdo me dévisagea et convint que ma tête lui disait en effet quelque chose. Williams vint à la grille. Il expliqua à son camarade qu'un homme intelligent ne devait jamais obéir aux ordres les yeux fermés, mais les interpréter. Il se portait garant de notre groupe entier. Mac Murdo objecta qu'il parlait à son aise, vu que, s'il y avait du grabuge, c'est lui et non un autre qui serait dans le pétrin. Williams jura qu'il n'y aurait aucun grabuge. D'ailleurs, il avait une envie très violente de boire une pinte de bière et comptait sur Mrs Berstone pour la lui servir.

Ce dernier argument était le bon. Mac Murdo actionna son cadenas en bougonnant, détortilla la chaîne qui entourait la grille, et ouvrit le portail qui grinça longuement dans la nuit. Nous nous engageâmes dans l'allée. La lanterne tremblait dans la main de Thaddeus. Le spectacle du parc, autant que je pouvais m'en rendre compte, était désolant : arbres arrachés, pelouses retournées comme des champs après le passage d'une charrue. Il y avait des trous partout et des monticules de terre. La déesse Kali gisait sur le sol, décapitée. Pendant un instant, la lanterne de Thaddeus l'éclaira. Cette tête détachée du corps et posée sur le gravier semblait avoir un sourire encore plus terrible que du temps où la statue était sur son piédestal. La villa, noire sur le ciel mauve, son long toit, ses grands pignons, ses découpures disgracieuses, n'avait jamais autant évoqué la maison Usher.

J'ai gardé un souvenir bizarre et confus de cette nuit à Norwood. Il me reste quelques images, quelques sentiments. En arrivant sur le perron de la villa, je retrouvai exactement, comme un paysage ou une odeur, l'impression que j'avais eue dix ans plus tôt sur le chemin de la gare après ma visite au major Sholto : celle d'une présence diabolique. De nouveau le diable était là. De nouveau j'étais en proie à une révolte irrépressible, j'étais un cheval qui donne des coups de pied dans son bat-flanc. Mais – c'est cela qui était le plus étrange – je sentais aussi qu'il n'était plus là pour bien longtemps, qu'il en avait terminé avec Pondichéry Lodge et ses maîtres, que nous allions sous peu assister à sa dernière messe noire. Après quoi il s'en irait, ayant pris tout ce qu'il avait à prendre. J'étais si obsédée par ma comparaison avec la maison Usher que je m'attendais à voir la villa se fissurer et s'engloutir.

Ma seconde image est celle d'une vieille dame vêtue de noir, apparaissant à la porte, demandant qui venait, et, après avoir reconnu la voix de Thaddeus, se précipitant dans ses bras. Thaddeus tenait toujours sa lanterne, qui éclairait les cheveux blancs de la vieille dame. Mac Murdo nous avait suivis, mi-par méfiance, mi-par curiosité. Devant cette scène, il s'écria que, si quelque chose était arrivé, ce n'était pas sa faute, qu'il n'avait pas bougé de la grille depuis des heures. J'appris par la suite que la femme qui pleurait contre la poitrine de Thaddeus était Mrs Berstone, la gouvernante du major Sholto puis de Bartholomew, sur qui Williams comptait pour lui offrir un verre de bière. Depuis le matin, Bartholomew était enfermé dans sa chambre. Il n'avait pas paru de la journée. C'était si peu dans sa manière que Mrs Berstone, dont l'inquiétude avait crû avec les heures, redoutait un malheur.

J'étais si agitée que je fis une chose dont l'audace me surprend encore aujourd'hui : le Dr Watson près de moi, à ma gauche, était si bon, si amical, si rassurant, que ma main prit la sienne. Etait-ce un geste d'amour? Pas même. Je m'accrochais à lui comme je me serais accrochée à mon père. Tout était hostile autour de moi; j'avais peur dans la nuit. Dès que ma petite main fut dans cette grande main, la paix m'enveloppa. Une fois de plus, j'étais une petite fille. J'acceptais de ne rien comprendre, puisqu'un monsieur très fort et très calme me conduisait à travers les ténèbres, et qu'il comprenait pour deux. Toutes sortes d'ondes imperceptibles me révélaient le bonheur du Dr Watson, qui n'était nullement le bonheur d'un papa en compagnie de sa fillette, mais cela ne me gênait pas; je songeais au contraire qu'il était miraculeux d'avoir un père du même âge que moi ou à peu près, et qui ne mourrait pas avant moi. Il ne disait rien. Il osait à peine bouger les doigts. Comment oublier des moments pareils? Comment s'apercevoir d'autre chose pendant qu'ils durent?

Je ne sais comment nous nous retrouvâmes tous les sept au second étage. J'entends encore la voix aiguë de Mrs Berstone criant derrière une porte fermée : « Est-ce que ça va, monsieur Bartholomew? » et celle, non moins aiguë, de Thaddeus : « Qu'est-ce qui se passe, Bart? Pourquoi t'es-tu enfermé? C'est moi, c'est Thad! Ouvre! » Je serrais la main du Dr Watson que je n'avais pas lâchée, que je n'aurais pas lâchée pour un empire. Je vois M. Holmes, Williams et Mac Murdo peser sur la porte qui cède dans un grand craquement, la serrure arrachée, la targette pendante. J'observe que Thaddeus porte toujours sa casquette de lapin et que son col d'astrakan n'est pas déboutonné. Mrs Berstone tenait une lampe à pétrole.

– Ne regardez pas, me dit avec tendresse le Dr Watson. Ce n'est pas une chose pour vous.

Je n'eus évidemment rien de plus pressé que de regarder. Un homme était renversé dans un fauteuil, les yeux exorbités, la bouche béante, tout blanc, les jambes raides. Je remarquai ses cheveux gris, emmêlés comme de la paille de fer. Il me faut trente secondes pour comprendre que je vois M. Bartholomew Sholto, et qu'il est aussi mort qu'on peut l'être.

– Le coffre! Le coffre! Le trésor! Il a disparu! hurla une voix hystérique. Il a été volé!

La casquette de lapin vacille et disparaît. Thaddeus, par terre, a une crise de nerfs.

– Moi, je me débine, dit Mac Murdo en filant dans l'escalier. D'ici à ce qu'on m'accuse d'avoir étouffé l'artiche...

Malgré le sinistre de la situation, je suis soulevée de joie : il n'y a pas de trésor! Le diable l'a emporté. Je ne serai pas la plus riche héritière du Royaume-Uni. Quel soulagement! Le Dr Watson pourra m'épouser s'il le désire. Et il le désire, je le sais. Il est autant attiré par moi que moi par lui. Les femmes ne se trompent pas là-dessus. La casquette de lapin réapparaît. J'entends la voix de Thaddeus s'excusant de s'être ainsi donné en spectacle :

– Je ne sais pas ce qui m'a pris. Je suis impardonnable. Cela n'a aucun sens. C'est les nerfs. Je vous le disais bien, docteur. Les nerfs, rien d'autre. C'est physique. Uniquement physique. Pas moral. Et puis voir mon frère mort... Je ne l'aimais pas, il ne m'aimait pas, mais on est quand même saisi. Croirez-vous maintenant, docteur, que je suis un grand malade?

M. Holmes s'affaire auprès du mort, une grosse loupe à la main. Il appelle le Dr Watson. Il a un conciliabule avec lui. Le Dr Watson détache quelque chose de la tempe du malheureux Bartholomew et le passe à M. Holmes qui l'enveloppe dans son mouchoir. Second conciliabule. Le Dr Watson revient vers moi.

– Vous avez eu assez d'émotions pour aujourd'hui, mademoiselle, dit-il. M. Holmes pense que je devrais vous ramener chez Mrs Forrester. Si M. Sholto le permet, nous utiliserons sa voiture.

– Bien sûr, bien sûr, dit Thaddeus. Tout ce que vous voudrez. Williams, reconduisez Monsieur et Mademoiselle.

– Tout de suite, patron, on y va, dit Williams, visiblement enchanté de s'enfuir de ces lieux maudits.

Je me rappelle ce troisième voyage comme s'il datait d'hier. Le Dr Watson, intimidé d'être en tête à tête avec moi dans une boîte fermée, s'était assis aussi loin que possible sur la banquette, raide comme un piquet, et avait posé son chapeau entre nous deux. Ce petit cronstadt gris me parut l'équivalent pour le XIXe siècle de l'épée de Tristan. Au lieu que cette comparaison m'amusât, j'en fus désolée. Tristan aime Iseult mais il refuse de la toucher pour ne pas trahir son roi, et place l'épée entre elle et lui. Le Dr Watson avait placé son chapeau entre lui et moi parce qu'il croyait que j'allais hériter la moitié du trésor d'Agra.

C'est vrai que j'avais eu mon content d'émotions pour la journée. L'air distant et guindé du Dr Watson me perça le cœur. J'étais particulièrement vulnérable. Tous ces Sholto vivants et morts, cette horrible maison m'avaient violemment ramenée à l'époque de ma plus rude épreuve. « Ah! Dieu que les hommes sont bêtes! » comme chante Mlle Hortense Schneider! Celui-là, avec son héroïsme et sa gentlemanie, l'était autant que les autres. Qu'est-ce qui l'empêchait d'être gentil? J'avais besoin qu'on fût gentil avec moi. Je n'avais pas besoin d'un chevalier du Moyen Age. J'étais de nouveau toute petite, toute glacée, toute perdue. Et il me préférait son honneur! Etait-ce grotesque! Je fis ce que j'avais de mieux à faire, et d'ailleurs je ne le fis pas exprès : je fondis en larmes. Moi aussi, comme Thaddeus, encore que de façon plus discrète, j'eus ma petite crise de nerfs. Mes larmes coulaient sur mon manteau de loutre et faisaient des traînées plates sur la fourrure. Pour le coup, le Dr Watson se dégela.

— Mademoiselle, entendais-je entre mes hoquets, remettez-vous. C'est trop triste de vous voir pleurer. Cela me fait mal. Moi je ne désire qu'une chose : que vous ne pleuriez jamais, que vous soyez toujours gaie, toujours heureuse. Vous avez toutes les raisons d'être gaie : voyons! pensez à cette fortune que vous allez avoir!

— Mais je me moque d'être riche, répondais-je en sanglotant. Je ne veux pas de votre sale trésor! Il me fait horreur!

— Mademoiselle, dit le Dr Watson, vous ferez de votre argent ce qu'il vous plaira. Donnez-le à l'Armée du Salut, si vous en avez envie, ce n'est pas moi qui vous en empêcherai, bien au contraire, je vous le jure. Mais M. Holmes et moi nous ferons tout ce qui est en notre pouvoir pour que vous entriez en possession de lui. Maintenant, je vous en supplie, arrêtez de pleurer, pour l'amour de moi...

Il avait dit « pour l'amour de moi ». Ces mots magiques me consolèrent aussitôt. Je m'aperçus qu'il m'avait repris la main. Je lui fis un sourire qui venait du plus profond de mon âme ou peut-être de mon corps, je ne sais pas très bien. Il me sourit aussi, enfin. La voiture s'arrêta. La tête de Williams parut à la portière.

— Si ces messieurs-dames veulent bien se donner la peine... dit-il. Ces messieurs-dames ont pu remarquer que j'ai pas été trop vite, ajouta-t-il avec un clin d'œil canaille. Normalement on devrait être arrivés depuis un quart d'heure. Ça vaut peut-être un bob, pas vrai, gouverneur? Je le boirai à votre santé. La petite dame aurait intérêt à se refaire une beauté, elle est toute dépeignée.

Le Dr Watson rougit jusqu'aux yeux. Il répliqua d'un ton menaçant :

— Vous savez, Williams, vous n'êtes pas le seul homme de Londres à avoir été boxeur. Je pourrais vous en donner la preuve. Attendez-moi ici. J'ai encore une course à faire. Vous aurez votre pourboire quand nous serons revenus à Norwood.

— Pardon excuses, gouverneur, dit Williams d'un ton narquois. J'ai pas voulu vous vexer.

Curieusement, ces allusions épaisses ne me choquèrent pas, mais je vis le moment où le Dr Watson allait réellement boxer le cocher. Je le pris par le bras et le priai de m'accompagner afin que je le présentasse à Mrs Forrester et à ses amis. J'y tenais comme à une récompense, comme à une friandise. Je voulais montrer mon bonheur et être enviée pour mon bonheur. Les dix fenêtres du premier étage étaient éclairées à giorno. D'en bas on entendait une rumeur de conversation et de rires. Sur la façade de l'hôtel, quatre torchères de gaz illuminaient la rue, où l'on voyait plusieurs voitures rangées, dont les cochers et les heiduques bavardaient entre eux. Williams remonta sur son siège, se gara au bout de la file et, en individu sociable qu'il était, se dépêcha de lier connaissance avec ses confrères.

4

Présentation de Bizet à Rossini – Le portrait de Charles Ier par Van Dyck – M. Watson est un artiste – Verlaine et Mallarmé – Le keepsake de Mrs Forrester

Lorsque nous entrâmes dans le salon, Mrs Forrester courut vers nous avec cette spontanéité naturelle ou qui lui était devenue naturelle après tant d'années, et qui était un de ses traits les plus aimables. Elle m'embrassa et dit à mon cavalier : « Le Dr Watson, je présume ? » Il y avait la compagnie ordinaire de nos soirées : M. Butler, M. Whistler, lord Asquith, la duchesse de Portsmouth, une dizaine d'autres personnes et les deux poètes français, que M. Wilde écoutait avec une révérence que je ne lui avais jamais vue, surtout l'un d'eux, qui avait un crâne chauve et cabossé à la Socrate, et de gros souliers ferrés fort incongrus parmi les escarpins vernis. Il était deux heures du matin. Mrs Forrester avait retenu tout le monde car, selon ses propres termes, elle se faisait un sang d'encre pour moi et ne voulait pas rester seule à m'attendre. Elle avait un peu raconté mon histoire. M. Wilde lâcha son Socrate et vint aussi m'embrasser. Le Dr Watson me parut l'intéresser vivement. J'en fus très contente, car l'approbation de M. Wilde était, à mes yeux, quelque chose comme celle d'un oncle. A la vérité, j'avais amené le Dr Watson dans le salon de Mrs Forrester pour l'éprouver, pour lui faire passer un examen, que j'étais sûre d'avance qu'il réussirait. Il y avait en lui tant de simplicité que je n'imaginais pas qu'il pût se trouver déplacé dans quelque société que ce fût, y compris celle, si particulière, si exigeante, si difficile à comprendre, qui fréquentait chez ma maîtresse. Je constatai avec ravissement que je n'avais pas eu tort de lui faire confiance. Au milieu de ces inconnus, il était parfait, ni familier ni pétrifié, sans timidité et sans impertinence.

– Ce jeune homme a une très bonne voix, me confia la duchesse de Portsmouth un peu plus tard, après qu'il eut pris congé. On voit tout de suite qu'il n'est pas né à Earl's Court. A mon avis, il doit être fils de pasteur.

Fils de pasteur! Je n'y avais pas songé, mais c'était fort possible, après tout. Cela expliquait les excellentes manières, et la « bonne voix », c'est-à-dire l'accent distingué. Je regardai avec admiration Mme la duchesse de Portsmouth que je n'aurais jamais crue douée d'une telle perspicacité. Ce jugement me remplit de plaisir. Une bonne voix est le compliment suprême. La duchesse de Portsmouth avait pour cela l'oreille absolue des grands musiciens. J'avais présenté le jeune Bizet au vieux Rossini, et le verdict avait été favorable!

J'ose dire que, durant le quart d'heure que le Dr Watson demeura dans le salon de Mrs Forrester, il se conduisit au-delà de mes espérances. Il conquit tous les invités, et sans s'en apercevoir par-dessus le marché, rien qu'en étant lui-même, rien qu'en laissant s'exprimer sa charmante et naïve nature. Mrs Forrester lui demanda des nouvelles de M. Holmes, qu'elle n'avait pas revu depuis l'affaire du coffret de Fabergé. Le Dr Watson raconta comment il partageait l'appartement de Baker Street avec cet homme extraordinaire qui l'étonnait chaque jour par ses facultés : les déductions s'enchaînaient si vite dans sa tête qu'on l'aurait cru doué de double vue. Lui, Watson, s'essoufflait à courir derrière cet intellect de feu.

– Il faut écrire un livre sur ce personnage, dit M. Wilde, où vous décrirez une de ses enquêtes. Il n'y a pas de détective dans la littérature, à part le Dupin de Poe, qui n'est pas bien fort, et M. Lecoq de Gaboriau qui a vraiment trop mauvais genre.

– Ma foi, monsieur, vous allez me trouver prétentieux, dit le Dr Watson. Figurez-vous que justement j'ai fait ce que vous dites.

– Comment ? s'écria M. Wilde, vous avez écrit un roman policier ?

– Un roman policier, c'est cela même. Quelle heureuse formule ! Je n'y avais pas pensé. M. Holmes est comme vous, monsieur : il considère que Dupin et Lecoq ne sont que des ébauches, des apprentis, que le lecteur comprend l'énigme bien avant eux. Il prétend qu'avec un vrai détective c'est le contraire qui doit se produire. Le détective, par le jeu de la déduction, doit tout comprendre avant tout le monde, comme un mathématicien qui résout un problème très compliqué en lisant seulement l'énoncé.

– Et c'est cela que vous avez reproduit dans votre roman ? s'écria M. Wilde avec enthousiasme.

– Hélas ! dit le Dr Watson avec un soupir. Je crains d'y être bien mal arrivé. M. Holmes avait débrouillé en virtuose une affaire tout à fait curieuse et incompréhensible, dont le mobile était une obscure vengeance de mormons. Je me suis amusé à en faire une relation. Je croyais qu'une vingtaine de pages y suffiraient. Pas du tout. Il en a fallu deux cent cinquante bien comptées. Comment expliquer cela ? J'avais l'impression que le récit foisonnait sous ma plume. Ce que je pensais qui aurait tenu en un paragraphe prenait tout un chapitre. A chaque ligne, j'étais étonné : j'avais des idées, des sensations auxquelles je n'avais pas songé un instant plus tôt. J'étais heureux comme je ne l'avais jamais été. Figurez-vous que j'ai même décrit l'Amérique et l'Utah, où je n'ai pas mis les pieds. Mon récit terminé, je l'ai donné à lire à M. Holmes. J'attendais ingénument des compliments. M. Holmes m'a rendu mon manuscrit en me disant que la déduction était une science exacte, que j'avais fabriqué un ouvrage romanesque, et que cela était aussi ridicule que d'avoir introduit une intrigue amoureuse dans la cinquième proposition d'Euclide. D'après lui, j'aurais dû supprimer toutes les péripéties, tous les caractères. La seule chose qui méritait d'être mentionnée était le raisonnement analytique par lequel il était remonté des effets aux causes.

— Cela aurait été du propre ! s'écria M. Wilde en pouffant de rire. Mon cher monsieur, je vous le dis et je ne me trompe pas : vous êtes un artiste. Vous avez de la chance : le destin vous a placé à côté d'un héros de roman qui, Dieu merci, ne comprend rien à la littérature. Vous êtes dans la situation idéale du peintre devant une nature morte. M. Whistler, dont vous avez sûrement vu les petits barbouillages aux expositions de la Société Royale, vous dira lui-même que, lorsqu'il reproduit une cafetière, il ne montre pas sa toile à la cafetière pour savoir si elle se trouve ressemblante. Du reste, elle n'est pas ressemblante. La vraie cafetière n'est pas sur la table, sur un torchon froissé, à côté d'un bol et d'un couteau. Elle est sur la toile de M. Whistler, quand il a du génie, ce qui ne lui arrive pas tous les jours. Alors, écoutez-moi, cher docteur, ou cher poète, comme il vous plaira, écoutez bien : il se produit un phénomène très captivant, peu observé jusqu'à nos jours : la cafetière sur la table se met mystérieusement à ressembler à la cafetière sur la toile. Et toutes les cafetières font de même. Avant M. Whistler, la cafetière ne savait pas qui elle était, mais M. Whistler survient et il révèle la cafetière à elle-même. Qu'était la gare Saint-Lazare avant M. Monet ? Du noir, du fer, de la fumée. Rien. M. Monet peint ce rien sur une toile et, tout à coup, la gare Saint-Lazare devient cette chose précieuse, sublime, éternelle, qu'est la gare Saint-Lazare. Après Monet, la gare Saint-Lazare soutient la comparaison avec le Rialto (qui n'était rien, lui non plus, avant Guardi). Miss Morstan ici présente s'est mise à ressembler à un dessin que M. Whistler a fait d'elle, près de cette fenêtre, justement. Cela a pris à peine quelques mois. Il y avait dans le croquis de M. Whistler un sérieux, une tendresse qui n'étaient ni dans le visage du modèle ni dans son âme, à ce moment-là, et qui y sont entrés peu à peu, par la vertu du croquis, évidemment. J'ai toujours pensé qu'il vaudrait mieux donner la Victoria Cross aux soldats avant la bataille qu'après. Surtout aux lâches. Cela en ferait des braves. Ils auraient à cœur de mériter leur décoration. L'artiste est le contraire d'un général : il donne la croix avant. Moyennant quoi, il gagne toutes ses batailles. La nature est flattée de sa confiance. Elle le récompense en se métamorphosant suivant ses désirs, ou sa philosophie, ou son regard. Les saints travaillent de la même façon. Ils commencent par pardonner aux hommes, mais pardonner tout, au premier coup d'œil, sans hésitation, sans arrière-pensée, sans chercher à comprendre, sans demander de repentir. C'est la seule manière de faire des bons avec des méchants. La bonté effrayante des saints crée le monde à son image, comme la bonté effrayante des artistes. Me suivez-vous, monsieur Watson ?

— Il vous suit très bien, dis-je d'un petit ton rapide

qui me fit un vif plaisir, car c'était le ton même de la femme qui répond à la place de son mari. Cet après-midi, il m'a dit que le Bon Dieu lisait les romans par-dessus l'épaule des romanciers.

– Ah! bravo! s'écria M. Wilde. Que c'est joli! J'aimerais l'avoir trouvé moi-même!

– Vous l'aurez trouvé demain, Oscar, ne vous inquiétez pas. J'ai eu souvent la surprise charmée de vous entendre répéter comme étant de vous quelque bêtise que j'avais dite la veille, dit M. Whistler avec sa trace d'accent américain, son rictus et son ironie méchante qui m'empêchent d'avoir pour lui autant de sympathie que je voudrais.

– Pauvre James! répliqua M. Wilde en riant de son gros rire mondain. Le génie égorge ceux qu'il pille. Vous verrez que la postérité m'attribuera toutes les plaisanteries qu'on aurait faites à Londres durant la seconde moitié du XIXe siècle, y compris les vôtres. Qui sera bien attrapé d'avoir eu autant d'esprit pour rien? L'illustre James A. Whistler, dont il ne restera que la peinture, célébrée, il faut le souligner quand même, par quatorze vers de M. Mallarmé, où il est question de chapeaux dans la rue, de tutu, de rafales à propos de rien, et qui ont l'air d'avoir été composés pour M. Degas.

Je coulais de temps en temps un œil vers le Dr Watson pour m'assurer que ces considérations et ce badinage, qui m'auraient, à moi, semblé hermétiques et presque offensants si je les avais entendus pour la première fois, ne le déconcertaient pas. Je fus aussi fière de lui que je pouvais le souhaiter. Il écoutait M. Wilde comme un homme qui, après avoir cherché longtemps, et avoir désespéré qu'il existât, rencontre un esprit fait comme le sien, ayant cheminé dans les mêmes voies, qui l'a devancé, qui lui montre ses découvertes.

– Monsieur, dit-il, tout ce que vous dites est lumineux, mais cela ne s'applique pas à moi. Je ne suis pas un artiste. Je n'ai jamais constaté que je modifiais la nature. Au contraire. Je tâche de faire ressemblant, le plus platement possible. Il n'y a que cela qui me fasse plaisir.

– Mais il est épatant! dit M. Wilde en français. Vous êtes artiste jusqu'au bout des ongles, cher docteur. Vous avez l'illusion typique de l'artiste, qui consiste à mentir comme un arracheur de dents en croyant dur comme fer dire la vérité. Je comprends que votre M. Holmes ait été indigné par votre manuscrit : il n'a rien reconnu de lui. M. Holmes, détective, enquêtant sur une vengeance de mormons, voit les événements dans leur discontinuité, dans leur déroulement anarchique. Il les remet en ordre par un raisonnement analytique, c'est-à-dire un raisonnement de savant ou, si vous préférez, de bourgeois. Vous, vous avez fait de la même aventure quelque chose de synthétique et de dramatique, car écrire une histoire, c'est transformer un morceau de temps en un morceau d'éternité. J'ajoute que le peintre, toujours, sans exception, dans tous les cas, est incommensurablement plus intéressant que la nature morte. La nature morte pose. Le peintre travaille. Prenez Chardin. Avec une pipe en terre, un broc, une serviette, il peint tout le XVIIIe siècle, toute la France à la fois sérieuse et jolie du temps de Louis XV, tout un monde, toute une civilisation. Et comment? En posant une touche, une ombre. Le XVIIIe siècle ressemble aux natures mortes de Chardin. Il l'a modelé, tout seul dans son coin, dans son petit atelier bourgeois, à côté de sa bourgeoise à grosses joues et à lunettes. Il a été plus fort que la Grande Catherine, plus fort que le Grand Frédéric, plus fort que l'impératrice Marie-Thérèse réunis. Je veux lire votre manuscrit. Je viendrai le chercher demain à trois heures chez vous.

– M. Holmes n'est pas tout à fait une nature morte, dit le Dr Watson en souriant. Certains jours, il me semble du concentré de vie. Je m'épuise à courir derrière lui.

– Docteur, ne faites pas la bête, dit M. Wilde. Les natures mortes n'arrêtent pas de remuer, c'est connu. Chardin était éreinté, le soir, d'avoir couru toute la journée après ses brocs et ses quignons de pain. Il se fourrait au lit et dormait comme un terrassier. Si Chardin vous gêne, prenons Van Dyck, prenons l'exquis tableau qui représente Charles Ier, avec son cheval, son page et la mer derrière eux. J'ai eu deux grands chagrins dans ma vie : la mort de Lucien de Rubempré dans *Splendeurs et Misères*, et l'exécution de Charles Ier par l'atroce Cromwell qui avait une verrue sur le nez. Du reste, ces deux chagrins n'en font qu'un, car je n'imagine pas Lucien de Rubempré autrement que sous les traits enchanteurs du pauvre Charles Stuart peint par Van Dyck. C'est la beauté et le malheur personnifiés. Le cheval lui-même est lascif, avez-vous remarqué ? Bref, prenons Van Dyck : je ne suis pas amoureux du vrai Charles Ier, politicien médiocre qui, à force de lâcher ses amis, a fini par être supprimé par ses ennemis, je suis amoureux du personnage complètement fictif créé par Van Dyck. Van Dyck a raison contre la vérité, contre l'histoire, contre tout. Charles Ier, qui n'a cessé de s'agiter pendant quarante-neuf ans, est sa nature morte. Certaines gens ont de la veine et d'autres la guigne. L'empereur Napoléon III, dont Mrs Forrester, qui l'a connu, vous dira qu'il était un homme adorable (c'est son mot quand elle parle de lui) et un souverain bien plus intelligent que Charles Ier, méritait de rencontrer Van Dyck. Patatras ! il tombe sur le père Hugo, qui installe son chevalet sur le rocher de Guernesey et pendant dix-huit ans, le peint comme un monstre. Résultat : Napoléon III est un monstre. L'Histoire est un toutou. Un homme de génie arrive, elle saute à travers un cerceau s'il le lui demande.

— Voulez-vous vous taire! dit Mrs Forrester. C'est vous le monstre. Un mot de plus et je me mets à pleurer. Ce serait du joli, devant deux poètes français! Ce Hugo était un homme affreux, un vieux fou qui faisait tourner les tables. Le Dr Watson trépigne. Laissez-le donc partir au lieu de l'étourdir de vos bavardages esthétiques. D'après ce que j'ai compris, M. Holmes l'a chargé d'une mission.

Le Dr Watson ne trépignait nullement. Je crois que son ami et mon trésor lui étaient complètement sortis de la tête. Les raisonnements de M. Wilde le captivaient davantage que ceux de M. Holmes. S'il n'eût tenu qu'à lui, il serait resté toute la nuit avec nous. Lui aussi, de temps à autre, il me jetait des regards, par lesquels il me remerciait de l'avoir mis en présence de cet homme, de cet aîné qui le prenait par la main et le promenait dans sa propre âme. M. Holmes ne le promenait que dans des endroits sinistres, puant le sang et le meurtre, au milieu de crapules élémentaires.

Nos yeux qui se croisaient quelquefois, cet espionnage mutuel, c'était charmant. J'en étais bouleversée. M. Wilde, sans le savoir, par sa seule intuition, me découvrait un Watson que je n'avais pas soupçonné: à savoir un artiste inconscient de ses dons, encroûté dans son trou de Baker Street, vivant avec un individu absorbé par lui-même, insensible au reste, qu'il admirait comme un prodige de la nature parce qu'il n'avait pas d'autre modèle, et dont il faisait un portrait aussi somptueux, aussi fou que celui de Charles Ier par Van Dyck.

— Mon Dieu! dit-il en tirant sa montre, vous avez raison: il faut que je parte. Si vous le permettez, et si Mrs Forrester le permet, je reviendrai bientôt pour vous tenir au courant des événements. M. Holmes pense avoir tout réglé d'ici vingt-quatre heures.

Il était si sûr du succès de son grand homme que sa tristesse, envolée grâce à M. Wilde, lui retomba dessus. Je lui pressai la main en lui disant au revoir, pour qu'il comprît que je n'avais pas changé, et que je ne changerais pas, mais cela ne produisit qu'un pauvre sourire sur ses lèvres. Je soulevai le rideau pour le voir remonter en voiture. Je ne le connaissais même pas depuis douze heures et déjà la vie loin de lui me semblait insipide.

Je ne m'étais guère souciée des deux poètes français qui étaient la curiosité de la soirée, mais pour moi de complets inconnus. M. Wilde me conseilla avec un peu de moquerie d'aller causer avec eux, comme on visite Hampton Court ou Versailles, afin de me faire des souvenirs et de les raconter à mes petits-enfants dans cinquante ans. C'était deux monuments de la poésie, deux génies formidables, de la taille de Hugo et de Baudelaire.

— Sont-ils de l'Académie française, comme M. François Coppée et M. Sully Prudhomme? demandai-je.

— Je ne crois pas, dit M. Wilde. Ils n'ont pas le genre. D'après ce que j'ai compris, l'Académie française est une sorte de club, comme le Traveller's, ou à la rigueur la chambre des Lords. Barbey d'Aurevilly prétend que c'est un bocal de vieux cornichons et qu'il est stupéfiant qu'un chêne comme Victor Hugo ait réussi à y pousser ses racines. M. Mallarmé n'est pas un chêne. Plutôt un cerisier du Japon; M. Verlaine un bougainvillier, dirais-je.

Un bougainvillier! Je dressai l'oreille. Avec M. Wilde, avais-je remarqué, plus la comparaison paraissait absurde, plus elle avait de chances d'être juste. Sa double vue de poète se manifestait ainsi. M. Verlaine ressemblait à un vieux tronc d'olivier, à quelque souche tourmentée et terreuse. Il était si saugrenu de l'assimiler à un arbre gracieux couvert de belles fleurs mauves que cela ne pouvait qu'être vrai. M. Mallarmé était beaucoup plus aimable, avec ses traits fins, un regard doux, des gestes élégants, une jolie barbe poivre et sel taillée en pointe. Ils s'approchèrent de notre groupe, l'un soutenant l'autre, car M. Verlaine boitait. L'esprit des femmes fonctionne de façon vraiment surprenante : cette claudication me le fit aimer; elle me rappelait celle du Dr Watson, quoiqu'elle fût plus prononcée. Il avait l'air hébété des ivrognes quand ils ont bu la goutte d'alcool de trop qui les fait basculer dans la rêverie. Il traînait ses gros souliers ferrés sur le tapis d'Aubusson. En zélée demoiselle de compagnie, je redoutais à tout instant qu'il le déchirât; plus alarmée que ma maîtresse, qui n'y prêtait pas la moindre attention. En voyant ces deux personnages si contrastés, avançant, malgré l'ivresse, avec majesté, ou plus exactement ayant dans leur démarche quelque chose d'historique, je songeai au passage des *Mémoires d'outre-tombe* où Chateaubriand dit de Talleyrand et de Fouché entrant chez Louis XVIII qu'ils représentaient le vice s'appuyant sur le crime. Ici, le vice n'avait rien de repoussant, et c'est sur la gentillesse qu'il s'appuyait. Toutes sortes de débauches avaient creusé et cabossé le visage de M. Verlaine, mais n'étaient pas parvenues à le rendre hideux. La poésie était toujours là, plus puissante que le mal, nimbant de spiritualité les pommettes de Kalmouk et la barbe sale. M. Mallarmé paraissait frileux comme une âme qui n'a plus autour d'elle un corps fait de muscles, de poils, de graisse, de peau, pour lui tenir chaud, une âme toute nue maladroitement cachée par un costume. Il tendit à Mrs Forrester son keepsake, dans lequel elle l'avait prié d'inscrire quelque chose.

– Voici, madame, dit-il, l'excuse du silence trop long de Verlaine et de moi, ainsi que de notre confinement dans un coin de cette salle rothschildienne et impériale. Nous avons sur votre chine posé notre petit pinceau, en prenant le temps de courber le trait jusqu'à sa justesse irréfutable. Moi, du moins. Pour Verlaine, la poésie lui jaillit des doigts comme des doigts de Jupiter des étincelles magnétiques, ou des doigts de Mozart la musique.

— Bougre de Nom de Dieu! dit Verlaine d'une voix endormie, j'ai encore la pépie. Une absomphe, crénom! avec une cuiller et un sucre. Voilà ce qu'il faut à la Nom de Dieu de poésie. Tout le reste est littérature.

— Madame, dit Mallarmé avec un sourire de solidarité angélique, ne vous formalisez pas de ces paroles peu appropriées à l'endroit où elles résonnent. Les dieux s'expriment de la sorte dans le privé.

— Vraiment? dit la duchesse de Portsmouth. Cela ne m'étonne pas. J'ai toujours pensé que l'Olympe était un endroit terrible, où l'on mangeait des oignons crus.

— M'accordez-vous de lire le septain de Verlaine? reprit M. Mallarmé, à sa manière contournée et plaisante. Ecoutez, c'est charmant de gouaille, dans le rythme impair de neuf syllabes qui est sa marque :

> Des mains belles de Cecilia
> J'ai reçu, moi poète assez moche,
> De l'ale et puis du ratafia,
> Potage à la tortue et bidoche.
> Ce n'est pas un procédé d'Alboche.
> Vive la reine Victoria
> Chez qui l'on fait la grande bamboche!

— Excellent, dit M. Wilde. Très adéquat. C'est affreux d'écrire des choses sur les livres d'or. Je ne connais pas d'exercice littéraire plus difficile. Les maîtresses de maison sont assommantes avec cela. Il paraît que les gargotiers s'y mettent aussi maintenant. En vers, cela va déjà mieux. Et vous, Stéphane, ajouta-t-il en souriant à M. Mallarmé dont j'appris ainsi le prénom, qu'avez-vous extrait de votre pauvre cervelle?

— Le sujet m'a entraîné, dit M. Mallarmé avec le plus grand sérieux. Je pensais m'en tirer avec un quatrain. J'ai dû, vu la richesse de la matière, rajouter un distique.

— On s'étale, dit M. Verlaine. On fait dans l'épique. On tourne au Milton, au Marlowe. C'est l'air du patelin.

M. Mallarmé, d'une voix emphatique et chantante, déclama :

> Le bateau, le chemin de fer
> Ne me mènent pas assez vite
> Auprès de Mrs Forrester
> Quand par bonheur elle m'invite.

— Le distique est plus tendre, peut-être, et presque incongru, si ce n'est compromettant :

> Dirai-je tout ce qu'il y a
> Dans mon cœur pour Cecilia?

5

Humain, synonyme d'ignoble – Douze mille acres dans le Yorkshire et un château d'Inigo Jones dans le goût de Palladio – Que la France était belle au grand soleil du Deux-Décembre! – Pigott endormie

Mrs Forrester, après ses raouts, quand elle s'était mise au lit et avait renvoyé sa femme de chambre, m'appelait auprès d'elle, et nous glosions un bon moment sur la soirée. Nous nous amusions beaucoup à ces séances, car nous avions toutes les deux l'œil perçant et la langue bien pendue. Mais il était presque l'aube, je bâillais comme une carpe, je tombais de sommeil. Les péripéties de la journée m'avaient passablement secouée. J'espérais que pour une fois nous sauterions le rite. Illusion! Mrs Forrester, comme toujours à cette heure-là, était pleine d'allant. Elle exigea un grand récit de mon expédition, ce qui me réveilla, naturellement. M. Thaddeus Sholto l'enchanta. C'était le genre d'originaux qu'elle aimait, tout au moins à doses homéopathiques. Elle prétendait que ces petits personnages-là, à condition qu'il n'y en ait pas plus d'un ou deux, font chanter une soirée, comme une couleur vive fait chanter un tableau. Je la fis rire en lui décrivant M. Holmes, son loden, sa grosse loupe, son allure de chien de chasse et de clergyman. Elle le reconnaissait tout à fait. La conversation faillit finir dans la mélancolie. J'étais assise sur ma chaise de lectrice, au pied du lit. Mrs Forrester voyait en plein mes yeux et les sourires que je ne pouvais retenir lorsque j'évoquais le Dr Watson, ce que je faisais plus fréquemment qu'il n'était nécessaire, pour le plaisir de prononcer son nom.

— Je ne me trompais pas cet après-midi, soupira-t-elle. Vous êtes amoureuse de ce M. Watson, et il l'est de vous, cela crève les yeux. Avec le trésor, j'étais à moitié tranquille. Il est beaucoup plus rare d'attraper un trésor qu'un mari. Maintenant, il est à peu près sûr que vous allez avoir l'un ou l'autre, ou les deux, et nous allons nous séparer. Enfin! Cela devait arriver, jolie comme vous êtes. Je suis désolée de vous perdre, pour une raison honorable : parce que je vous aime; et une raison égoïste : parce qu'il faudra que je vous cherche une remplaçante et que ce tintouin me tue d'avance. Avec vous je m'entends très bien. Sur quelle idiote vais-je tomber? Dieu seul le sait! Mary dear, j'ai été affreuse toute la journée : j'ai fait des vœux pour que votre Watson soit déjà marié et que M. Holmes ne retrouve pas votre trésor. Pardonnez-moi.

Ces paroles étaient charmantes et touchantes. J'aurais dû embrasser Mrs Forrester et la remercier de tenir ainsi à moi. Hélas! mon manque d'instinct me joua encore un mauvais tour. J'étais si heureuse que cette femme avisée m'eût confirmé que le Dr Watson était amoureux de moi que je fus envahie par la vanité et la suffisance. Je répondis bêtement que son dépit était bien humain.

— Merci! répliqua-t-elle vertement. Chaque fois que quelqu'un fait une canaillerie, on dit que c'est humain. Humain est synonyme d'ignoble. Que vous ai-je fait de si méchant pour que vous me disiez de pareilles horreurs? Si j'ai jamais été humaine à votre égard, j'en suis navrée. Je me surveillerai mieux à l'avenir.

J'éclatai de rire et elle rit à son tour. Toute humaine qu'elle était, elle allait me prouver qu'elle était bonne personne au fond en me parlant du Dr Watson, puisqu'il n'y avait que ce sujet-là qui m'intéressait. Eh bien, Mon Dieu! il était parfait : grand, joli garçon, un visage clair, une tournure de Cent-Gardes; jusqu'à sa boiterie qui était élégante. Il n'était pas besoin de l'observer longtemps pour être convaincu que cette apparence recouvrait une belle âme simple et franche. Peut-être manquait-il d'esprit critique? Etre l'admirateur, le suiveur, le thuriféraire, l'historiographe d'un individu comme M. Holmes – fort estimable au demeurant et sûrement très fort dans sa partie – ne dénotait pas un profond discernement. Cependant, pour se prononcer là-dessus, il faudrait attendre qu'Oscar ait lu le livre qu'il avait composé. Tout dépendait de cela. Ou le Dr Watson était un bon garçon sans malice, qui ferait un gentil mari, ou c'était un homme de talent, qui ferait un mari moins gentil mais de plus de ragoût. A tant faire que de me marier, je méritais mieux qu'un nigaud. Je n'avais pas l'étoffe d'une épouse de médecin de quartier qui, à chaque repas, m'assommerait comme un ancien combattant de ses campagnes avec M. Holmes. Attention: il y a deux sortes de bêtises: les bêtises folles et les bêtises raisonnables. Les secondes sont beaucoup plus onéreuses que les premières. Elle, Cecilia, avait au cours de sa vie fait cent mille folies, qui non seulement n'avaient eu guère de conséquence, mais encore lui avaient causé de vifs plaisirs. En revanche, les trois ou quatre bêtises raisonnables auxquelles elle s'était astreinte, soit parce que des personnes sérieuses l'y avaient poussée, soit parce qu'elle s'était dit elle-même qu'il fallait être sérieuse quelquefois, avaient invariablement tourné à la catastrophe. Son mariage avec M. Forrester, par exemple.

J'entendais pour la première fois mentionner ce personnage dont j'avais fini par croire qu'il était mythique. Il existait donc, ou il avait existé! Quelle surprise! Fallait-il que Mrs Forrester fût agitée pour qu'elle l'évoquât, alors que, jusqu'à présent, elle ne m'en avait pas dit un mot! Elle l'avait épousé en 1842 pour deux motifs qui lui semblaient merveilleusement raisonnables : elle l'aimait et il était riche. Elle aurait dû se méfier, d'autant plus que ses parents poussaient à la roue tant qu'ils pouvaient et que les parents sont infaillibles quand il s'agit de faire le malheur de leurs enfants. L'argent du jeune homme les éblouissait. Il avait une troisième vertu : il était orphelin. La petite Cecilia était convaincue d'avoir découvert le phénix, l'oiseau rare, le bonheur éternel. La fortune de M. Forrester n'était pas une de ces fortunes en forme de châteaux de cartes qui s'écroulent au moindre frisson de la Bourse, comme on en a tant vu au XIXe siècle, mais les bons gros revenus terriens de douze mille acres dans le Yorkshire, autour d'un palais bâti par Inigo Jones dans le goût de Palladio. Or, le jeune Forrester était un fêtard stupide, enragé de courtisanes et de chasses à courre. Pourquoi ne s'aperçoit-on de ces choses-là que trop tard, c'est-à-dire après qu'on est passé à l'église? Il était beau comme lord Byron, chic comme le chevalier d'Orsay. Et avec cela un serin. Trois semaines après le mariage, Cecilia ne pouvait plus le souffrir. Il ne mourut qu'en 1851, en imbécile comme il avait vécu, d'une chute de cheval au cours d'une chasse au renard dans le Surrey, ce sport dont M. Wilde a donné une définition si drôle et si féroce : « L'inqualifiable à la poursuite de l'immangeable. » Bref, Cecilia, avec son ravissant

Forrester, avait perdu neuf années de sa vie. Dieu merci, c'était des années de jeunesse, donc sans grande importance, mais quand même neuf ans d'ennui, c'est long.

— Voilà, Mary dear, où mènent les bêtises raisonnables. Et, de toutes les bêtises raisonnables, l'amour est la pire.

— Qu'est devenu le château dans le style de Palladio ? demandai-je. Cela devait être magnifique.

— Un peu surchargé, dit Mrs Forrester. Je l'ai vendu aux Churchill qui le convoitaient depuis cinquante ans. Tout ce qui me rappelait mon mari m'ennuyait à périr. J'ai passé des vacances épouvantables dans ce palazzo du Yorkshire. Il y faisait un froid de chien, même en plein été. Dès que j'ai eu le titre enviable et délicieux de veuve, j'ai volé à Paris, où les veuves, pensais-je, étaient plus prisées qu'à Londres. Je ne me trompais d'ailleurs pas, encore que les veuves soient partout à leur place, et recherchées comme les célibataires. Vous n'imaginez pas comme le Prince-président était séduisant en 1851 ! Beau, mystérieux, lointain, un vrai héros romantique. C'est bien simple : la France entière était folle de lui. On ne dit plus ces choses-là aujourd'hui, ou l'on n'ose plus les dire. Mais je les ai vues, j'en ai été témoin. Pendant vingt ans, la France avait été mariée à cette grosse poire de duc d'Orléans qui se promenait dans la rue avec un parapluie, et qui s'était enfui comme un vieux lâche devant la ridicule révolution de 1848, qu'il était parfaitement possible d'arrêter en une matinée, et à laquelle ceux qui la faisaient croyaient si peu qu'ils ont été abasourdis de s'apercevoir qu'elle avait réussi. Voyez-vous, Mary dear, une des raisons pourquoi je suis si entichée de la France, c'est que mon histoire, en petit, reproduit la sienne. En 1851, nous étions veuves toutes les deux, et enchantées de l'être. Et voilà qu'arrivait le prince charmant pour nous séduire. Ah! c'était un homme, celui-là! Il tenait le pays et les femmes dans une poigne de fer. Comment n'être pas subjuguée? Aujourd'hui les Français font tout un plat de leur république; la mode est de cracher sur l'empire. Moi, je mets au défi leurs Sadi Carnot, leurs Ferry, leurs Rouvier de se faire plébisciter et de rafler presque la totalité des suffrages comme le Prince-président. Ni la France ni les femmes ne peuvent tomber amoureuses de ces gens-là qui ont l'air de coiffeurs ou de domestiques, et qui, de beaucoup, ne sont pas aussi distingués que Jenkins. Il y a bien le général Boulanger, que vous avez vu ici, et en qui j'ai cru un moment. Mais c'est un mou. On ne s'en aperçoit pas tout de suite à cause de sa belle voix de commandement. Il a le nez mou, le regard mou, la barbe molle. Il est en outre affligé de deux tares qui ne pardonnent pas : il est fou d'une pauvre femme qui crache ses poumons comme la Dame aux Camélias, et il s'appelle Boulanger. Avec un nom pareil, on n'arrive à rien. Je ne lui vois pas un destin bien brillant, si vous voulez mon avis. Il n'osera jamais bousculer l'Etat et d'ici trois ou quatre ans, quand sa dulcinée expirera dans une ultime hémoptysie, il est capable de mourir de chagrin. Que la France était belle au grand soleil du Deux-Décembre! Qu'elle était jeune! Que j'étais jeune! On ne reverra jamais cela. Enfin, moi je ne reverrai jamais cela. Mon Dieu, qu'il est tard! Allez vous coucher, ma chérie. Dormez longtemps demain matin, pour ne pas avoir un teint de papier mâché, et surtout pour laisser aux choses le temps de s'arranger. Elles s'arrangent particulièrement bien quand on dort. Cela ne se sait pas assez.

A quelles extrémités la curiosité ne porterait-elle pas? Il était cinq heures bien sonnées quand j'entrai dans ma chambre. Qui s'y trouvait, m'attendant sous le fallacieux prétexte, supposé-je, de me coiffer pour la nuit ? Miss Pigott. Dieu merci, elle s'était endormie dans un fauteuil. Je me gardai de la réveiller. Je me glissai sans bruit dans mon lit. J'éteignis la veilleuse. Pigott ronflait doucement. J'avais la tête en révolution. Impossible de trouver le sommeil. Je ne saurais dire s'il vint ou non. Il me semble que je ne fermai pas l'œil de la nuit et pourtant je faisais sans arrêt de petits rêves inspirés par les péripéties de la journée ou par des souvenirs plus lointains, par exemple la chambre du Langham Hotel, le visage de tante Maggy, mes vacances en Cornouailles chez les Saint-Clair. C'était un état bizarre. Je voulais rêver du Dr Watson, je le désirais très consciemment, j'y appliquais mon esprit et, à mon grand dépit, je n'y parvenais pas. A la place se présentait la tête de Kali avec son sourire sinistre, ou Thaddeus avec ses tics, ou encore la face exorbitée du mort de Pondichéry Lodge. Tout cela finit vers onze heures du matin. Je n'avais pas entendu Pigott s'en aller. Je pensais avoir une tête à faire peur et tomber de fatigue. Nullement.

TROISIÈME PARTIE

1

Horrible impatience – L'uniforme du génie – Watson, auteur de L'Iliade *– Sancho, auteur du* Quichotte *– Il s'appelait Jeremy! – Gustave aurait dû se marier – Il est nécessaire de naviguer, il n'est pas nécessaire de vivre*

Il y a deux impatiences. L'une consiste à bâcler son travail, à tout faire de travers pour attraper un plaisir deux minutes plus tôt. C'est l'impatience de la jeunesse, de l'énergie. Mrs Mc Lamuir nous mettait en garde contre elle, en nous répétant une maxime qu'elle avait lue dans un de ces moralistes obscurs dont raffolent les institutrices . « Les impatients arrivent toujours en retard. » Comparée à cela, qui est à peu près aussi grave que de se ronger les ongles, l'autre impatience est un cancer, une névrose. J'en avais été atteinte quand je cherchais mon pauvre papa, toute seule dans Londres. Une espèce d'ennui désordonné vous envahit. Votre destin se joue et l'on ne peut rien faire. On voudrait être partout sauf là où l'on est. On voudrait courir, agir, discuter, persuader. Mais le monde est sourd. Le monde est inaccessible. On est ligoté dans le silence et l'impuissance. On est comme un prisonnier dans une oubliette.

Je commençai à être en proie à cette abomination

vers trois heures de l'après-midi. J'avais une vague faiblesse dans les coudes et dans les genoux, j'entendais mon cœur battre. De temps en temps, je me regardais dans une glace, geste caractéristique des abandonnés et des désœuvrés, comme s'ils voulaient vérifier qu'ils existent toujours. Je voyais une tête pâle, des yeux inquiets. Je m'étais scrutée de la sorte, dix ans plus tôt, dans le petit miroir du Langham Hotel au-dessus de ma table de toilette, qui me renvoyait la même image fantomatique. Je me raisonnais. Quels motifs avais-je de me mettre dans un pareil état? Le trésor? Je me moquais bien du trésor, et d'ailleurs j'étais sûre que je n'en verrais pas la couleur. Alors, c'était l'amour? Mais le Dr Watson m'aimait et, sans trésor, il était à moi. Hélas! Il courait après ce trésor illusoire avec l'obstination des hommes de devoir. Dire que c'était moi qui avais mis en branle toute cette absurdité! A quels dangers ne s'exposait-il pas pour moi en ce moment même? Il y avait eu déjà un mort. Quels criminels prêts à n'importe quoi pour conserver leur butin ne se dresseraient-ils pas devant lui? Il serait tué à son tour, c'était certain. Tué parce que je l'aimais. Tué parce que, depuis la mort de mon père, il était le seul homme avec qui, bien que nous n'eussions rien dit, je m'étais sentie dans l'intimité du cœur. Ah! pouvoir l'arrêter dans cette quête stupide où il s'était lancé pour mes beaux yeux! Me jeter entre la mort et lui!

Je montais et descendais les escaliers sans raison. Il me semble que je croisai dix fois Pigott dans des endroits où elle n'avait rien à faire, m'adressant des sourires engageants et des signes de tête. Elle me parlait. Je lui répondais. Impossible de me rappeler un traître mot de ces colloques. Je ne me rappelle du reste pas grand-chose de ce que je fis, sinon que j'allai deux ou trois fois dans la bibliothèque. Je prenais un livre, je laissais courir mes yeux sur les lignes imprimées, je replaçais soigneusement le livre sur son étagère. Je contemplais les jolies colonnettes d'acajou à rainures et à chapiteaux corinthiens qui séparaient les rayonnages. Je me souviens d'être restée un bon moment devant la collection du *Spectator* d'Addison sur le dos de laquelle, selon l'habitude des relieurs du XVIIIe siècle, il manquait une lettre ou deux au titre de l'ouvrage et au nom de l'auteur, ce qui donnait : *Spectat d'Addiso*. Cela s'est gravé sur ma rétine. De là je passai en revue le *Complete Angler*, le *Pilgrim's Progress* et l'*Histoire du déclin et de la chute de l'Empire romain* de Gibbon. Puis ces vieilleries m'ennuyèrent. Je me dirigeai vers les écrivains modernes, où il y avait de belles reliures savantes comme on en fait aujourd'hui, avec des glaïeuls roses repoussés dans le maroquin. Je caressai *Rarahu* de M. Loti, *Le Prince heureux* de M. Wilde, *L'Egoïste* de M. Meredith comme une jeune fille d'autrefois caressant des colombes dans sa volière et soupirant après des choses futiles.

A cinq heures, Mrs Forrester fit atteler. Elle allait prendre le thé je ne sais où et me demanda à sa façon bienveillante et malicieuse si je désirais l'accompagner. Elle voyait que j'étais quasiment hors de sens. Elle proposa que nous finissions la journée au théâtre. Il était inutile que je demeurasse à la maison à errer comme une âme en peine. Cela ne faisait pas avancer mes affaires d'un pas.

— Et si le Dr Watson vient? dis-je avec anxiété. Je ne serai pas là.

— Il se cassera le nez, répliqua-t-elle. Il ne vous aimera que plus. Mais il ne viendra pas. Il vous mangeait des yeux hier soir. Ce serait un Français ou un Italien, c'est-à-dire un homme normal, on pourrait espérer que l'amour serait plus fort que la bêtise. Malheureusement, il est anglais. Vous ne le reverrez jamais. Croyez-moi, darling, ne pensez plus à lui. Soyez marquise comme tout le monde. Ce n'est pas gai, mais comme on dit à Paris : on n'est pas sur terre pour s'amuser.

– Ah Madame! dis-je tristement, je n'ai pas le cœur à plaisanter. J'ai une peur affreuse qu'il ne se fasse blesser ou assassiner. Et ce sera par ma faute. Qu'il soit sain et sauf, je ne demande rien d'autre.

– Petite bête! dit Mrs Forrester en me caressant la joue. Il ne lui arrivera rien : il est avec M. Holmes qui est natif du Scorpion et qui, par conséquent, a une bonne étoile. Venez.

– Non, madame. Permettez-moi de rester. S'il y a des nouvelles, c'est ici qu'elles arriveront en premier.

– Comme il vous plaira, darling. L'épouse d'un pêcheur des Cornouailles qui attend sur la grève par une nuit de tempête le retour du bateau de sardines est un très joli rôle. Je m'en voudrais de vous en priver.

En revenant de son thé, Mrs Forrester me trouva exactement comme elle m'avait laissée, ce qui l'égaya. Les manifestations de l'amour sont-elles donc si comiques ? Oui, sans doute, comme celles de la folie. Les amoureux provoquent les mêmes moqueries que les fous. Du reste, on s'adresse de la même façon aux uns et aux autres, en usant d'une espèce de badinage condescendant. Puisque je ne voulais pas bouger, puisque je me cramponnais à la maison comme une huître à son rocher, Mrs Forrester avait envoyé des invitations par porteur à quelques personnes pour un punch d'onze heures du soir. Ainsi j'aurai eu un peu de distraction aujourd'hui, dit-elle d'un air d'indifférence narquoise dont je fus tellement la dupe que je lui répondis que je risquais de n'être guère en train et qu'il vaudrait mieux, pour une fois, que je ne me montrasse pas.

– Allons, allons! dit-elle. Pas de caprice. Soyez sous les armes à dix heures et demie. Je vous garantis que ma sauterie vous plaira. Tenez, Oscar viendra. Il aura peut-être eu le temps de jeter un coup d'œil sur le roman de votre cher M. Watson. Il vous dira s'il a du talent. L'aimerez-vous toujours autant s'il n'en a pas?

J'étais si énervée qu'à cette dernière phrase je fondis en larmes. La possibilité que le Dr Watson n'eût pas de talent me parut une chose absolument désespérante. Depuis que je savais qu'il avait écrit un livre, je m'étais persuadée qu'il était un homme de génie. Le génie complétait son portrait; il lui était aussi consubstantiel que sa boiterie, son élégance, son sourire tendre, ses grandes mains, sa modestie et jusqu'à son chapeau Cronstadt. Le Dr Watson était un homme de génie justement parce qu'il n'en avait pas l'air. Voilà. Dans l'association Watson-Holmes, c'est M. Holmes qui avait les manières du génie : il était brusque, intimidant, déconcertant, étrange, opaque. Cependant il y avait quelque chose de plus dans le Dr Watson : il était simple, comme disent les bonnes gens, humble et gai, sans mépris pour personne, transparent. N'était-il pas singulier que je me fusse réfugiée sous son aile avec une confiance de petite fille? J'avais vingt-sept ans, ce qui n'est pas l'âge d'une gamine, et il n'en avait guère plus, ce qui n'est pas l'âge d'un papa. J'avais été enveloppée par une force mystérieuse qui émanait de lui, dont j'avais parfaitement senti qu'elle était d'une autre nature que celle d'un homme qui eût seulement eu du caractère. Je tentai d'expliquer tout cela à Mrs Forrester, en reniflant, en me mouchant, en la priant de m'excuser pour cette démonstration incongrue.

– Oui, oui, dit-elle gaiement. Après tout, vous avez peut-être raison. Les gens de génie se présentent rarement dans l'uniforme réglementaire. Et quand ils l'ont, personne ne s'en aperçoit. Prenez Beethoven. Dieu sait s'il avait l'uniforme, celui-là : front sublime, œil lourd, gros nez, cols râpés, il ne lui manquait pas un bouton de guêtre, comme disait le pauvre maréchal Lebœuf. Résultat, il a déménagé trente-deux fois parce que les voisins se plaignaient du bruit qu'il faisait avec son piano. M. Mérimée, que j'ai bien connu, n'avait pas du tout l'uniforme. C'était un homme parfait, d'un suprême bon ton, sénateur par-dessus le marché. Vous l'auriez pris pour un cercleux, sauf que de temps en temps il avait un sourire inquiétant. Est-ce que votre M. Watson a un sourire inquiétant ? Voilà une chose qui serait intéressante à savoir.

— Je ne crois pas, dis-je en essayant de mettre de l'humour dans ma voix.

— Bah ! cela ne prouve rien. Rien ne prouve rien dans les altitudes où vous nous faites évoluer, Mary dear. Vous avez le nez rouge et les yeux gonflés. Ce n'est pas joli. Si je n'étais pas une femme de génie, dans mon genre, je vous dirais d'aller vous passer le museau à l'eau froide. Ce genre de conseil fait très bien dans la bouche d'une personne d'âge s'adressant à une demoiselle. Il lui donne l'air de quelqu'un qui connaît la vie. En fait, j'ai remarqué que l'eau froide, comme d'ailleurs la plupart des choses désagréables, ne sert à rien. Votre nez dérougira tout seul en cinq minutes, et vos yeux dégonfleront en même temps. Venez faire un rami. Nous avons une petite demi-heure avant le dîner.

J'ai dit qu'une des tristesses de ma vie est d'être inapte à l'évanouissement. Une autre est d'avoir bon appétit. Je voudrais tant avoir un corps fragile, reflétant mon âme, tombant en panne à tout bout de champ. Cela serait assez normal, menue comme je suis. Pas du tout. J'ai une santé désespérante. Pleurer me donne faim. M'inquiéter me donne faim. Tout me donne faim. Et qui pis est : manger me console, manger me remet le cœur en place. Le dîner, quoiqu'il fût comme à l'ordinaire, me parut exceptionnellement succulent. Je me jetai dessus comme une ogresse. Il y avait des truites fumées et du pâté chaud de bœuf et de rognons. Je repris de tout, ce qui fut agréable à Jenkins, pour qui la boulimie était un signe de santé morale. Le cuisinier nous avait confectionné un dessert français qu'on appelle « île flottante » ou « œufs à la neige ». Pour finir, Jenkins me servit de force un morceau de Stilton et un demi-verre de porto. Il ne manquait que le cigare! C'est pour le coup qu'une bassine d'eau froide pour m'y tremper le museau m'aurait été utile! L'impatience s'était envolée. Je n'entendais plus mon cœur battre. J'étais rouge, lourde, endormie. Mrs Fitzherbert, dans son cadre, sous son grand chapeau vaporeux, plaçait d'un geste éternellement gracieux une rose bleuâtre dans un panier bleuâtre suspendu à son bras gauche. Je me cognais les genoux au pied de la table. Mrs Forrester babillait dans le lointain. Il me semble qu'elle m'interrogeait sur M. Thaddeus Sholto. Je crus comprendre qu'elle me disait qu'il viendrait tout à l'heure, ce qui m'étonna. La soirée qui s'annonçait, pensait-elle, me ferait plaisir. Ah, vraiment? Merci, madame.

– Ah vraiment? Merci, madame! répéta-t-elle en riant. Allez vous préparer, ma chérie. Il est neuf heures et demie. Dans l'état où vous êtes, il vous faudra au moins deux heures.

Il me fallut en tout cas une bonne demi-heure pour reprendre mes esprits. Pigott m'y aida en me passant un gant de toilette sur la figure, en me faisant respirer de l'eau de Cologne, et surtout en me parlant du Dr Watson. Les domestiques, à qui l'on ne fait pas ses confidences, sont toujours au courant de tout. L'Intelligence Service devrait recruter ses agents parmi eux. J'avais vu le Dr Watson la veille pour la première fois de ma vie, et Mlle Pigott savait qu'il était, comme elle disait, mon amoureux. On discutait à l'office mes chances d'être épousée. J'aurais dû remettre cette fille à sa place; je confesse que je n'en eus pas la force. Entendre les deux syllabes formant le nom de Watson me causait tant de plaisir que, pour que cela durât, je me serais laissé marcher sur le ventre. Je mesurais à cette familiarité, que je n'eusse tolérée pour rien d'autre, combien ce que j'éprouvais était puissant, et j'entrevoyais à quelles abjections l'amour peut vous faire descendre. Ma faiblesse n'échappait pas à Pigott; elle en profitait avec astuce, c'est-à-dire que, pour faire passer ses questions, elle les entremêlait d'assurances chaleureuses sur le chef-d'œuvre qu'elle aurait fait de moi tout à l'heure, car M. Watson allait venir, c'était réglé comme du papier à musique, et il fallait que je fusse éblouissante pour lui porter le coup de grâce. « Taisez-vous donc, Pigott! » disais-je avec tant de mollesse que cela signifiait : continuez, et la coquine ne se faisait pas prier. Ses questions, certes, étaient sans grande conséquence : elle voulait connaître la couleur des yeux de mon amoureux, s'il était bel homme, ce qu'il faisait dans la vie, etc., mais il est de fait qu'elle me les posait et que j'y répondais. J'étais enchantée et honteuse, j'avais l'impression d'être une blanchisseuse causant avec une autre blanchisseuse. Pigott me faisait horriblement mal en laçant mon corset sur mon pauvre estomac bourré d'œufs à la neige. Les baleines me rentraient dans les reins et sous les omoplates. Je poussais des cris de douleur. Mon bourreau me servait le lieu commun des femmes de chambre, qu'il faut souffrir pour être belle.

Etais-je belle en revenant au salon? Irrésistible au dire de Pigott qui m'avait minutieusement choisi une robe noir et pourpre de Fortuny, couleurs peu séantes pour une jeune fille, mais indéniablement très chic, surtout quand on est blonde et blanche comme moi. Elle m'avait fixé de petites plumes d'autruche derrière la tête qui faisaient comme une collerette ou un éventail. Je pouvais à peine respirer, mais il fallait convenir qu'on était parvenu à me fabriquer une taille de guêpe. Si je m'étais baissée, je me serais cassée en deux morceaux.

— Quelle apparition! s'écria M. Wilde qui était assis, ou plutôt à demi couché, les jambes croisées, sur le canapé circulaire, à l'ombre de la plante verte.

Je n'étais plus du tout lourde ni endormie. Je jetai un regard de lynx sur un paquet de feuilles manuscrites à côté de lui. Il s'agissait évidemment du livre du Dr Watson. M. Wilde le tapota. Qu'allait-il dire? J'eus un battement de cœur superstitieux. Je me trouvai soudain dans un étrange état. Du verdict de M. Wilde dépendait, non pas mon amour, mais la qualité de cet amour, et aussi ce que serait ma vie. Aimerais-je un homme médiocre, comme presque toutes les femmes, ce qui suffit du reste à les rendre heureuses, au moins un certain temps, ou aimerais-je un homme supérieur, un artiste? J'avais une complète confiance dans le jugement littéraire de M. Wilde. Je l'attendais comme l'oracle de la sibylle. Pour un rien, j'aurais fait les cornes derrière mon dos à la façon des paysannes italiennes, afin de conjurer le mauvais sort. J'affectai un air indifférent qui me coûta bien de l'effort. Mrs Forrester me secourut.

— Eh bien, Oscar, dit-elle, faites un peu le pion. Que vaut le roman du cher M. Watson? Il vient d'arriver, ajouta-t-elle à mon intention. Nous nous sommes tout juste dit bonsoir. Il a jeté le manuscrit sur le canapé comme un charbonnier qui décharge sa hotte.

— Non, non! s'écria M. Wilde. Pas du tout comme cela. Comme un chercheur d'or qui dépose un

sac de pépites sur le comptoir d'un banquier.
— C'est donc bien? dis-je avec détachement.
— Epatant! dit M. Wilde en français. Je suis allé chercher le manuscrit à trois heures. J'ai eu l'imprudence de regarder le début dans le cab. Après quoi je n'ai plus pu m'arrêter. Toute ma journée y a passé. Je n'ai jamais rien lu d'aussi passionnant, sauf à neuf ans *Les Petites Filles modèles*, de la comtesse de Ségur, qui m'ont tellement plu que j'ai appris le français rien que pour les relire dans le texte original. Mais cela ne ressemble pas aux *Petites Filles modèles*. Cela ne ressemble à rien. C'est tout nouveau. Tenez : cela m'a fait penser à *L'Iliade*.
— Mais *L'Iliade*, c'est très ennuyeux, non? dit Mrs Forrester.
— Pas tellement, dit M. Wilde. Il y a de jolies choses, tous les connaisseurs vous le diront. Je me demandais quelle tête Homère pouvait bien avoir. D'après moi, il n'était pas possible que ce fût ce vieillard ramolli et crasseux qu'on nous montre toujours, qui se baladait à travers le Péloponnèse avec un chien d'aveugle et une mandoline. Je l'imaginais plutôt sous les traits d'Hector, de Pâris ou du délicieux Patrocle. Erreur! J'ai vu Homère hier soir. C'est un jeune homme bien élevé qui boite. Homère, d'une dispute entre deux bandes de porchers à propos d'une maritorne, tire *L'Iliade*. Watson, d'une petite histoire débrouillée par un détective, tire un poème. Le poème de la vengeance qui se mange froide, du sang par terre, des méchants punis, et surtout le poème de l'intelligence souveraine, qui aperçoit la vérité sous les apparences. Savez-vous que le petit Watson, avec un seul livre, a fait deux choses extraordinaires? Il a créé un genre et il a inventé un héros. Cent écrivains célèbres n'y sont pas parvenus. Lui, il a décroché cela du premier coup. N'écrirait-il rien d'autre qu'il est sauvé. Il aura des foules d'imitateurs. Poe est le Giotto du

roman policier; Gaboriau, le Cimabue; il en est le Michel-Ange.

— Homère et Michel-Ange, dis-je, le cœur sautant derrière mon corset, vous n'y allez pas de main morte!

— Oscar a oublié Hippocrate, dit Mrs Forrester. M. Watson est un jeune homme accompli. Que sa femme sera heureuse! Il lui fournira de la lecture et il lui prescrira des potions si elle s'enrhume. Sans compter que, si ses romans sont aussi bien que cela, on se les arrachera et il deviendra Rothschild, en sus du reste.

— Vous savez, naturellement, reprit M. Wilde, que rien n'est plus désagréable pour un écrivain que de tomber sur un bon livre qu'il n'a pas écrit lui-même. J'espérais bien, d'une page sur l'autre, que Watson allait se casser la figure. J'attendais la niaiserie, l'idée reçue, la scène convenue, le malheur d'expression. Quand même, je crois que je les craignais plus que je ne les désirais, preuve que je suis plutôt bon garçon. Au bout de ma lecture, j'ai poussé un soupir de soulagement. J'étais enchanté que Watson ne se soit pas cassé la figure. Allez y comprendre quelque chose! Tout était vrai, plein de tact. Quel personnage que son Holmes! Vous, Cecilia, qui le connaissez, est-ce réellement un surhomme? Est-ce Achille? Est-ce Vautrin? Est-ce Obéron? Est-ce Melmoth?

— Il me semble que je m'en serais aperçue, dit Cecilia.

— Bah! Ce n'est pas sûr. On ne voit pas toujours ces choses-là. Et vous, Mary, qu'en pensez-vous?

Je décrivis mes impressions en tâchant de n'être pas injuste, malgré le peu de sympathie que M. Holmes m'inspirait.

— Oui, oui, dit M. Wilde. Il est bien tel que je l'imaginais. C'est un pédant, un technicien, un type à idée fixe. Votre Watson est décidément remarquable. Il l'a transfiguré. Il en a fait un personnage colossal qui voit l'invisible, qui connaît l'inconnaissable, qui porte le monde dans sa cervelle. Et, pour que cela soit encore plus beau, il s'est campé à côté de lui comme Sancho Pança. Holmes galope sur Rossinante vers des combats épiques et Watson trottine sur son âne en feignant de ne rien comprendre à ce fou sublime. Entre parenthèses, cela jette une sacrée lumière critique sur *Don Quichotte* : c'est Sancho qui l'a écrit. Je m'en doutais depuis longtemps. Les grands écrivains se représentent volontiers sous des traits ridicules. Cela leur procure une jouissance aiguë. Il y a là une idiosyncrasie littéraire. Les peintres et les musiciens y échappent, à ce que j'ai remarqué. Voyez *Eusébius et Florestan* de Schumann et les milliers d'autoportraits de l'histoire de la peinture. Je ne vois que Rembrandt à s'être donné l'air ahuri. Aussi est-il incomparable. Cochons de Hollandais qui ont laissé cet homme-là crever de misère! Je ne le leur pardonnerai jamais. Je déteste encore plus les Hollandais que Baudelaire les Belges.

— Tiens? dit Mrs Forrester. Pourtant ce sont de braves gens qui font de l'excellent chocolat.

— Exact, dit M. Wilde. Rien n'est tout à fait blanc ni tout à fait noir. Mais quand même, connaissez-vous quelque chose de plus ennuyeux que les polders et les moulins à vent? Les mots signifient toujours plus qu'ils n'en disent. Ce n'est pas pour rien que cet endroit appartient à ce qu'on appelle les Pays-Bas. J'appelle bourgeois tout ce qui est bas, disait le grand Gustave. La Hollande est bourgeoise depuis plus longtemps que le reste de l'Europe. Rembrandt a été tué par des bourgeois, ce qui n'est pas pour me surprendre.

Je connaissais la conversation de M. Wilde, qui attrapait les idées en causant. D'habitude, cela m'éblouissait et je serais restée des heures à l'écouter. J'aurais passé ma vie à le suivre dans les lieux bizarres où le menait son imagination. Ses trouvailles lui procuraient une gaieté que l'on partageait. Ariel vous prenait par la main, on devenait léger comme lui, on parcourait le monde à la vitesse de la lumière, on découvrait l'envers des choses. Mais, en l'occurrence, je ne me souciais guère de la peinture hollandaise du XVIIe siècle. Je cherchais un moyen de le ramener à l'unique sujet qui m'importait. Heureusement, son esprit qui, sur un mot, filait à cent lieues, en revenait aussi vite.

— Certaines gens ont vraiment de la chance, dit-il au moment où j'ouvrais la bouche. J'avoue que j'envie Holmes. Il a un prénom magnifique.

— Vous trouvez? dit Mrs Forrester. Cela ne m'avait pas frappée.

— Magnifique! répéta M. Wilde. Quand je pense que je m'appelle bêtement Oscar, comme un chien ou comme un singe, et que lui s'appelle Sherlock. Ah non! il n'y a pas de justice! Sherlock Wilde! Serait-ce beau!

— Sherlock? s'exclama Mrs Forrester. Ce n'est pas sous ce prénom-là qu'il s'est présenté à moi il y a une dizaine d'années.

— Quoi? s'écria M. Wilde. Il ne s'appelle pas Sherlock Holmes?

— Du tout, dit Mrs Forrester. Il a un prénom tout à fait courant. George ou James. Quelque chose comme cela. Attendez, non... Plutôt Herbert. A moins que ce ne soit Jeremy.

— Essayez de vous rappeler, Cecilia, je vous en supplie! C'est un point essentiel.

— C'est Jeremy, je m'en souviens maintenant. Oui, oui. J'avais fait la remarque qu'il avait un prénom biblique. Jeremy Holmes.

— Alors là, bravo! s'écria M. Wilde en éclatant de son rire saccadé de gentleman, entrecoupé de braiments joyeux. Watson est encore plus inouï que je ne pensais. Il l'a débaptisé! Quel culot! Il lui a laissé son nom de famille, mais il a changé le prénom. Fabuleux! N'importe qui change de nom. N'importe qui prend un pseudonyme. Cela n'affecte pas la personnalité. C'est comme de mettre un masque. Mais changer un prénom, halte là! c'est changer l'âme. Un type qui s'appelle Jeremy n'a pas le même caractère qu'un type qui s'appelle Sherlock. Sherlock! Quelle merveille! Où a-t-il été chercher cela? Un prénom pareil, c'est déjà toute une description. Cela fait un bruit de verrou tiré. Il n'y a qu'un homme maigre et secret pour s'appeler ainsi. Comme j'ai raison de dire que la nature imite l'art! Holmes ne s'appellera plus jamais Jeremy. C'est fini. Jeremy était un prénom de hasard, choisi par des parents sans imagination pour un bébé qui ressemblait à tous les autres bébés humains. Watson apparaît, déclare que ce prénom est une erreur et trouve le bon. Hosannah! Watson est le vrai père de Holmes, car l'artiste est un père. L'artiste est Adam, père du genre humain, à qui Dieu demande de nommer les animaux et qui ne se trompe jamais; qui dit lion devant un lion, et non pas lapin ou puce, qui dit gazelle devant une gazelle, et non pas éléphant ou belette, qui dit Sherlock devant Sherlock et non pas Jeremy ou Herbert. D'ici un an ou deux, Holmes fera graver Sherlock sur ses cartes de visite, je prends le pari à cent contre un. Il va se mettre à ressembler au personnage décrit par Watson, en quoi, du reste, il aura raison, car un héros de roman est plus intéressant qu'un héros réel. Watson va sûrement écrire un tas d'autres bouquins sur lui, et Holmes se rapprochera de plus en plus de son portrait. Watson prend Jeremy Holmes, policier, et fabrique Sherlock Holmes, devin. Comme ce sera curieux de revoir M. Holmes dans vingt ans! Il sera entièrement la créature de Watson. De plus en plus maigre, de plus en plus maniaque, de plus en plus prétentieux. Il n'osera jamais changer de casquette, il jouera du violon comme un tzigane, il continuera à se piquer à la cocaïne, même si le goût lui en a passé. Tant qu'il était Jeremy, il avait une marge : il pouvait tomber amoureux, arrêter de fumer, jouer au whist, se lancer dans une collection de timbres, s'inscrire à la Société d'ornithologie. Cela devait lui faire plaisir, au fond, ces potentialités. La vie n'est douce que quand elle est incertaine, qu'on ne sait pas trop ce qu'on est, qu'on espère vaguement s'étonner soi-même un jour ou l'autre par quelque chose qui ne vous ressemble pas. Maintenant qu'il est Sherlock, il est ligoté à son caractère, enfermé dans son destin. Est-ce que vous ne frissonnez pas, mesdames, en songeant à ce pauvre Holmes qui vivait tranquillement avec ses pipes, son grand nez, sa seringue, sa loupe, son crincrin, sa casquette, sa panoplie de petit chimiste, son prénom idiot que ses parents lui avaient donné en souvenir d'un grand-père idiot, et qui rencontre ce vampire de Watson sur lequel, notez bien, il se trompe du tout au tout, qu'il prend pour un bon jeune homme, un nigaud qu'on épate à tous les coups ? Quelle chose terrifiante que les artistes ! Watson tombe dans la vie du pauvre Holmes. Il le touche de sa baguette magique, et Holmes perd instantanément son vieux moi confortable, provisoire, un peu mou comme tous les moi humains, auquel il était habitué. Holmes est métamorphosé, il devient tableau, statue, marbre, il est complet, *ne varietur*, comme au jour de sa mort.

— Ce Watson est un monstre, dit Mrs Forrester. Et il a l'air si comme il faut ! Bah ! ajouta-t-elle en me regardant, on vit très bien avec les monstres. A la vérité, je n'ai connu que cela depuis trente-cinq ans. Je m'ennuierais avec des gens normaux. D'ailleurs, j'ai complètement oublié comment ils sont faits. Je suis très contente de tout ce que vous nous dites de M. Watson, cher Oscar. Cela fera un mari charmant. N'est-ce pas, Mary dear?

— Quoi? Que dites-vous? s'écria M. Wilde. Un mari? Mademoiselle l'aurait-elle couché en joue? Mais bien sûr! Cela se voit comme le nez au milieu de la figure. Ah les femmes! les femmes! Un beau jeune homme passe, hop! je l'abats d'un coup de fusil. Non! Je dis non! Pas celui-là, Mary. Laissez-le. C'est un artiste. Ne lui mettez pas un ménage sur le dos. Ne faites pas son malheur. Il a besoin de trente ans de tranquillité.

— Et alors? répliqua Mrs Forrester. Mary les lui donnera aussi bien que le célibat. Oscar, vous qui êtes si intelligent, comment osez-vous nous servir cette vieille imbécillité de l'artiste tué par le mariage? Tenez, je vais vous raconter une histoire qui prouve exactement le contraire. Vous savez que j'ai beaucoup connu celui que vous appelez le grand Gustave. Je l'ai vu vingt fois chez la princesse Mathilde, où il faisait le joli cœur comme n'importe qui. J'ai une quantité de lettres de lui, très drôles, pleines de blagues, comme il disait, et, suivant moi, d'un style très supérieur à celui de ses romans. Je suis même allée chez lui à Croisset, où j'ai passé une semaine. Il y habitait avec sa vieille mère qui n'était pas une personne folichonne, mais qui était discrète et qui tenait très bien la maison. Gustave ne s'occupait de rien. Il vivait comme à l'hôtel, travaillant, flemmardant, lisant jusqu'à des cinq heures du matin, se levant à midi. La pauvre Mme Flaubert meurt. Il avait une nièce, Caroline, que j'ai connue aussi. C'était une petite pimbêche, une enfant gâtée qu'il adorait et pour laquelle il aurait fait toutes les folies. Elle s'amourache d'un certain Commanville, à qui je n'aurais pas confié mon porte-monnaie une minute, tellement il avait l'air d'un incapable. Ce Commanville se lance dans les affaires. Comme il était prévisible, en trois ou quatre ans il fait faillite. Le passif est atroce. C'est la ruine, le déshonneur, les créanciers poussent des cris d'orfraie, je vous passe les détails, qui n'ont rien d'original. Bref, à qui vient-on demander les deux ou trois cent mille francs nécessaires pour ne pas aller en prison ou en Belgique? A l'oncle Gustave, pardi. Et que fait l'oncle Gustave? Il les donne, le fou. C'était tout ce qu'il avait. Il ne peut pas supporter le chagrin de son Loulou bien-aimé – il l'appelait comme cela. Il se dépouille de tout pour cette mijaurée et son imbécile de mari. Ses dernières années ont été sinistres. Il n'était pas à proprement parler dans la misère, mais dans la gêne, ce qui est presque pire. Eh bien, moi, Oscar, je soutiens que le pauvre M. Flaubert a vécu là d'une façon exemplaire le drame du célibat des artistes. S'il avait été marié, sa femme, si bête qu'elle eût été (et je vous signale au passage que Mary n'est pas bête du tout, qu'elle est même très délurée), sa femme, dis-je, l'aurait empêché de se mettre sur la paille pour une nièce et un neveu qui se moquaient de lui, qui ne le considéraient que comme une vache à lait. Il est affreux pour un artiste d'être pauvre, de liarder, de se priver de tout, de n'avoir en tête que des questions d'argent. Cela l'empêche de travailler. Je prétends que, si M. Flaubert avait eu une épouse, celle-ci l'aurait protégé contre ces tracas-là, et elle aurait protégé son œuvre du même coup.

– Sophisme, blasphème! dit M. Wilde. Un artiste n'a pas que son œuvre, il a aussi sa vie. Sa vie aussi est une œuvre d'art. C'est beau la ruine de Flaubert pour un couple de crétins, non? C'est grandiose. Jusqu'à sa ruine, Flaubert est un homme de lettres comme tout le monde. Et puis il y a la ruine, et Flaubert devient Œdipe, Priam, Richard II, le roi Lear. La femme ne comprend rien à cela. La femme veut votre bonheur. Alors elle s'interpose entre vous et la tragédie. Or, la tragédie est le sommet de la vie. Je monte aux cieux, dit l'artiste. Tu vas attraper un rhume, dit madame, assieds-toi à ton bureau et fiche-nous la paix. Quelquefois, la nuit, je me réveille, épouvanté : je suis trop heureux, Cecilia. Tout me réussit. Tout me réussira. Je mourrai en n'ayant eu que du talent. Je n'aurai jamais été éclaboussé par le sang du bouc et ma vie sera manquée. Je voudrais toucher le fond de l'abjection, le fond de l'horreur. Ce n'est pas en griffonnant des nouvelles et des comédies de salon que j'en prends le chemin.

— Oscar, vous êtes fatigant, dit Mrs Forrester avec un soupir. Fatigant et présomptueux. Il ne faut jamais dire qu'on est heureux. Touchez du bois. Et restez donc assis à votre bureau. C'est plus difficile que de monter au ciel. Si vous voulez de la tragédie, lisez le *Morning Chronicle*, vous en avez à toutes les pages. La tragédie est la chose la plus courante, la plus vulgaire qui soit. Polly jette une tasse de vitriol à la tête de Sarah qui lui avait volé le beau Sam, c'est une tragédie. Vivre tragiquement est le propre des imbéciles. La vie est tragique. Je me la représente comme un long corridor très étroit et très sombre, hérissé de couteaux. Toute notre affaire est d'éviter les couteaux. La plupart des gens arrivent en sang et en loques au bout du corridor, mais quelques personnes prudentes en émergent sans un accroc. Voilà pour la tragédie. Quant à votre marotte de la vie qui doit être une œuvre d'art, elle m'a toujours exaspérée. Je la trouve absolument stupide, surtout de la part d'un artiste. On ne peut pas être tout le monde à la fois, Priam et Homère, Richard II et Shakespeare. Le premier venu et Richard II : il suffit d'un peu de guigne et de sottise. Le premier venu n'est pas Shakespeare. Lorsqu'on a une œuvre à accomplir, qu'importe comment on vit ? Que moi qui n'ai jamais rien fait de mes dix doigts j'aie ce romantisme de grisette, cela se comprendrait, mais vous, un écrivain, un poète! Vous vous moquiez de mon keepsake hier soir. Si vous aviez daigné le feuilleter, vous y auriez lu une phrase étonnante. Mary, passez-moi le keepsake, je vous prie. Là, sur le guéridon. Merci. Regardez, Oscar. Regardez et méditez : « Il est nécessaire de naviguer; il n'est pas nécessaire de vivre. » Signé : Pompée. Le grand Pompée, mort en 48 avant Jésus-Christ. Savez-vous qui l'a inscrite? L'empereur, de sa main. Quelle adorable écriture, n'est-ce pas? Il la citait souvent. Je crois que, secrètement, il en avait fait sa devise. A mon avis, cela devrait être la devise de tout artiste. Pourquoi diable voulez-vous à toute force vivre, Oscar, alors que vous avez tant à naviguer? Pour qu'un *scholar* d'Oxford écrive sur vous une biographie pittoresque? Ni Homère ni Shakespeare n'ont de biographie. Je trouve que c'est le comble du chic. Dieu veuille, mon bon Oscar, que vous n'en ayez pas non plus. Une biographie, cela signifie une série de tribulations qui, dans le meilleur cas, vous font perdre votre temps, et dans le pire vous brisent.

Il est amusant d'observer un homme qui a une objection pour chaque mot que prononce son interlocuteur et qui est obligé de se taire parce que l'autre ne lui cède pas la parole. M. Wilde se tortillait sur le canapé, ouvrait la bouche, levait le doigt comme un écolier, gonflait ses grosses joues, pinçait ses grosses lèvres. L'irritation et la gaieté passaient comme des coups de vent contraires sur son long visage dodu. Pauvre M. Wilde! Au moment où il se ramassait comme un chat pour bondir sur Mrs Forrester et l'égorger définitivement, on entendit un brouhaha dans le vestibule. Jenkins ouvrit à deux battants la porte du salon. Deux constables entrèrent, portant avec effort un coffre en fer rouillé couvert de clous à tête carrée et de ciselures, qu'ils déposèrent sur le tapis. Derrière les constables, se tenaient le Dr Watson et Thaddeus Sholto, dont Jenkins aboya les noms dans le style des huissiers de Buckingham Palace.

2

Les chevaliers de l'œillet vert – A trois pouces près, vous étiez un homme mort – Deux hérons côte à côte – La canne du professeur Moriarty

Thaddeus était ficelé dans sa pelisse d'astrakan. Dans son bras arrondi il tenait sa casquette de lapin, comme on porte une petite bête, un chien de salon que l'on veut protéger contre la méchanceté du monde. Il la défendait sournoisement en se tournant chaque fois que Jenkins tentait de la lui arracher, mais il ne put la conserver bien longtemps, non plus que la pelisse, car Mrs Forrester, qui était frileuse, faisait régner dans sa maison une chaleur de serre. J'étais tout attendrie parce que le Dr Watson avait mis en mon honneur son plus beau costume : redingote noire à revers de soie, cravate grise à gros nœud, chemise à col large, pochette, camélia à la boutonnière, pantalon rayé, et que ce beau costume était une tenue d'après-midi parfaitement déplacée à minuit. Il s'efforçait d'être joyeux, il mimait l'enthousiasme et n'y parvenait guère. Je n'y parvenais pas davantage. L'arrivée du coffre, les constables ahanant sous son poids, m'avaient glacée. Le plaisir que j'avais éprouvé tout à l'heure à écouter M. Wilde était parti. Pour être pareillement lourde, il était évident que cette horrible boîte était bourrée de richesses. Cela signifiait que le Dr Watson allait me dire adieu dans quelques minutes. Le seul homme qui, en vingt-sept ans, m'avait plu, le seul dont, mystérieusement, l'image avait recouvert dans mon cœur celle de mon père, s'apprêtait à sortir de ma vie. Il n'y aurait passé qu'une journée et demie et, avec le sincère désir de me faire du bien, il ne m'aurait fait que du mal. Je prévoyais que je n'aurais pas trop, pour regretter ce visage honnête, ces grandes mains, cette chaleur, cette douceur, des trente ans qui me séparaient de la vieillesse, en admettant que je ne mourusse pas d'ennui avant.

A peine aperçut-il le Dr Watson que M. Wilde courut vers lui avec cette spontanéité, ce primesaut qui ne choquent que les nouveaux riches. Un des côtés charmants de M. Wilde était l'impossibilité de garder pour lui une bonne nouvelle, il lui fallait l'annoncer le plus tôt possible à la personne qu'elle intéressait, comme un beau cadeau qu'il ne pouvait se retenir de donner tout de suite. Du bout du salon, il cria au Dr Watson que le roman était épatant, très épatant, archi-épatant, qu'il était bien content d'avoir lu un texte aussi épatant, que l'auteur avait lieu d'être fier, et qu'on en parlerait tout à l'heure, en entrant dans les détails, vu qu'en matière de littérature seules sont utiles les critiques de détail. Fallait-il que le Dr Watson fût préoccupé! Cet accueil qui eût soulevé de bonheur tout débutant ne lui arracha qu'un pauvre sourire distrait.

Une personne, en tout cas, n'était pas mélancolique, à savoir Thaddeus. Il était ivre de snobisme. Cela se traduisait par des frétillements, des gloussements, des redoublements de tics, des courbettes à propos de rien, des sourires pour photographe. Il n'en revenait pas d'être reçu dans une noble demeure de Mayfair, de se trouver dans un salon si vaste, dûment invité par une dame du grand monde, en compagnie d'un homme de lettres célèbre. La félicité l'égarait au point qu'après avoir baisé la main de la maîtresse de maison il baisa la mienne qui était celle d'une suivante et d'une jeune fille. Les saints ne montrent sûrement pas plus de ravissement lorsqu'ils pénètrent dans le paradis. Je craignais que ces démonstrations n'égayassent M. Wilde qui, si gentil qu'il fût, pouvait à l'occasion avoir quelque férocité. Je guettais l'apparition de l'ironie sur ses lèvres afin de voler au secours de Thaddeus qui était sacré à mes yeux, mais, contre toute attente, l'ironie n'apparut pas. Etait-il encore sous le coup de la lecture du manuscrit du Dr Watson qui, parce qu'il lui avait plu, l'avait pour un soir pénétré de bonhomie ? J'eus l'impression bizarre que les singeries de Thaddeus, loin de l'agacer, lui inspiraient une sorte d'indulgence amusée, comme s'il y avait eu entre eux une complicité ou un lien de famille. Détail encore plus curieux : Thaddeus, quand on le présenta à M. Wilde, changea d'attitude. Il se redressa à la manière d'un pigeon qui enfle le jabot. Les deux hommes se considérèrent longuement, presque pensivement, comme des personnes qui se revoient après une séparation ou des conspirateurs partageant un secret. Ils allèrent jusqu'à se donner la main comme des Français ou des Américains, et il me sembla que leurs mains restèrent l'une dans l'autre une seconde de plus qu'il n'eût été nécessaire. Puis Thaddeus s'exclama que cette rencontre l'enchantait, qu'il était un admirateur de M. Wilde, qu'il avait lu de lui des choses exquises. Cette soirée, vraiment, serait à marquer d'une pierre blanche. « Choses exquises », « pierre blanche »... Je lorgnai de nouveau M. Wilde qui ne manquait pas de tiquer à ce genre de clichés et ne le dissimulait pas, mais il gardait son expression amicale. J'en fus heureuse : il avait aperçu le bon cœur sous l'enveloppe déconcertante. Cette perspicacité ne m'étonnait pas de lui. Je lui fus reconnaissante de n'avoir pas tourné en ridicule un homme qui s'était conduit à mon égard comme peu de gens l'auraient fait. Quand même, il poussait un peu loin la complaisance : Thaddeus, avec une foule de circonlocutions ponctuées de clins d'œil, de tremblements des mains, de sourires de chimpanzé, sollicita de l'illustre poète qu'il visitât un de ces jours son humble ermitage, dans le but d'inscrire des envois sur les volumes de lui qu'il possédait dans sa bibliothèque et, par la même occasion, lui montrer quelques curiosités, entre autres un tableau du maître Gérôme singulièrement suggestif. Je m'attendais à un de ces refus à la fois gracieux et coupants avec lesquels M. Wilde se débarrassait des raseurs. Imaginerait-on qu'il accepta, au contraire, et nota soigneusement l'adresse de Thaddeus sur son calepin ?

— C'est délicieux, divinement décadent et fin de siècle, cet œillet vert à votre boutonnière, dit Thaddeus. Mon Dieu ! quelle subtile touche de couleur acide ! J'avais entendu parler de ces œillets verts, ainsi que d'une certaine société des chevaliers de l'œillet vert, mais je croyais, excusez ma rusticité, que c'était des on-dit, des médisances, des contes de fées pour grandes personnes...

— Eh bien, ce n'en est pas, dit M. Wilde. Tenez, ajouta-t-il en enlevant la fleur de son revers et en la piquant dans celui de Thaddeus. Je vous fais chevalier de l'œillet vert.

— Quel honneur, quelle joie ! s'écria Thaddeus en minaudant. Mais pardonnez la liberté grande, monseigneur : l'adoubement ne s'accompagne-t-il pas d'un baiser ?

— Dans mes bras, chevalier Sholto ! dit en riant M. Wilde qui ne dédaigna pas de poser ses lèvres sur le crâne chauve de Thaddeus.

Dire que j'étais abasourdie est peu dire. Cette scène extravagante me plongea dans la stupeur et le dépit. Pourquoi cet intérêt subit pour Thaddeus? Si quelqu'un méritait qu'un grand homme tel que M. Wilde le distinguât en le faisant entrer dans d'affectueuses bouffonneries, c'était le Dr Watson. Puisqu'il y avait tant de gloire à être promu chevalier de l'œillet vert, n'était-ce pas au Dr Watson que revenait cette distinction? Mais apparemment le Dr Watson n'existait plus. Le gnome de Pondichéry Lodge, avec sa grosse tête et ses rengorgements de pigeon, avait pris toute la place. Je me tournai vers Mrs Forrester, pensant qu'elle partageait mon ébahissement. Or, elle ne le partageait pas. Elle paraissait plutôt moqueuse. Elle m'entoura l'épaule de son bras et dit à M. Wilde qu'il était bien dommage que le marquis de Custine ne fût plus de ce monde, car il aurait été au moins commandeur de l'œillet vert.

– Grand Maître de l'Ordre! s'exclama M. Wilde. Grand Maître! Ah! Custine! Tenez, voilà quelqu'un qui a fait de sa vie une œuvre d'art, et qui a souffert pour cela...

– Avec deux ou trois cent mille francs de rente, on souffre assez commodément, dit Mrs Forrester. Cela contribue aussi à la réussite de l'œuvre d'art.

– Madame, permettez-moi de vous exprimer mon admiration, dit Thaddeus. Quelle hôtesse vous êtes! Quelle largeur d'esprit!

Je rapporte textuellement ces paroles, auxquelles je ne compris goutte et qui, à l'heure où j'écris ceci, sont encore pour moi de l'hébreu. Thaddeus demanda à M. Wilde où l'on trouvait les fameux œillets. Un seul fleuriste à Londres en vendait, dans Jermyn Street. Thaddeus jura qu'il en achèterait une botte entière pas plus tard que demain. Tant d'embarras à propos d'une futilité avait quelque chose d'irréel. Mais je faisais d'ardentes prières à part moi, pour que cette absurde conversation durât longtemps, longtemps. La réalité, hélas! c'était le coffre posé sur le tapis et les deux constables qui n'étaient pas sortis de la pièce. Ces braves policiers, habitués à ne s'étonner de rien, ou intimidés par les splendeurs du salon, considéraient avec impassibilité Mrs Forrester et ses invités. Il n'y avait que deux personnes à qui l'ouverture du coffre importait : moi et Thaddeus. Tant mieux si celui-ci, pour des raisons mystérieuses, préférait deviser avec M. Wilde. Chaque minute qui passait était une minute de bonheur ou d'espoir volé. J'étais encore pauvre. Rien n'était joué. Le Dr Watson partageait ce sentiment, je crois. Lui non plus ne semblait guère pressé que je contemplasse mon magot. Nous nous jetions des regards désolés par-dessus cet abominable coffre qui nous séparait comme les grilles d'une prison, comme un précipice, comme un océan. Quelle bêtise que la société et ses préjugés!

Les ciselures du coffre, autant que la rouille permettait de les distinguer, étaient si nombreuses que pas un pouce carré n'était nu. La profusion est la marque de l'art hindou, dont le côté bric-à-brac m'a toujours un peu découragée. Il y avait des danseuses aux doigts retournés, des divinités à six bras, des têtes souriantes, des fleurs, des chasseurs tirant à l'arc, des animaux, le tout emmêlé, entrecroisé dans un labyrinthe de dessins. Un tigre stylisé dont le long corps courait sur les parois latérales croquait bizarrement le bout de sa queue sous la serrure. Celle-ci formait une plaque large comme les deux mains sur laquelle était gravée une figure de Bouddha assis, et s'emboîtait si exactement dans le coffre qu'on aurait dit qu'elle n'en était qu'un des assemblages. Des sentences dans ces caractères indiens plats et bouclés, que j'avais presque appris à déchiffrer dans mon enfance à Calcutta, barraient les figurines, exprimant, supposé-je, de petites moralités niaises, mi-hermétiques, mi-allégoriques, dont les Hindous sont friands.

– Quel curieux coffre! dis-je d'une voix lugubre.

– N'est-ce pas? répondit le Dr Watson sur le même ton. C'est un travail du XVIIIe siècle. De Bénarès, dirais-je.

Nous n'avions pas parlé bien haut, mais cela suffit à attirer l'attention de Thaddeus qui se tourna vers nous, et déclara que peut-être, si l'honorable compagnie n'y voyait pas d'inconvénient, on pourrait regarder ce que renfermait cette tirelire. On l'avait récupérée une heure plus tôt, raconta-t-il, après une poursuite dangereuse mais romanesque sur la Tamise, dans une chaloupe à vapeur appelée l'*Aurore* qui filait comme le vent. M. Holmes avait mené très adroitement toute l'affaire, en compagnie d'une grosse bête arrogante de Scotland Yard nommée Jones, qui avait entassé bourde sur bourde depuis le début et qui, à force de déconvenues, avait fini par devenir souple comme un gant. Témoin le coffre. Le nommé Jones avait accepté, encore que cela fût très irrégulier, que le Dr Watson et Thaddeus le portassent chez Mrs Forrester et qu'on l'ouvrît devant Miss Morstan. C'était une surprise que l'on faisait à Miss Morstan; elle l'avait bien méritée, la pauvre enfant. M. Holmes, en vrai gentleman, avait exigé qu'elle fût la première à voir l'étincelant amoncellement de diamants et de pièces d'or dont la moitié allait faire d'elle le plus riche parti de Londres et dont l'autre moitié lui permettrait, à lui Thaddeus, d'acquérir quelques Meissonier et quelques Bouguereau pour embellir sa thébaïde.

Etais-je exceptionnellement réceptive, ou Thaddeus racontait-il avec art, en dépit de ses préciosités, de ses fleurs de rhétorique et de ses digressions? Je voyais comme si j'y étais la Tamise, les docks, l'East End et ses maisons de briques squameuses, la nuit, les grosses péniches noires amarrées, les lanternes à acétylène de la vedette de la police, la poupe de l'*Aurore* qui se rapprochait. Je distinguais un couple étrange sur le pont de l'*Aurore*, composé d'un hideux monstre haut de quatre pieds et d'un homme barbu athlétique avec une jambe de bois. Dans la vedette de la police, M. Holmes criait aux mécaniciens de pousser les chaudières, de brûler le bateau s'il le fallait. Il passait un revolver au Dr Watson, et je frissonnai : si le Dr Watson avait besoin d'un revolver, cela signifiait que le danger était autour de lui. La nuit était claire. J'apercevais les bords de la rivière : le Pool, les entrepôts, West India, Deptford Reach, l'île des Chiens. A Greenwich, l'*Aurore* n'était plus qu'à cent yards. A Blackwall, elle n'était plus qu'à quatre-vingts. Sur le pont de l'*Aurore*, l'homme barbu remuait bizarrement les bras, comme s'il jetait du lest dans l'eau. La poursuite se termina entre Plumstead et Barking Level. Le barbu debout, mal d'aplomb sur son pilon, montrait ses deux poings en hurlant des injures. Il était éclairé en plein par les deux phares à acétylène de la vedette de police. A côté de lui, le petit monstre portait à sa bouche un morceau de bois comme s'il allait jouer de la flûte. « Attention ! » crie M. Holmes, en donnant un coup d'épaule au Dr Watson, et en tirant un coup de revolver. Le petit monstre tombe comme une quille. « Regardez, là », dit M. Holmes au Dr Watson en lui désignant la boiserie de l'écoutille. « A trois pouces près, vous étiez un homme mort ! » Ce cliché de roman d'aventure, au lieu de me faire rire, m'épouvanta, car la mort, réellement, avait frôlé le Dr Watson sous la forme d'une épine empoisonnée que le petit monstre avait lancée à l'aide de sa sarbacane. Je me rappelai le geste du Dr Watson, détachant quelque chose de la tempe de Bartholomew Sholto. Pendant une seconde, j'imaginai le Dr Watson rigide, livide, les yeux renversés, son beau visage transformé en tête de Méduse. Tout autre que moi, à cette évocation, eût défailli. Mais l'amour, pas plus qu'autre chose, ne prend avec moi cette forme poétique. La peur rétrospective que j'avais ressentie en écoutant Thaddeus m'avait enflammée de fureur, comme une mère apprenant que son enfant a failli mourir pour une bêtise. Il me fallut beaucoup d'empire sur moi pour ne pas donner au Dr Watson une bonne paire de gifles.

– Va-t-on le voir enfin, ce trésor? dit Mrs Forrester. Où est la clef?

Il n'y avait pas de clef. L'homme barbu, se voyant pris, l'avait jetée dans la Tamise. Il le déclara avec insolence à M. Holmes, ajoutant qu'ayant été dépouillé de son bien par des canailles d'honnêtes gens, c'était la moindre des choses que ceux-ci travaillassent un peu. Le Dr Watson suggéra que l'on forçât la serrure avec le tisonnier en cuivre de la cheminée. Un des constables s'y affaira, non sans endommager le délicat Bouddha.

– M. le professeur Moriarty, aboya Jenkins en ouvrant la porte du salon. M. Sherlock Holmes.

Nos quatre têtes penchées sur le coffre se relevèrent. Bienheureuse diversion! Elle me procurait encore quelques secondes de rémission. Il me semble que je poussai un petit soupir. Je me détournai vivement pour voir les nouveaux venus. On conviendra qu'il y avait de quoi piquer la curiosité. Je n'avais pas oublié l'histoire du coffret de Fabergé et le rôle que le Pr Moriarty y avait joué, paraît-il. Qui avait raison à son propos, M. Holmes prétendant qu'il était un génie du crime ou Mrs Forrester qui le tenait pour un raseur? Etait-il l'un et l'autre, ce qui eût bien été possible? Quelle coïncidence que ces deux ennemis arrivant ensemble, s'encadrant dans la porte du salon, annoncés conjointement par Jenkins!

— Voilà donc vos invités pour le punch d'onze heures! chuchotai-je à l'oreille de ma maîtresse. C'est pour cela que vous me pressiez tant d'être là! Qui doit encore venir?

— Darling, murmura-t-elle avec un léger rire, pour une fois que je donne une soirée qui sort un peu de l'ordinaire, vous n'allez pas me chercher des puces!

Elle s'envola jusqu'à M. Holmes et jusqu'au Pr Moriarty, debout côte à côte comme deux hérons, pareillement grands et maigres, mais M. Holmes avait un maintien sévère, tandis que l'autre faisait l'empressé. Bel homme au demeurant, malgré sa taille voûtée. Il avait un vaste front, un lorgnon, de longues mains dont il tirait sûrement vanité car il les remuait avec lenteur, comme pour les exposer à l'admiration du public, et ce sourire mondain, accompagné de regards fureteurs, qu'en six ans j'avais appris à reconnaître. M. Holmes se contenta d'incliner la tête : le Pr Moriarty prit la main de Mrs Forrester dans les deux siennes et y déposa un baiser passionné. Ensuite, il se lança dans une tirade hyperbolique sur l'émoi qu'il éprouvait à se trouver dans le salon le plus recherché de Londres. Quelle étape dans sa vie! Recevant tout à l'heure le carton de Mrs Forrester, il n'en avait pas cru ses yeux. La chose qu'il désirait par-dessus tout depuis quinze ans, qui était le sommet de sa carrière, à laquelle, hier encore, il n'osait pas rêver, lui arrivait brusquement. De telles surprises peuvent tuer. Quel malheur qu'il eût tant d'obligations et singulièrement ce soir! Comme il était impossible de se décommander à la dernière minute, il avait fait des acrobaties pour venir un quart d'heure, entre un dîner privé chez les Chamberlain et un cotillon chez la princesse de Galles. Il était excessivement navré de cette visite éclair.

— Adoptez ma formule, dit M. Wilde. Je m'en sers

au moins trois fois par semaine : « M. Wilde ne pourra pas être des vôtres en raison d'un engagement ultérieur. »

– Ah! ah! très amusant! s'écria le professeur. Je crains qu'une insolence de ce genre ne soit au-dessus de mes moyens : on ne m'inviterait plus nulle part.

Il parlait avec une trace d'accent, qui consistait à appuyer sur la première syllabe des mots et à rouler les *r* un rien de trop. Quoiqu'il eût la politesse et les manières d'un gentleman, j'aurais juré qu'il n'était pas anglais. Il avait quelque chose d'imperceptiblement fantasque et d'outré, tant dans le langage que dans le costume, qui n'était pas de chez nous. Cela venait d'Europe centrale, de Roumanie, de Bohême.

– Monsieur Holmes, dit Mrs Forrester gracieusement, je suis enchantée de vous revoir. Merci de ce que vous avez fait pour ma chère Mary, et qui a été extraordinaire d'après ce que j'en ai su. Mais cela ne m'étonne pas de vous. Vous êtes le Napoléon de la police.

Le visage de M. Holmes s'éclaira. Je crois que cet homme déconcertant qui, malgré sa prétention, était sincèrement importuné par les louanges, n'en acceptait que d'une personne au monde, ma maîtresse. L'approbation de celle-ci lui était plus précieuse que celle de ses pairs, que la renommée, que la gloire. Il la considéra presque amoureusement, ma foi. Mais son ostentation de modestie l'emporta sur le plaisir, à moins qu'elle ne l'avivât – sait-on avec ces natures secrètes? Il répondit qu'il s'était borné à un petit travail d'analyse, de déduction et de recherche absolument élémentaire.

– Monsieur que voici, dit-il en jetant au Pr Moriarty un regard étrange où il y avait à la fois de la haine et de la connivence, Monsieur que voici, dans de pareilles circonstances, serait sûrement arrivé à la solution deux fois plus vite que moi.

— J'ignore de quoi il s'agit, mais je suis sûrr que non, dit le professeur avec son sourire plaqué et en regardant ailleurs. Je ne suis pas un Nnapoléon de la police, moi, comme dit si joliment notre belle hamie. Tout juste un pauvre mmathématicien, un ssavant distrrait toujours dans la llune.

— Monsieur le Professeur, excusez-moi de vous contredire, dit M. Holmes. On n'est pas un pauvre savant dans la lune quand on a écrit comme vous, à vingt et un ans, un traité sur le binôme de Newton, qui a eu un retentissement européen et qui a valu à son auteur une chaire de mathématiques à Oxford.

Le Pr Moriarty partit d'un gros rire britannique et remercia M. Holmes de se tenir ainsi au courant de ses menus travaux. M. Holmes répondit en baissant les yeux que tout ce qui concernait une personnalité aussi remarquable l'intéressait.

— Quoi hencore, par exemple? dit le professeur, dont les yeux, pour une fois, s'attardèrent sur son interlocuteur.

La serrure du coffre sur laquelle s'escrimaient depuis un bon moment les constables fit entendre un claquement sec. Le Dr Watson poussa une exclamation. Si vieille que je vive, je n'oublierai jamais ce cri. C'était l'expression même de la délivrance. C'était le cri du matelot de Christophe Colomb apercevant la terre. Je sus aussitôt que le coffre était vide. Et je sus aussi que je n'en avais jamais douté, car on connaît son destin comme on connaît son corps, vaguement, confusément, mais sans erreur. Dans le destin qui m'était assigné, il y avait de la place pour le bonheur, mais pas pour de la richesse. Nul ne me l'avait dit, je n'en avais pas eu de révélation surnaturelle. Je le savais, voilà tout, tout comme je savais que je ne souffrirais jamais de la migraine, des rhumatismes, des poumons ou de l'estomac.

Tout le monde reflua vers les deux constables.

Effectivement le coffre ne contenait rien. Il n'était si lourd que parce que son blindage de fer était épais d'un pouce. J'entendis des exclamations. Thaddeus répétait comiquement, à la façon d'un personnage de Molière : « Mes Bouguereau! mes Paul Delaroche! mes Helleu! mes Boldini! » M. Holmes disait au Dr Watson qu'il avait « enfin l'explication des gestes de Jonathan Small : le lest qu'il jetait dans la Tamise n'était autre que les diamants et les roupies du coffre ». Mrs Forrester m'embrassa en m'appelant « Poor darling ». M. Wilde, à qui mon soulagement n'échappait pas, me fit un bon sourire, un vrai sourire d'ami qui vous suit de confiance, qui ne vous juge pas, qui vous dit seulement : « Si, après tout, ceci vous réjouit, je me réjouis avec vous. » Le Pr Moriarty, en retrait, affectait une telle indifférence, que cela en était impoli. Il tira de la poche de son gilet brodé de fleurettes une montre extra-plate en or blanc, qu'il scruta longuement, comme si le fait de lire l'heure sur un cadran eût été un travail mobilisant toutes ses facultés intellectuelles. Le visage du Dr Watson rayonnait. Tous les regards se tournèrent vers moi. Il y avait un charme à rompre. Je sentis que je devais faire une déclaration.

— Eh bien, dis-je, avec une légèreté de bon ton, le trésor est perdu.

Je me retins d'ajouter : que la fête continue! Mon cœur dansait. J'avais envie de rire. Je me refrénai pourtant : cela eût paru forcé. Il faut accueillir avec une raisonnable gravité la perte de deux cent cinquante mille livres sterling, si l'on ne veut pas être taxé d'affectation. Le brouhaha et les exclamations reprirent.

— Merci, Mon Dieu! murmura le Dr Watson à mon oreille.

— Pourquoi dites-vous cela? demandai-je avec un sourire malicieux.

— Parce que vous êtes de nouveau à ma portée, chuchota-t-il en emprisonnant mon petit poing glacé dans sa grande main douce. Parce que je vous aime et que je peux enfin vous le dire. Parce que ce trésor, cette richesse, c'était un mur entre vous et moi. Parce que le mur est par terre.

— C'est du joli, monsieur! répliquai-je en riant et toujours à mi-voix, c'est du joli de remercier le Seigneur de m'avoir ruinée!

— Pardon, dit-il. Je suis égoïste. Mais si vous saviez ce que ce trésor m'a pesé! J'ai l'impression de sortir de la nuit. Evidemment, ajouta-t-il tristement, je ne vaux pas deux cent cinquante mille livres!

— Menteur! chuchotai-je. Vous valez bien plus. Et vous le savez. Moi aussi, je dis : merci, Mon Dieu!

— Chèrre madame, dit le Pr Moriarty à Mrs Forrester, je vous prrie de m'excuser, ainsi que vos charmants amis, mais il ne faut pas faire hattendre la princesse de Galles qui est une personne rroyale. Je me sauve. Merci pour cette hinvitation ddélicieuse qui m'a permis de rencontrer M. Wilde qui sait tout sur tout et M. Holmes qui sait tout sur moi. Il faudra que nous nous revoyions, monsieur Holmes. S'il vous manque une petite hinformation sur mes modestes travaux, je serai heureux de vous la fournir.

— Merci, dit M. Holmes. Je pense que mon dossier est complet. Mais nos chemins se croiseront certainement encore.

— Crroyez-vous? dit le Pr Moriarty avec son sourire stéréotypé. A part la divine Mrs Forrester, nous n'avons pas de relations communes.

— Crroyez-vous? répliqua M. Holmes en imitant avec insolence l'accent de son interlocuteur.

Celui-ci eut un air si offusqué que je m'attendis à ce que tombât de sa bouche la célèbre phrase de la reine, qui a glacé tant de plaisantins : *We are not amused*, mais cela ne dura qu'une seconde. Le sourire revint. M. Holmes baissa ses paupières rouges. Mrs Forrester sonna. Une des qualités les plus rares de Jenkins consistait à deviner, selon que la clochette actionnée par le cordon de tapisserie tintait de telle ou telle façon, ce qu'on attendait de lui. Son oreille ne le trompait presque jamais. Il apparut, portant le huit-reflets, les gants, la cape et la canne du Pr Moriarty. J'ignore pourquoi cette canne attira mon regard. Elle avait pour pommeau une tête de chat en or surmontée d'une couronne comtale. Je fis mentalement la réflexion que cela ne devait pas être commode à tenir, à cause des fleurons pointus. Je n'étais pas la seule à être intriguée par cet instrument. M. Holmes entrouvrit une paupière et y jeta un coup d'œil perçant quoique bref.

Après que la grande porte se fut refermée sur le Pr Moriarty et que nous fûmes entre nous, on m'entoura, on me plaignit. Mrs Forrester dit que la fête qu'elle m'avait arrangée n'était décidément pas bien fameuse. Mais j'en avais assez de me contraindre. J'avais trop envie de rire, trop envie de montrer ma gaieté pour y résister plus longtemps.

– Je vous en supplie, dis-je, ne soyez pas plus triste que moi. Un trésor perdu, dix de retrouvés, ajoutai-je avec un sourire tendre sur lequel son destinataire ne se méprit pas. Quand j'étais en pension à Edimbourg, on m'a tant répété que l'argent ne fait pas le bonheur que j'ai fini par être persuadée qu'on ne peut pas être à la fois riche et heureux.

– Ce que vous dites là est d'une extrême stupidité, Mary dear, dit Mrs Forrester. Vous vous en rendrez compte quand vous aurez mon âge. On devrait enfermer Maggy Mc Lamuir pour corruption de la jeunesse.

– Ah Madame! répliquai-je, laissez-moi être stupide, c'est si bon! Vous avez tout. Vous avez tout eu.

Mais vous êtes une exception. La plupart des gens doivent choisir; je crois qu'ils choisissent presque toujours ce qui est mauvais pour eux. Quelle chance lorsque le destin ou la Providence choisit à votre place! Il ne faut surtout pas se révolter. Je n'ai pas l'argent. Je vais avoir le bonheur. J'y gagne. Pardon, monsieur Holmes. Ce que je raconte n'est pas très gentil pour vous, après la peine que vous vous êtes donnée pour retrouver mon trésor. Je sens bien que je devrais prendre l'air catastrophé. Mais c'est plus fort que moi, je n'y arrive pas.

Il y avait du brave homme dans M. Holmes. Mon exubérance ne le vexait nullement. Au contraire, il m'englobait avec le Dr Watson, à qui s'adressaient tous ces aveux déguisés, dans un même regard ironique et bienveillant. Il me rassura tout de suite : ce n'était pas tant dans la réussite ou le profit d'une enquête qu'il mettait son orgueil que dans la découverte de la vérité, grâce à quoi, après qu'il y était parvenu, il avait le sentiment d'avoir rétabli l'ordre du monde, dérangé un moment par le mensonge. Il s'estimait entièrement dédommagé lorsqu'on lui avait donné l'occasion d'exercer ses facultés de déduction, par lesquelles il remontait abstraitement des effets aux causes, du crime au mobile, et enfin au criminel. Il ne se lassait jamais de ces rébus à déchiffrer, de ces chasses dont il revenait rarement bredouille. En l'occurrence, je l'avais gâté : mon affaire, sur le plan policier, était l'équivalent du théorème de Fermat que personne n'avait pu démontrer.

3

Un vieux daim – Les comtes Morathy chassés de Hongrie avec Kossuth – Rencontre d'un chacal et d'une hyène – Assassinat à Oxford – Les mystères de Londres – La révolte des Cipayes – Les singes du fort d'Agra

— Ce Moriarty m'a tuée! soupira Mrs Forrester qui, en femme adroite, interrompait les gens au moment où ils menaçaient d'être ennuyeux. Je me suis rappelée que vous m'aviez parlé de lui autrefois. Vous disiez que c'était un monstre, et moi que c'était un raseur. Je n'arrive pas à croire que ce vieux cocodès a trempé dans le vol de mon Fabergé. En tout cas, il a fait du chemin depuis dix ans. Cela va aux cotillons de la princesse de Galles, s'il vous plaît! Peut-on être un monstre quand on est un raseur?

— Bien sûr, dit M. Wilde. Le bien a été très calomnié, ces dernières années. Je vous assure que le mal n'est pas plus drôle.

D'après M. Holmes, Mrs Forrester, en convoquant le Pr Moriarty ce soir chez elle, avait eu une de ces intuitions qui l'avaient tant impressionné lors de leur première rencontre. L'intuition, expliqua-t-il du ton dogmatique qu'il employait volontiers, était aussi importante que la déduction. Car enfin, réfléchissons : pourquoi inviter Moriarty? A première vue, il était tout à fait étranger au trésor d'Agra. Mrs Forrester le connaissait à peine. Et voilà que cette femme de génie – telles furent les propres paroles de cet homme assez avare de compliments en général –, voilà que cette femme de génie, qui avait toutes les raisons de tenir un pareil individu à distance, avait eu l'impulsion de lui expédier un carton. Lui, Holmes, devant ce coup admirable, restait béant.

– Bah! dit Mrs Forrester, j'ai tout le temps des idées saugrenues. Le génie, d'après vous, consisterait à les réaliser?

– Oui! Oui! Oui! Tout juste! s'écria M. Wilde. Excellente définition. Quel accent a donc votre disciple de Quincey? Cela ressemble à l'accent du Hertfordshire. Mais Moriarty n'est pas un nom de cette région...

Cette remarqua égaya M. Holmes qui ricana silencieusement. Le professeur était d'origine hongroise, révéla-t-il, et s'appelait en réalité Morathy. Son père, le comte Morathy, propriétaire d'un vaste domaine dans la puszta, était un de ces aristocrates libéraux et patriotes qui font les révolutionnaires les plus dangereux, étant plus intransigeants que les ouvriers, pour se faire pardonner leur naissance. Il était ami de Kossuth, qu'il connaissait depuis l'enfance et suivit dans ses fortunes diverses, votant avec lui l'indépendance de la Hongrie, organisant l'armée nationale, proclamant la déchéance des Habsbourg, et finissant en exil, évidemment, après l'expédition du feld-maréchal Windischgrätz en 1849. Le pauvre Morathy échoua à Londres avec son grand ami Kossuth et sa famille, ruiné, car le gouvernement autrichien avait confisqué ses châteaux, sa puszta et ses paysans. Son fils, qui devint par la suite le Pr Moriarty, était alors adolescent. Les tragédies qu'il avait traversées, la subite misère où il était plongé, après avoir connu une opulence féodale, le remplissaient d'amères idées de revanche, non sur l'empereur François-Joseph, mais sur le monde en général et les hommes. En Hongrie, dans la puszta, il vivait en jeune prince, entouré de précepteurs français et d'une foule de domestiques. Cette existence lui convenait; elle lui donnait les possibilités d'assouvir les petites cruautés qui lui passaient par la tête, car il avait une propension à la perversité. Ce caractère, qui avait quelque chose de poétique et de sombre, s'accompagnait bizarrement d'un don marqué pour les mathématiques. Une des choses qui le désolèrent le plus lorsqu'il se retrouva dans la gêne, au milieu d'une ville étrangère, fut d'être privé de précepteurs capables de le pousser dans cette matière. Il ne portait aucune amitié à son père, le considérant comme une dupe idéaliste, et le méprisant parce qu'il avait été vaincu. Les idées libérales et émancipatrices qui les avaient conduits d'un palais hongrois dans un entresol de Bermondsey lui soulevaient le cœur. Le spectacle lamentable des réfugiés politiques que Londres accueillit en assez grand nombre à cette époque-là le renforça dans le sentiment que rien n'est plus futile que les révolutions, les aspirations généreuses de la gauche, le patriotisme, l'amour du peuple. Il avait dix-sept ans, âge où l'on se fabrique une philosophie pour la vie entière. La sienne était des plus pragmatiques. Elle s'énonçait à peu près de la sorte : la société est une énorme machine à vapeur construite par un ingénieur fou. On se fait broyer ou estropier si l'on tâche de renverser la vapeur. Mieux vaut étudier son mécanisme afin d'en actionner les manettes à son profit. Le monde appartient aux égoïstes, aux individualistes, aux rapaces, aux cyniques qui le font travailler pour eux, et non pas aux imbéciles du genre de Kossuth et de Pappi qui travaillent pour lui.

– Mais, dites-moi, s'écria Mrs Forrester, votre Moriarty ou Morathy n'est pas si bête! Je sens qu'il est en train de me devenir sympathique. Comment ce brillant jeune homme est-il devenu un vieux daim?

C'était une longue histoire. M. Holmes était si fier de l'avoir reconstituée et si flatté de l'exposer à un auditoire de choix qu'il ne demanda pas si nous désirions l'entendre. Au fond, ces récits qu'il faisait après ses enquêtes étaient ses vraies récompenses. Il y trouvait la même ivresse qu'un savant communiquant sa dernière découverte à l'Académie des Sciences. Donc, nous avions laissé le jeune Morathy dans un entresol miteux de Bermondsey où il dévorait les romans de Balzac, très à la mode en 1850, surtout en Europe centrale. Il se prenait pour Vautrin. Un Vautrin jeune et beau, échappé du bagne austro-hongrois, de première force en algèbre, en géométrie, en calcul intégral, bourré d'orgueil et d'énergie. Son mépris pour son père augmentait chaque jour. Ce quarante-huitard en déconfiture lui avait-il assez répété qu'il fallait « comprendre son temps », c'est-à-dire hâter le triomphe des idées nouvelles, avoir l'œil fixé sur l'avenir radieux, accompagner l'Histoire dans sa marche irréversible! Résultat, les idées nouvelles avaient été balayées partout et leurs tenants massacrés ou chassés, l'Histoire avait rebroussé chemin et l'avenir s'annonçait bien pire que le passé, pour les patriotes hongrois tout au moins. Lequel des deux Morathy comprenait le mieux son temps, le vieux qui, pareil aux émigrés français de jadis, n'avait rien oublié et rien appris, ou le jeune qui avait froidement tiré la leçon d'une catastrophe dont il n'était pas responsable? Mais ce n'était pas tout que de comprendre son temps: il fallait comprendre aussi le lieu où l'on se trouvait. Le jeune Morathy s'aperçut vite qu'en Angleterre, au rebours de la France, on n'a guère de curiosité pour les étrangers, particulièrement les étrangers sans le sou, fussent-ils comtes de l'Empire. Il changea Morathy en Moriarty. Cela consterna sa famille, mais il n'en avait cure. Ces gens le dégoûtaient. Leur pauvreté héroïque, sa mère qui ne se soignait plus les mains et dont les cheveux avaient blanchi, ses sœurs qui faisaient leur lit elles-mêmes, son père qui passait ses journées entre la bibliothèque du British Museum et de stériles parlotes avec les rescapés de Budapest ou de Vienne lui inspiraient une indignation qui confinait à la haine. Il n'avait qu'un désir : les quitter, les abandonner à leur crasse, ne jamais les revoir. Ils étaient l'image de la guigne et du malheur. Jusqu'à leur bonne humeur l'exaspérait. Dans la situation où ils étaient et où les avait mis leur légèreté, il n'y avait pas de quoi rire.

Ne pouvant plus recevoir de leçons de mathématiques, il en donna, et gagna un peu d'argent qu'il se garda bien de rapporter à la maison. Sa distinction de jeune noble plut aux mères des cancres, qui se le recommandèrent les unes aux autres, sans compter qu'il était bon pédagogue. Au bout de quatre mois, il était assez riche pour traverser la Tamise. Il dit adieu à jamais à Bermondsey et aux infortunés Morathy qui pleurèrent en pensant aux épreuves qui l'attendaient. Il dénicha une chambrette misérable, parfumée au crottin de cheval, étant au-dessus d'une écurie, où l'on étouffait en été et où l'on gelait en hiver, mais située dans une ruelle de Knightsbridge. Son premier soin fut de se commander des cartes de visite mentionnant cette adresse flatteuse. Il était sûr qu'en quittant ses calamiteux parents, il avait fui le malheur, et que tout allait lui sourire. Tout lui sourit en effet. Les cartes de visite lui procurèrent des tapirs huppés. Chez lui, il travaillait les mathématiques jusqu'à l'aube avec l'obstination d'un artiste pauvre qui ne songe qu'à son œuvre et à sa gloire. Il en résulta le traité sur le binôme de Newton qui le tira de l'obscurité.

Etre professeur à Oxford l'amusa six mois, après quoi son insatisfaction chronique revint. Dans le plan de sa vie, le succès n'était qu'une étape. En outre, ce succès-là n'était pas amusant : il était trop mérité. Et à quoi menait-il ? A d'autres ouvrages savants, à une renommée de bon ton dans un cercle d'universitaires. Moriarty rêvait d'aubaines, de miracles. Il voulait de l'argent et de la puissance. Cela ne s'obtient pas en s'éreintant sur des racines carrées. Cela ne se trouve pas à Trinity, à Balliol ou à Queen's College, fût-on un aigle. Où, alors ? Dans la politique, évidemment. Hélas ! ce domaine lui était fermé, à cause de son origine étrangère. Les affaires, la spéculation, le commerce déplaisaient à sa nature aristocratique. Il ne restait que le crime. Mais le crime est une société dans laquelle on n'entre pas facilement. Il faut en trouver la porte, et après cela faire ses preuves, c'est-à-dire se montrer plus féroce, plus insensible que les autres, afin d'accéder au crime supérieur, où l'on ne se salit pas les mains, où l'on commande comme un roi à des exécuteurs.

— Bigre ! dit M. Wilde. Chercher le royaume du crime à Oxford où il n'y a que de bons jeunes gens et de respectables vieillards, quelle santé !

C'est pourtant à Oxford que tout s'était joué. Le Pr Moriarty ne pouvant aller au crime, le crime vint à lui, car ce que l'on désire arrive toujours : la force de la pensée l'attire. Le crime se présenta un samedi en la personne d'un militaire appelé Sebastian Moran, sur le visage duquel le professeur lut toutes sortes de vices qui l'avertirent que ce visiteur lui avait été envoyé par sa bonne étoile. Moran ressemblait à un tigre, il en avait la moustache hérissée et dure, les yeux jaunes, la face plate; il dégageait presque une odeur de fauve. Son regard était à la fois perçant et faux, mélange des plus charmants. M. Holmes avait recueilli sur lui une quantité de détails dont pas un n'était à son avantage. Il avait été ignominieusement chassé de l'armée des Indes pour la sempiternelle raison de ce genre de déshonneur : chargé de la caisse du régiment, il l'avait jouée et perdue. Dans un duel au pistolet, il avait étendu son adversaire en tirant un instant avant le signal. Au cours des opérations, il se livrait à des cruautés étranges sur les populations indigènes, amies ou ennemies. Il avait tué, pillé, prospéré derrière la bravoure de ses camarades, s'attribuant leurs belles actions quand ils étaient morts et ne pouvaient les revendiquer. Habile avec cela : passant pour tête brûlée alors qu'il était prudent, pour un prodigue alors qu'il était rapace, pour un joyeux compagnon plus vif que méchant, alors qu'il était tout calcul et tout ténèbres. Après la malencontreuse histoire de la caisse du régiment, il retourna dans la mère patrie. La débauche coûte plus cher à Londres qu'à Bombay. L'expression « le poids des vices » est d'une grande justesse. Les vices entraînent un homme dans le fond de la société comme une pierre au fond de l'eau. Moran, courant sans cesse après quelques guinées, ne tarda pas à se lier avec des gens capables de les lui procurer vite. De proche en proche, d'usuriers en receleurs, il fit la connaissance des principaux escarpes, voleurs, souteneurs et assassins de la capitale, dont la compagnie lui plaisait, et dont peu à peu il devint le conseiller occulte. Il circulait comme chez lui dans Soho et dans les coupe-gorge de l'East End. Lors de son éviction de l'armée, il était capitaine. Il se promut lui-même colonel, considérant avec humour qu'il gagnait pour le moins la solde attachée à ce grade.

Moran avait un neveu qui étudiait à Oxford. Les pires canailles ont leurs douceurs. Moran aimait ce neveu, à qui de temps à autre il envoyait quelques bank-notes provenant d'un cambriolage ou d'un meurtre. Il lui faisait des visites. Le neveu le présenta au digne Pr Moriarty avec la naïveté d'un agneau mettant en rapport une hyène et un chacal. Les deux carnassiers se jugèrent au premier coup d'œil. Moriarty, par immédiate intuition, sut que la destinée lui tendait enfin le marchepied qu'il désirait tant. Moran qui s'y connaissait en fauves, en étant un lui-même, fut émerveillé d'en contempler un autre, de toute beauté, dans le dernier endroit où il eût imaginé qu'il en gîtât. L'espèce des fauves est rare. Ces deux-là, après avoir renvoyé le neveu à ses études, conversèrent plusieurs heures. Moran demanda, paraît-il, à Moriarty, pour l'éprouver, d'accomplir un acte dangereux et irrémédiable. Moriarty le transperça d'un regard qui fit frissonner le scélérat. « Passez la nuit à Oxford, dit-il. Demain matin, vous saurez ce que j'ai fait. » Le lendemain, en prenant son breakfast, Moran apprit que le *proctor* du collège où enseignait le Pr Moriarty avait été poignardé dans son lit. C'était un aimable bonhomme qui n'avait pas un ennemi sur terre. Le coup de couteau était visiblement l'ouvrage d'un fou. Mais on ne trouva pas le fou, et l'assassinat demeura inexpliqué. Si endurci que fût Moran, ce crime gratuit l'épouvanta : il n'aurait pas osé le commettre. Un professeur de mathématiques renommé égorgeant un homme comme on passe un examen, cela parut au colonel Moran d'une perversité unique et formidable. Il crut avoir rencontré Macbeth. Mieux : un Macbeth célibataire, capable d'aller froidement, tout seul, jusqu'au bout des plus terrifiants desseins, ne risquant pas d'être ébranlé par les hallucinations d'une épouse hystérique. Deux ans plus tard, le Pr Moriarty quitta Oxford. A trente ans, il habitait un hôtel magnifique dans Park Lane. Moran, à qui la notion de loyauté était étrangère, avait été subjugué au point de se mettre docilement sous ses ordres. Il l'avait introduit auprès de ses relations, auxquelles Moriarty s'imposa par la certitude que les voyous et les tueurs, en le voyant, éprouvaient qu'il était encore plus mauvais qu'eux, qu'il pourrait aller, s'il le voulait, plus loin qu'ils n'en auraient jamais l'audace. Il y avait là, remarqua M. Holmes, un phénomène politique. Les hommes portent un tyran au pouvoir parce qu'ils sentent qu'il n'a pas de conscience et que, par conséquent, sa force n'a pas de limites. De même, la pègre de Londres porta le Pr Moriarty au pouvoir parce qu'elle reconnaissait en lui l'inhumanité absolue qui fait les grands chefs. Le colonel Moran avait trouvé son général. D'ailleurs, grand chef, unificateur, fédérateur, Moriarty l'était. Jusqu'à lui les malfaiteurs anglais étaient des artisans, travaillant chacun pour soi, sans plan d'ensemble. Il les projeta dans l'âge industriel, par le seul fait qu'il les connaissait tous, les dirigeait, leur imposait sa volonté, encore qu'il ne les vît guère directement. Moran portait ses ordres et lui servait de chef d'état-major. En quelques années, il se créa une armée clandestine, extrêmement puissante, dont il usait à sa guise, et dont les soldats étaient aussi ses espions. Il ne se commettait aucun méfait dans Londres et une zone de plusieurs comtés alentour qu'il n'en fût informé, quand il n'en était pas l'instigateur, et sur le profit duquel il percevait invariablement une part de vingt pour cent. La modicité de cet impôt était un de ses traits de génie. Ainsi sa domination ne pesait pas. Qu'est-ce que vingt pour cent de son butin pour un voleur? Pour Moriarty, vingt pour cent sur des milliers de cambriolages, c'était une fabuleuse fortune.

J'attendais que M. Holmes nous révélât comment

il était si bien renseigné sur cette épopée souterraine. Cela eût été assez dans sa manière : après avoir peint un caractère ou retracé une aventure, il ne résistait pas à la vanité d'exposer par le menu le travail d'observation et d'analyse par lequel il était parvenu à en rassembler les éléments. En l'occurrence, cela n'eût pas été inutile, vu que son histoire ressemblait davantage à un roman-feuilleton qu'à la vie réelle. Un professeur d'Oxford devenant l'impresario de la crapule britannique, c'était difficilement croyable.

– Cher monsieur Holmes, dit Mrs Forrester, vous êtes en train de nous raconter « les Mystères de Londres ». Il ne manque que la pure jeune fille spoliée par le scélérat.

– En êtes-vous bien sûre, madame? répondit M. Holmes avec le flegme de quelqu'un qui a tous les atouts dans sa manche.

– Ma foi, dit Mrs Forrester, je ne l'ai pas vue dans le tableau.

– Pourtant elle y est. A côté de vous. Me regardant avec des yeux incrédules. Elle s'appelle Mary Morstan.

– Mais naturellement! s'écria M. Wilde. J'aurais dû y penser. Ce soir, la nature s'amuse à imiter Eugène Sue. Pauvre petite Fleur-de-Mary! M. Watson est athlétique comme le beau Rodolphe. Il me semble quand même un peu jeune pour être votre papa.

Quels pressentiments de la vérité ont les artistes! Depuis hier, je ne cessais d'assimiler la personne du Dr Watson à celle de mon père, de mélanger ma tendresse pour l'un, qui n'avait pas diminué depuis dix ans, avec mon amour pour l'autre. J'en restai pétrifiée.

M. Holmes, qui pratiquait aussi son genre de divination, ou qui peut-être avait lu sur nos visages la surprise causée par ses révélations, nous pria de l'excuser s'il n'entrait pas dans les détails de l'enquête qui lui avait permis de découvrir la vraie nature du professeur Moriarty. Non que cela fût inintéressant, au contraire, mais c'eût été long. Il y avait consacré douze années. Chaque fois que ses déductions, ses filatures ou les aveux d'un criminel le conduisaient au Pr Moriarty, il avait eu l'impression de se rapprocher d'un brasier ou d'un morceau de radium émettant des rayons mortels. Tantôt c'était une voiture qui l'aurait écrasé s'il ne s'était jeté dans l'encoignure d'une porte, tantôt une poutre tombant d'un immeuble en construction, tantôt un groupe de voyous armés de couteaux qui l'attaquaient la nuit, tantôt une balle tirée par un étrange fusil silencieux, œuvre d'un ingénieur allemand aveugle nommé von Herder sur la commande de Moriarty lui-même. En revanche, dès qu'il s'éloignait ou faisait mine de s'éloigner du vénéneux professeur, le danger diminuait.

Moriarty n'était pas seulement redoutable, il était vulnérable. Vingt fois M. Holmes l'avait signalé à Scotland Yard. Malheureusement, il n'y avait jamais de preuves contre lui, jamais le moindre indice. Il était bardé d'avocats comme il était bardé de tueurs. La seule chose suspecte de sa vie était l'opulence dans laquelle il nageait. Mais peut-on demander compte aux gens de leur fortune ? Se fût-on résolu à le faire, Moriarty, là aussi, était gardé : il avait des certificats de l'administration impériale de Vienne comme quoi les Morathy avaient été dédommagés de leurs pertes à la suite d'une amnistie.

Tout cela, dit M. Holmes, n'était qu'une sorte de « résumé des chapitres précédents », qu'il s'était permis de nous faire, afin que nous n'ignorassions rien de l'ennemi. Il avait hâte d'en arriver au trésor d'Agra, et au rôle que le Pr Moriarty avait joué dans cet imbroglio. Il confessait qu'au début il n'avait pas songé à lui, ou plutôt qu'il ne voyait pas de quelle façon il entrait dans le tableau, comme disait Mrs Forrester. Pourtant, il était peu probable que le professeur qui, tel un astronome, suivait au télescope de son observatoire de Park Lane les plus lointaines constellations du crime n'eût pas aperçu l'astre énorme que constituaient les cinq cent mille livres d'or et de bijoux enfermés dans le coffre des Sholto. En fait, il connaissait l'existence du trésor depuis quatre ans. Il la tenait de la bouche même de son véritable propriétaire, à savoir l'homme dont on avait prononcé le nom tout à l'heure : Jonathan Small.

– Comment ? s'écria Thaddeus, ce trésor ne nous appartient pas ?

– Je crains qu'il ne faille utiliser l'imparfait, mon cher monsieur, dit M. Holmes. Le trésor ne vous appartenait que pour un sixième. Le reste revenait à MM. Jonathan Small, Mahomet Singh, Abdullah Khan et Dost Akbar. Enfin, cela faisait encore un assez joli morceau. Plus de quatre-vingt mille livres par personne. Il se pourrait que monsieur votre père, en voulant tout garder, ne se soit pas conduit dans cette affaire comme on pouvait l'attendre d'un gentleman.

Le pauvre Thaddeus, qui savait à quoi s'en tenir sur l'auteur de ses jours et qui, après avoir défendu pied à pied son indéfendable mémoire, était proche de la capitulation, hocha si tristement la tête que j'eus pitié de lui et lui pressai la main. Ce geste familier, à la limite de l'effronterie, que je ne m'étais permis qu'avec le Dr Watson, pour signifier que je lui donnais ma foi, me parut sans conséquence, comme si Thaddeus, au lieu d'être un individu du sexe masculin, que je ne connaissais pas l'avant-veille, eût été une demoiselle, comme si nous étions des petites filles, des camarades de pension et que l'une tâchât de consoler l'autre en face d'un professeur trop sévère. Du moins c'est le sentiment que j'eus, et je suis certaine que Thaddeus le prit de même.

Le nommé Jonathan Small, d'après M. Holmes qui, tout à l'heure, avait recueilli ses aveux, n'était pas un méchant bougre. En outre, il faisait contre mauvaise fortune bon cœur, ce qui était bien sympathique. « Pas tout à fait aussi bon cœur que Miss Morstan », remarqua M. Holmes en me jetant un regard ironique; il n'était pas allé jusqu'à remercier le Ciel de l'avoir débarrassé de son encombrante fortune, mais enfin, pour un garçon qui jette à l'eau cinq cent mille livres, il avait montré un fatalisme et une jovialité qui étaient la marque d'un philosophe. M. Holmes aimait les philosophes, espèce rare, surtout dans les milieux où il évoluait de par son métier. Le philosophe, selon lui, était un homme qui, lorsqu'il le fallait, avait la force de s'élever au-dessus de ses passions et qui, dans quelques folies qu'il se lançât, n'était jamais si éloigné de la sagesse qu'il n'y revînt dans les traverses malheureuses, au lieu de se consumer en fureurs ou en lamentations.

Tel était Jonathan Small, en dépit de sa vie incohérente et misérable, en quoi M. Holmes le jugeait très supérieur au Pr Moriarty que l'avidité et le goût de dominer habitaient complètement, sans lui laisser le moindre recul sur lui-même ou sur le monde, et qui n'était qu'un pantin, une marionnette s'agitant dans les ténèbres.

Small, comme la plupart des hommes, s'était précipité tête baissée dans l'existence. A dix-huit ans, après une bagarre, il s'engagea au 3e des Buffs en partance pour les Indes. Sitôt là-bas, en imbécile qu'il est, il se baigne dans le Gange où un crocodile l'attendait pour lui manger une jambe. A peine soldat, le voilà réformé, avec un pilon. Pourquoi ces vies-là tournent-elles bien ou mal? C'est le mystère du destin ou de la chance. D'autres Jonathan Small, pas plus malins que celui-là, pas moins malmenés, ne se baignent pas dans le Gange, et gagnent le gros lot à la loterie. Du reste, il le gagne mais il paie cher le billet.

En 1857, il s'était bien assagi, paraît-il. Rien de tel qu'une jambe de bois pour vous calmer le sang. Il était contremaître, et bon contremaître, dans une plantation d'indigo. La révolte des Cipayes éclate. La plantation est ravagée. Tout le monde est tué sauf Small l'unijambiste qui parvient à se sauver. Le pays grouillait d'insurgés qui massacraient et incendiaient à tire-larigot avec la bénédiction de Nana Sahib. Small arrive à Agra, où s'étaient retranchés le 3e régiment de fusiliers du Bengale, une poignée de Sikhs, un demi-escadron de cavalerie et une batterie d'artillerie de campagne. Il s'engage parmi les volontaires civils. Agra, à cent milles à l'ouest de Lucknow et à peu près à la même distance au nord de Cawnpore, était au cœur de l'insurrection. Elle avait l'aspect désordonné et inquiet des villes qui s'attendent à être prises et où les traîtres commencent à tenir le haut du pavé, sachant que c'est à eux qu'on recourra pour traiter avec le futur maître.

Je connaissais Agra, l'ayant visitée dans mon enfance avec mon père, quelques mois après la mort de maman. Papa voulait que lui et moi nous fissions une sorte de pèlerinage au fameux Taj Mahal. Il pensait que la contemplation de ce monument, élevé par l'empereur Jahan à la mémoire de sa jeune épouse adorée et disparue nous ferait du bien. Je crois qu'il se sentait des affinités avec l'infortuné Jahan, fidèle à une morte, uniquement occupé de son amour et de son chagrin. Lui, papa, si la destinée l'avait placé sur un trône, aurait pensé de même qu'il y avait plus de gloire à laisser à la postérité une merveille qu'à faire la guerre et à empaler les voleurs. J'ai vu peu de choses aussi belles que le Taj Mahal, tout blanc sur le ciel bleu, éblouissant de cabochons incrustés dans le marbre, ses coupoles et ses minarets jaillissant de la verdure. Je me rappelais très bien aussi la ville elle-même, présentant le contraste, habituel aux Indes, de l'extrême propreté voisinant avec la crasse la plus noire, pleine de beaux palais du XVIIᵉ siècle, sillonnée de ruelles, d'impasses, de recoins hantés par des vaches et de petits mendiants piailleurs. Impossible de défendre cela si les rebelles arrivaient. La population n'y aidait pas. Le péril l'affolait comme l'orage affole les bêtes. Elle encombrait les rues et refluait jusqu'aux jardins du Taj Mahal qu'elle ravageait par ses piétinements.

Heureusement, Agra était protégée par la Yamuna, rivière assez large qui se jette dans le Gange, et par un vieux fort immense en grès rouge, à demi désaffecté, aux murailles effondrées par endroits, ville morte à côté de la vivante, à la fois temple et citadelle, traversé par la végétation qui avait envahi les salles magnifiques construites au temps d'Akbar. Les arbres crevaient les toits et repoussaient les murs; la mousse et les plantes grimpantes habillaient les statues. Des troupes de singes avaient pris possession en même temps que la nature de ce travail des hommes et y avaient élu domicile. Cela jacassait et bruissait comme un morceau de jungle. Quelle leçon de poésie et de métaphysique! Mais l'heure n'était ni à la poésie ni à la métaphysique. La petite garnison anglaise d'Agra, s'étant repliée dans le fort, se retrancha dans la partie qui était en bon état et s'apprêta à résister bravement à un éventuel assaut.

Une nuit, Small était de garde sur un rempart, au-dessus d'une poterne, en compagnie de deux Sikhs patibulaires, à barbe noire et à turban, qui ne répondaient rien quand il leur parlait et le regardaient avec des yeux bizarres. Il tombait une petite pluie sinistre. Au-delà de la rivière Yamuna, les rebelles gavés d'opium glapissaient et tapaient sur des tambours. Les deux Punjabèes avaient quelque chose d'indécis, d'hésitant qui inquiétait Small. Il avait assez roulé sa bosse pour savoir que les assassins ont cet air-là quand ils ont quelque horreur en tête. Deux heures s'écoulent. Un des Sikhs se lève. Small empoigne son fusil. Le Sikh lui dit de ne pas avoir peur, qu'il veut seulement lui proposer un marché. Là-dessus, il lui raconte l'histoire d'un petit rajah des provinces du nord, très riche, et qui, comme beaucoup de potentats indiens en ce temps-là où l'on ignorait encore qui, des Anglais ou des insurgés, l'emporterait, tentait de jouer sur les deux tableaux, c'est-à-dire prenait ses précautions pour se retrouver dans le camp des vainqueurs sans perdre trop de plumes. Il avait chargé un homme de confiance de transporter à Agra un coffre contenant la moitié de son trésor. Il s'agissait de tuer l'homme de confiance et de s'approprier le trésor, acte éminemment moral car le rajah était un chien à double face, et sans danger car nul ne connaissait l'existence du serviteur, lequel se faisait passer pour un marchand. Small demanda au Sikh comment il le connaissait lui-même. Par son frère de lait, dit l'autre, qui voyageait en compagnie du bonhomme, et qui avait manigancé le guet-apens. Ils devaient arriver à trois heures du matin à la porte de la forteresse qui était juste au-dessous d'eux. « Si tu es avec nous, sahib, dit le Sikh, jure le secret sur les os de ton père, l'honneur de ta mère et la Croix de ta foi. Tu auras le quart du trésor. » Tuer un homme est un rude parti à prendre pour un honnête garçon qui jusque-là n'avait à se reprocher que des sottises. C'était au tour de Small d'avoir l'air indécis et sombre des assassins. A ce moment, on entendit des bruits à la poterne, puis une voix dit quelque chose en dialecte. « C'est mon frère de lait, murmura le

Sikh. Jures-tu, sahib? » Il fallait se décider. Small jura. Ils descendirent. Les deux Sikhs ouvrirent la porte. Un personnage grassouillet et apeuré se faufila, puis un mulet pliant l'échine sous un coffre entouré d'une bâche, et enfin un géant dont la barbe tombait jusqu'au milieu de la poitrine. Suivit une scène confuse et ignoble dans la clarté de la lanterne sourde. Le petit personnage se mit à parler en s'étranglant : il s'appelait Achmet et avait traversé le Rajpoutana au milieu de cent périls pour se réfugier auprès des Anglais dont il était l'ami. « Ta protection, sahib ! » s'écria-t-il en apercevant Small, qui en eut le cœur déchiré. Les Sikhs s'agitèrent, son visage s'inonda de sang, il poussa un hurlement et courut vers Small qui lui jeta son fusil dans les jambes. Le frère de lait fut aussitôt sur lui et lui enfonça son poignard trois fois dans le dos. Les deux Sikhs étaient Mahomet Singh et Abdullah Khan, le frère de lait Dost Akbar.

Les assassins avaient préparé d'avance des cachettes dans les endroits les plus reculés et les plus ruinés de la citadelle. Ce ne fut pas une mince affaire de transporter le coffre et le cadavre. Small en avait encore des sueurs, trente ans après. Le corps du petit Achmet manquait sans cesse de tomber, à cause de son ventre qui brinquebalait comme un paquet de gélatine. Les singes, épouvantés par cette procession funèbre et les balancements de la lanterne, se livraient à un frénétique ballet aérien accompagné de cris stridents. Les branches fouettaient le visage des quatre misérables. Des scorpions et des mille-pattes s'enfuyaient sous leurs pieds. Ils aboutirent dans une vaste salle aux murs hérissés de statues représentant des femmes à ventre rond, des hommes dans des postures pieuses ou obscènes, des esclaves nus, des bouddhas souriant avec bienveillance, toute une population de pierre éclairée par la lueur jaune du rat de cave, qui semblait avoir été rassemblée là par le diable pour assister à l'enterrement du pauvre Achmet par ses meurtriers. On porta le coffre dans une autre salle et on l'ouvrit grâce à la clef qui était attachée à une des poignées par une cordelette en soie. Il contenait cent trois diamants, quatre-vingt-quatre émeraudes, cent trente-sept rubis, deux cent dix saphirs, des agates, des onyx, des turquoises, trois cents perles dont douze, particulièrement volumineuses, serties dans un diadème, et quarante mille roupies d'or en rouleaux.

– Mon Dieu! soupira Thaddeus. Et tout cela s'est volatilisé! On en a quand même le cœur chaviré.

– Qu'est devenu le mulet? demanda M. Wilde. J'espère que ces canailles ne l'ont pas tué aussi. Pauvre bête!

– Je suppose, dit M. Holmes, qu'ils l'ont chassé. D'une façon générale, le sort des mulets n'est pas très heureux aux Indes, vous savez.

Small et les Indiens enfoncèrent le coffre dans une niche creusée dans le mur, qu'ils recouvrirent de briques. Puis ils se firent des serments épouvantables, comme quoi pas un d'eux n'agirait à l'insu des autres et que le trésor serait équitablement partagé quand viendraient des temps meilleurs. Ceux-ci, du reste, commençaient à poindre. Les grandes paniques ne durent pas longtemps avec les Anglais. Leur orgueil leur fait bientôt retrouver leur sang-froid. Le général Wilson s'empara de Delhi, puis sir Colin Campbell dégagea Lucknow, après quoi la révolte des Cipayes battit de l'aile. Une colonne volante sous les ordres du colonel Greathed poussa jusqu'à Agra. Small et ses complices voyaient le moment où ils pourraient chercher leurs bijoux et leurs roupies. Ils s'étaient déjà procuré des ceintures de sûreté à poches et des valises à double fond. Pourquoi l'excès de prévoyance est-il toujours fatal? Le destin est enfant de bohème, comme l'amour dans le bel opéra de M. Bizet. Dès que quelqu'un fait mine de croire à sa fidélité, il s'empresse de le trahir. Les valises et les ceintures étaient, si j'ose dire, le coup de tonnerre précédant l'orage, et les assassins ne l'entendirent pas. On les arrêta tous les quatre. Leur crime avait eu un témoin. Celui-ci, homme prudent, attendait que l'ordre fût revenu pour les dénoncer à l'autorité qui l'aurait rétabli. Aucun d'eux ne révéla l'existence du coffre. Small y eut d'autant plus de mérite qu'étant européen, et par conséquent, malgré sa rusticité, nourri de logique, son esprit se révoltait à l'idée que l'on pût penser qu'il avait participé à un assassinat sans raison, pour le seul plaisir de tuer, comme un dément ou un sauvage. Le tribunal le considérait avec une stupeur incrédule qui l'embarrassait plus que les interrogatoires. Vingt fois il fut sur le point de céder. Vingt fois il se retint. On le condamna aux travaux forcés à perpétuité et on l'expédia ainsi que les trois autres au pénitencier des Andaman.

4

*Le bagne des Andaman – Où mène l'abus du poker
– Pacte ignominieux entre deux honorables
militaires et un assassin – Tableau de la vérité
sortant de son puits – Lord Arthur Savile, sa
femme et son neveu – Leur extermination*

M. Holmes, après l'abordage de l'*Aurore*, avait questionné Small en détail. N'étant plus pressé par rien, n'ayant plus de but, envahi par la placidité fataliste qui suit les grands échecs, il avait répondu avec complaisance. Raconter sa vie dédommage de l'avoir manquée. Il décrivit ses années de bagne, ses rêves d'évasion devant l'océan Indien qui s'étendait de tous côtés à des centaines de milles, l'ironie cruelle d'être plongé dans la pire misère quand on possédait quelque part dans le monde les richesses d'un nabab. Les forçats étaient surtout des indigènes. Il y avait peu de Blancs, qui étaient surveillés, comme les autres, par des soldats Pathans, enchantés de traiter des Anglais en parias. Small, à cause de son pilon et de sa bonne conduite, bénéficia d'un régime de faveur. On lui octroya une hutte à Hope Town, village situé sur le flanc du mont Harriett dans l'île Blair, endroit lugubre et malsain, entouré par une jungle habitée de petits êtres noirs qui lançaient des dards empoisonnés avec leurs sarbacanes. Les bagnards, cuits par un soleil de plomb, mangés des moustiques, ahuris par les fièvres, travaillaient dix heures par jour à dépierrer, construire des remblais, creuser des tranchées et aménager des plantations. Small était chargé de distribuer des médicaments, grâce à quoi il devint un peu médecin.

C'est aux Andaman que sa route croisa celle de mon père et du major Sholto. Comme tous les officiers britanniques, ils s'ennuyaient à mourir et jouaient aux cartes du matin au soir avec les administrateurs civils, qui leur gagnaient tout ce qu'ils voulaient. Une nuit, Small qui revenait de l'infirmerie à sa hutte en claudiquant sur son pilon, vit deux silhouettes à vingt ou trente pas devant lui. Il s'arrête et écoute. Une des voix avait un accent sépulcral, l'autre paraissait plutôt insouciante. Small, qui a l'oreille exercée des prisonniers ou des gens à demi oisifs, reconnaît tout de suite mon père et le major Sholto. Ils discutaient de leurs pertes. Le major disait qu'il était « rincé », qu'il avait signé pour trois cents guinées de reconnaissances de dettes sans avoir le premier sou pour les payer, qu'il était déshonoré, qu'il ne lui restait qu'à se brûler la cervelle. Papa lui répondait de son ton léger que j'aimais tant, lui tapait gentiment sur l'épaule. Lui aussi il avait perdu sa chemise, mais qu'est-ce que cela faisait? Ils étaient dans une passe de guigne, voilà tout. Cela finirait forcément un jour ou l'autre. Il ne faut pas se désespérer, sans compter qu'une aubaine peut à chaque instant tomber du ciel. Cher papa! Je reconnaissais bien là son style. Toujours à guetter la colombe annonçant la fin du déluge, comme Noé sur son arche! Toujours plein de foi dans la bonté du hasard, jamais découragé : comment ce caractère lumineux avait-il pu se lier avec un homme opaque et lourd comme le major Sholto? Les hommes ne sentent pas le diable comme les femmes. Peut-être ont-ils moins d'affinités avec lui!

Small, à vingt pas, invisible dans l'obscurité, a des battements de cœur. Il rentre dans sa hutte, réfléchit quarante-huit heures et se dit qu'il tient sa chance. Il s'arrange pour rencontrer Sholto et lui parle d'un trésor qui dort dans une vieille forteresse, du côté du Népal. Sholto devient bleu et darde ses yeux de langouste. Un bagnard accostant un officier britannique, a-t-on jamais vu! Cependant, Small devine que le poisson est ferré. Il se fait tout petit, tout humble, il explique que le trésor ne doit rien à personne, vu qu'il appartient à un rajah déposé, traître à l'Angleterre, un ami de Nana Sahib, dont on n'entendra plus jamais parler. Sholto débleuit. Small pense « ouf! ». Il a une idée admirable : c'est parce qu'il a l'intention de révéler à qui de droit l'existence du trésor qu'il s'est permis d'aborder le major, démarche dont il mesure toute l'énormité. Mais à qui se confier, à qui demander un conseil, ici, dans cet univers de brutes? Seul un gentleman est capable de comprendre qu'un homme, si coupable qu'il ait été, puisse éprouver du remords et désire se racheter en offrant le fruit de son crime au gouvernement de Sa Majesté. Dame, c'est qu'il y en avait pour beaucoup! « Combien? » demande le major avec une indifférence si marquée que Small se retient d'éclater de rire. La partie est gagnée. Attention à bien ménager l'intérêt. Il faut mettre le major sur le gril. Quelle belle scène : un démon en train de tenter un autre démon! J'avoue que M. Holmes racontait cela très bien. Nous étions suspendus à ses lèvres. Small prend l'air niais et répond à côté : à qui s'adresser pour l'aveu? Le major croit-il que cette bonne volonté, ce cadeau formidable qu'il s'apprête à faire au chancelier de l'Echiquier lui vaudra une remise de peine? Là-dessus, couplet plaintif : le pauvre Small est bien revenu de tout. D'ailleurs il n'en a plus pour longtemps : le climat, les privations et les fièvres l'ont miné. Ah! fuir cette moiteur, ce soleil meurtrier! Il voudrait finir ses jours dans la mère patrie, dans un coin perdu, les Highlands par exemple où il fait si agréablement froid. Le major s'impatiente. Il se moque complètement de la santé et des états d'âme de Small, qui se dit que le moment est venu d'assener le grand coup. Il l'assène. « Quoi? s'écrie le major. Un demi-million de livres? Vous êtes sûr de votre chiffre? » Small lui montre l'inventaire du coffre. Une sorte de rêverie passe dans les yeux de langouste. Small joue sur le velours. Alors, mon major, qu'est-ce que je fais? A qui que j' demande audience? Pas de précipitation, mon cher Small; la chose n'est pas à un jour près. Tiens, me v'là « mon cher Small », maintenant! Si, si, mon major. C'est pressé. J'en peux pus. Faut que j' dise tout. Les yeux de langouste disparaissent pudiquement sous les paupières. Eh bien, je suis là, mon cher Small. Dites-moi tout à moi. Ah! merci, mon major, mais je veux pas vous faire perdre votre temps. Vraiment, ça vous embête pas, mes petites histoires? J'ai jamais raconté ça à personne, vous savez. Vous serez le premier. Small entre dans tous les détails : les Sikhs, la poterne, Achmet, la pluie, le serment des quatre bandits. Le major Sholto allume un cigare, tousse, graillonne. A la fin, silence. Réapparition des yeux de langouste. « C'est une affaire très importante, dit le major, pensif. Je vous reverrai dans vingt-quatre heures. D'ici là, pas un mot à qui que ce soit. » Small, pour mesurer à quel point il le tient, lui demande un cigare. L'autre le donne.

Rentré dans ses quartiers, le major sirote trois verres de brandy et fume deux Trichinopoly en méditant. Le voilà devenu confident d'un assassin et prêt à partager le produit d'un crime. On a beau être tout rouge, avoir des yeux de langouste, cacher son caractère derrière un catarrhe chronique, on n'en est pas moins, quelquefois, effarouché. D'autre part, il faut considérer le trésor, qui est fabuleux. Commettre une irrégularité pour un demi-million de livres est tout autre chose que de la commettre pour quelques shillings. C'est aussi différent que de tuer un homme ou d'en faire tuer cinq cent mille. Dans le premier cas, on est un misérable, dans le second un généralissime. Autrement dit, la morale varie selon qu'on a un grand but ou un petit. Toutefois le major Sholto n'avait pas l'âme d'un généralissime. Il avait besoin de quelqu'un qui l'aidât à sauter le pas. Qui? Le seul homme en qui il eût confiance était mon père. Il frappe à sa porte et le met au courant de tout. Je tremblais à l'idée que mon pauvre papa, qui était l'honneur et la probité mêmes mais qui n'était pas très fort contre la tentation, ne fût ébloui comme son camarade. Tout au contraire, à mesure que Sholto parlait, il était saisi de stupeur et d'indignation. Comment osait-on lui proposer un pareil marché? S'acoquiner avec un assassin, qui avait été jugé par les tribunaux britanniques, reconnu coupable, condamné au bagne à perpétuité, s'exposer à Dieu sait quels chantages en acceptant de l'argent de ce gibier de potence, cela n'avait pas le sens commun. Allons, Sholto, reprenez-vous, mon vieux! Trois cents guinées de dettes, ce n'est pas la mer à boire. En tout cas, cela ne vaut pas de se déshonorer. D'ailleurs, ne m'avez-vous pas dit que vous aviez un oncle qui vous avait institué son légataire universel? Oui, bien sûr, il y avait cet oncle-là, mais vous savez comme sont les oncles, Morstan, hein? quoi? Race contrariante au possible. Ils ne meurent jamais quand cela vous arrangerait. Celui-là était vieux comme Hérode, malade et tout. N'importe quel homme raisonnable, à sa place, aurait passé dix fois l'arme à gauche. Lui, pas. Le genre moribond éternel. Exaspérant. Vous avez tort, Morstan, de monter comme cela sur vos grands chevaux. Ce Small est une crapule, d'accord. Mais regardons les choses en face. Soyons réalistes. Il faut être réaliste dans la vie. Le passé était le passé. Le pauvre Achmet était mort. Rien ne le ressusciterait. Le trésor n'appartenait plus à personne. Il suffisait de se baisser pour le ramasser. C'était trop bête de laisser échapper une pareille aubaine. Et Small? objectait mon père. Que veut-il en échange? Il ne nous donne pas cinq cent mille livres pour nos beaux yeux. Il va nous demander des choses incompatibles avec l'honneur d'un officier. Non, non, Sholto, croyez-moi, ne songez plus à cela. Il mollit, pense le major. Je le tiens! Etre tout seul en face du trésor lui faisait peur. Le morceau était trop gros. Il lui fallait un compagnon, tout au moins pour le début de l'aventure. Ensuite, il aviserait. C'est vrai que papa mollissait. A douze ou treize ans de distance, je le sentais et j'en souffrais. La fatale idée d'être riche était entrée en lui, sinon il aurait coupé court. Or, il discutait. Hélas! en fait de dialectique, le major était beaucoup plus fort que lui. Papa était perdu. Je le voyais s'avancer inexorablement vers quelque chose de mal. D'autant que le major avait eu une inspiration diabolique : il s'était mis à lui parler de moi, de sa petite fille, de sa Mary qu'il adorait, à qui il pensait nuit et jour, qu'il se désolait de ne pas gâter davantage, pour l'avenir de laquelle il ne cessait de se ronger. Avouez, mon bon ami, qu'entre vos goûts de luxe et le poker vous n'êtes pas un père très sérieux, hein! Quoi? Supposez qu'on vous change d'affectation demain. On vous envoie en Afghanistan. Une balle attrapée bêtement : plouf! Exit Morstan. Bon. Très bien. Très chic. Tout à fait d'accord. Morstan tombé au champ d'honneur. La V.C. posthume. Vous voyez, je ne lésine pas. Mais la mioche, hein, dites-moi? Qu'est-ce qu'elle devient, la mioche? Orpheline. Fichue. Pas un penny. Juste les yeux pour pleurer! Changement de tableau : le major évoque les roupies et les émeraudes de Small, il les répand. L'or tinte, les pierreries étincellent. Fini les affres. Mary est tirée d'affaire. Elle ne sera jamais pauvre, la petite chérie, ce qui est la hantise de Morstan. On pourrait, par exemple, lui constituer un capital de vingt ou trente mille livres, à son nom, inaliénable. De la sorte elle ne serait plus à la merci d'un brelan de valets. Quand même, cela mérite deux sous de réflexion, non? J'étais désespérée parce que je savais bien où les deux sous de réflexion mèneraient. Papa, pour lui seul, n'aurait jamais commis la moindre malhonnêteté. Pour moi, il était capable des pires folies et il les faisait quand je n'étais pas là pour lui remettre la tête à l'endroit.

La nuit suivante, Small fut réveillé par deux hommes tenant une lanterne. La présence de mon père dans sa cabane surprit le forçat et lui fit plaisir. Il avait flairé dans le major une canaille ignorant ou méprisant le code d'honneur des brigands professionnels, et capable de lui jouer un méchant tour. Les honnêtes gens, selon lui, se divisaient en deux catégories : ceux qui n'éprouvent pas de scrupules à rouler un bandit et ceux qui sont honnêtes avec tout le monde, bandits inclus. Le major Sholto appartenait à la première catégorie, mon père à la seconde. Son air rogue et embarrassé, sa mauvaise humeur étaient garants de sa droiture, si on parvenait à l'enrôler. Papa eut donc, après la scène de séduction du major, à subir celle du bagnard. C'était beaucoup pour quelqu'un déjà à demi persuadé. Il s'établit aussitôt une entente tacite entre le coquin en spencer et le coquin en bourgeron. Il y avait une comédie à donner. Ils la donnèrent. Sholto fit un beau discours à Small comme quoi il avait étudié la question à fond : le trésor appartenait à celui qui l'avait trouvé, donc à lui Small, qui avait le droit d'en disposer comme il l'entendait. La Couronne n'avait rien à voir là-dedans. Small écouta, fit des manières, protesta de son repentir, et se laissa finalement convaincre. Papa fut tout à fait abusé par ces singeries, qui n'étaient pas inutiles : le cynisme l'aurait fait fuir. On en vint au solide, c'est-à-dire aux conditions. Dans la situation où était Small, il ne pouvait demander qu'une chose : qu'on l'aidât à « gagner sa liberté ». Ce fut son expression. Rien de tel que les canailles pour se servir de l'euphémisme. Un trésor volé devient miraculeusement un trésor trouvé, et l'évasion de quatre criminels de droit commun une aspiration à la liberté. Small ne se dissociait pas de ses complices. Ou on les tirait tous du bagne, ou il n'y avait rien de fait. Il était si honnête à sa manière qu'il exigea une seconde entrevue où assisteraient Mahomet Singh, Abdullah Khan et Dost Akbar. Il refusait qu'aucune décision fût prise derrière leur dos. Cette délicatesse parut des plus saugrenues au major Sholto. Est-ce qu'on se gêne avec des Noirs ? Qu'est-ce qui retenait Small de jouer sa partie tranquillement et de laisser crever ces trois-là à l'île Blair ? Son attitude était incompréhensible. « Moi, je la comprends », dit mon père. Ce furent là les seules paroles qu'il prononça dans la hutte, mais elles étaient grosses de sens. Nul ne s'y trompa. Elles scellaient le pacte.

A la seconde entrevue, où figuraient les trois Sikhs, dont on ne voyait, dans la nuit, que les yeux de chouette, tout fut décidé et organisé. Small avait préparé deux plans du fort d'Agra, un pour le major, un pour mon père. Sholto obtiendrait une permission, prendrait le navire de ravitaillement et irait reconnaître l'endroit. Lorsqu'il aurait vérifié que le coffre était toujours là, il louerait un petit yacht, bien approvisionné pour le voyage, qu'il enverrait mouiller au large de l'île Rutland. Les quatre forçats le rejoindraient la nuit en pirogue. Il lèverait l'ancre aussitôt. Ensuite de quoi, Sholto retournerait à son unité. Alors ce serait au tour du capitaine Morstan de demander une permission afin de rencontrer les fugitifs à Agra, où l'on procéderait au partage du trésor. On convint qu'il en reviendrait un cinquième aux deux officiers. Tout cela se termina par des serments solennels qui me donnèrent la nausée. Mon père, mon propre père engageant sa parole à des assassins! Et pour de l'argent! Quelle tristesse! J'étais si désespérée que je n'osais pas lever les yeux. Que devaient penser Mrs Forrester, M. Wilde et surtout le Dr Watson? Je savais, moi, ce qui avait poussé papa. C'était par amour pour moi plus que par faiblesse qu'il s'était déshonoré. Il n'en avait pas tiré le moindre profit, et même il y avait trouvé la mort, mais le déshonneur n'en existait pas moins. Finalement je me résolus à couler un regard honteux vers le Dr Watson, m'attendant à lui voir un visage hostile ou tout au moins fermé. Je l'avais mal jugé. Ce n'était pas un de ces bourgeois à préjugés, un de ces orgueilleux pharisiens comme on en rencontre tant en Angleterre, qui ne pardonnent rien, qui vous maudissent pour des fautes que vous n'avez pas commises et dont vous êtes le premier accablé. Il sentait comme je souffrais et il en souffrait lui-même. Il me considérait d'un œil anxieux avec un demi-sourire de compassion et de tendresse.

– Rien ne vous lie à moi, vous savez, lui murmurai-je.

– Mary, ma chère Mary, répondit-il tout bas, filons à Gretna Green et marions-nous demain. Si quelqu'un peut comprendre votre père, c'est bien moi. Je ferais n'importe quoi pour que vous soyez riche et heureuse, y compris de vendre mon âme au diable. Malheureusement aucun diable ne me propose de l'acheter.

– Pardonnez-moi, monsieur Sholto, dit M. Holmes. Je crains que le récit de Small ne soit pas exactement conforme à celui que vous nous avez fait hier soir, en toute bonne foi, je m'empresse de le souligner. Monsieur votre père, après avoir constaté que le coffre était effectivement là où on le lui avait indiqué et qu'il contenait une fortune, est allé à Calcutta, non pour fréter un bateau, mais pour démissionner de l'armée. Comme un bonheur n'arrive jamais seul, monsieur votre grand-oncle choisit ce moment pour trépasser. Il n'y avait plus la moindre raison pour que monsieur votre père retournât s'ennuyer aux îles Andaman. Il s'est emparé du coffre et l'a emporté en Angleterre. Pour dire les choses crûment, il a volé tout le monde. L'accord passé avec le capitaine Morstan selon lequel il était plus prudent que ce fût lui qui convoyât le trésor est une aimable fantaisie. Il n'y a jamais eu de convention de ce genre, puisque le major n'a plus donné signe de vie à quiconque. De même, c'est pour lui reprocher sa trahison, lui faire rendre gorge et défendre les droits des quatre forçats que le capitaine Morstan est allé mourir à Pondichéry Lodge. De là la violence de l'altercation, qui n'aurait évidemment pas atteint un tel paroxysme s'il ne s'était agi que d'une question de pourcentage.

– Holmes, vous êtes une brute! dit avec vivacité le Dr Watson. Une brute, vraiment. Il n'y a que vous pour parler de la sorte d'un père devant son fils. Lorsque vous exposez vos raisonnements ou vos renseignements, vous ne voyez plus personne.

Thaddeus avait la tête baissée, ses deux petites mains blanches sur son gros crâne rouge. Il se redressa et nous offrit un festival de tics, dont personne ne songea à sourire.

— Ces accusations sont très graves, dit-il. Vous vous rendez compte, n'est-ce pas, monsieur Holmes, que vous opposez la parole d'un assassin à celle d'un officier et que vous donnez raison à l'assassin contre l'officier. Vous m'obligeriez en retirant ce que vous venez de dire.

— Je le retire bien volontiers, cher monsieur, dit M. Holmes, et je vous demande pardon d'avoir cédé au vertige de la logique. C'est une de mes faiblesses.

— Faiblesse excusable, je vous assure, dit M. Wilde à Thaddeus. M. Holmes est comme toutes les personnes qui ont vu la Vérité toute nue assise sur la margelle de son puits : il tient à en informer la terre entière. La Vérité produit un effet horrible sur les malheureux qui ont l'infortune de la contempler : elle rend bavard. Prenez monsieur Holmes. Il est plutôt secret, en général, plutôt taciturne. Mais il passe son temps à rechercher les puits où habite la Vérité. Ces puits sont très difficiles à trouver. Pour en dénicher un, il faut se donner un tintouin inimaginable, marcher jusqu'à l'épuisement, revenir cent fois sur ses pas, se mettre à quatre pattes, étudier le terrain avec une loupe. Lorsqu'on arrive, on est fourbu. Et le travail n'est pas fini. Il faut encore déshabiller la vérité, qui est couverte comme un oignon, lui ôter un par un ses cotillons, ses voilettes, ses bandelettes, ses caracos, ses ceintures de flanelle, ses trente paires de chaussettes, ses quatre corsets superposés. Quand on a tant fait que d'y parvenir, et qu'elle apparaît dans le costume d'Eve, que voit-on ? Un monstre, chauve, édenté, flasque, les seins pendants, le ventre ballonné, les yeux chassieux, qui pue et qui vous couvre d'ordures. Alors écoutez bien ! Au lieu de s'enfuir en se bouchant le nez, on reste là, fasciné, émerveillé, ébloui, enchaîné, on se repaît de cette horreur, rien au monde ne paraît plus ravissant et plus désirable. L'homme qui cherche la vérité et qui, pour son malheur, la trouve, est un lépreux fier de sa lèpre qui joue des marches triomphales avec sa crécelle. Bien entendu, tout le monde lui jette des pierres.

– Joli développement, dit M. Holmes en pinçant la bouche. Je me permets toutefois de vous signaler que je ne joue pas de la crécelle, mais du violon, et plutôt avant d'avoir trouvé la vérité qu'après. Le Dr Watson vous dira que je cultive sur mon instrument le genre mélancolique et non le genre triomphal. Pour en revenir au sujet qui nous occupe, ajouta-t-il sarcastiquement, en homme vexé qui se domine, j'avoue que, dans certains cas, il m'arrive d'accorder plus d'importance à la parole d'un voleur qu'à celle d'un gentleman. J'ai tort, naturellement. Je vous promets, monsieur Sholto, qu'il ne sera plus question de monsieur votre père. Nous avons tous ici trop de sympathie à votre égard pour vous blesser inutilement.

L'histoire de Small, poursuivit-il avec la même ironie, prouvait bien qu'on avait affaire à un obsédé, à un maniaque. Le hasard voulut qu'il découvrît un petit insulaire andaman qui était malade et s'était caché dans les bois pour mourir. Il le soigna. Le sauvage, appelé Tonga, s'attacha éternellement à lui, comme une bête à qui l'on a fait du bien. Outre son pagne, sa sarbacane avec laquelle il lançait des épines empoisonnées, la peinture dont il se barbouillait le front et les joues, il possédait un canot d'écorce. Après onze jours de dérive sur la mer, Small et son compagnon furent recueillis par un cargo transportant des pèlerins malais de Singapour et Jiddah. L'agrément de ces sortes de bateaux est que les passagers sont des gens discrets, soit parce qu'ils sont réellement absorbés par leurs exercices de piété, soit parce qu'ils sont dans une situation où l'on n'a pas intérêt à être curieux. Trois ou quatre ans plus tard, après cinquante tribulations, les fugitifs débarquaient à Londres. Entre ce moment et celui où Small avait été condamné, il s'était écoulé vingt-cinq ans. Un quart de siècle! Ses cheveux étaient tombés, sa barbe avait grisonné, son teint avait pris une couleur ocre qui ne s'en irait plus; mais la misère, les expédients, les fatigues, la colère lui avaient conservé une santé et une vigueur de jeune homme. Ce philosophe (M. Holmes *dixit*) avait oublié la façon dont lui-même avait mis la main sur le trésor d'Agra. Le trésor lui appartenait légitimement. Il l'avait gagné par ses malheurs. Le major Sholto l'avait spolié. Lorsqu'il y pensait, il écumait de rage : lui et ses camarades étaient victimes d'une injustice sans exemple. Il rêvait de vengeances effroyables et romantiques. Il constata vite que ce n'était point aisé. La maison de Norwood était gardée comme un bastion par les deux ex-boxeurs, le khitmutgar Lal Chowder et les autres domestiques. Tout ce à quoi il parvint, deux ou trois fois, à la faveur de la nuit, fut de pénétrer à l'intérieur du jardin, de venir coller sa tête à la fenêtre de la chambre à coucher du major, qui finit, comme on sait, par en mourir d'épouvante. Pour subsister, il exhibait dans les rues son petit monstre Tonga qui mangeait de la viande crue et exécutait des danses guerrières.

Il ne connaissait plus personne en Angleterre. Son impuissance devant l'immoralité triomphante tantôt le soulevait de haine et il rêvait d'ouvrir la gorge du major Sholto à coups de rasoir, tantôt le jetait dans le désespoir, et pour un rien il se serait suicidé. Tonga était précieux dans ces minutes difficiles : il se couchait à ses pieds et le regardait comme un chien. Alors Small, voyant qu'une créature au moins l'aimait, reprenait courage. Il racontait longuement au monstre, qui n'y comprenait goutte, mais approuvait avec des hochements de tête et de grands sourires cannibales, quels traitements on appliquerait à l'immonde Sholto quand on l'aurait capturé.

Small avait l'impression, sauf à de rares occasions, que la guigne, tout au long de sa vie, avait soufflé sur lui comme un vent contraire, le poussant toujours vers des rivages désolés ou tragiques. Or, voilà que soudain le vent tourna. Un jour qu'il avait emmené Tonga faire ses tours dans Hyde Park, il aperçut, au-delà du cercle des badauds, un gentleman qui passait, dont le visage lui rappelait quelque chose d'autrefois. C'était celui d'un officier des Buffs, son régiment pendant le peu de temps qu'il avait été soldat. Le nom de l'officier jaillit de sa mémoire : lieutenant Moran. Il pensa : je suis sauvé. Pourquoi pensa-t-il cela? Mystère de l'intuition. Small, au cours de son existence farouche, peut-être aussi à cause de son intimité avec un primitif, avait acquis un flair d'animal. Le soir, il se mit en quête d'un annuaire dans lequel il lut avec ravissement que Moran, Sebastian, capitaine en disponibilité, habitait Conduit Street et appartenait au Club anglo-indien, au Tankerville et au cercle de Bagatelle. « Mazette, dit-il à Tonga, c'est un monsieur. » Comment l'approcher? L'attendre à ses clubs? Cela risquait de durer longtemps. Se présenter chez lui? Les larbins mettraient à la porte ce mendigot et son nain. Pourtant, malgré vingt-cinq ans de pessimisme, Small sentait quelque chose d'heureux bouger au fond de lui. Il avait la certitude que c'en était presque fini de ses peines.

Il lui fallut deux semaines pour aborder Moran, mais le bagne lui avait appris la patience. Il s'était établi dans Conduit Steet, et guettait. Enfin Moran passa près de lui. Il murmura : « Mes respects, mon capitaine. » Moran s'arrêta pile et le fixa de son œil de tigre. Qui pouvait l'appeler « mon capitaine », sinon un de ses anciens soldats? Les bandits lui donnaient du colonel. « – Ton nom? » dit-il. « –

Small, 3e Buffs. » « – C'est toi qui as eu la jambe coupée par un crocodile ? » « – Oui, mon capitaine. » « – Dis : mon colonel. Je n'ai plus l'âge d'être capitaine. Qu'est-ce que tu veux ? De l'argent ? Débrouille-toi. Tu n'as qu'à travailler. Es-tu dégourdi ? Si tu l'es, je pourrais m'occuper de toi. » « – Mon colonel, dit Small, je ne demande rien. J'ai pour cinq cent mille livres d'or et de bijoux. » « – Qu'est-ce que c'est que cette farce ? Allons chez moi. Mais tu laisseras ton crapaud dehors. Il doit être plein de puces. Tu pues comme un bouc. Gare à toi si tu me fais perdre mon temps. »

Small conféra deux heures avec le colonel Moran, qui exigea les moindres détails de ses aventures depuis l'épisode de la baignade dans le Gange, et qui se fit donner une description minutieuse du trésor d'Agra. La personnalité et les talents de Tonga l'intéressèrent au point qu'il offrit dix guinées pour le louer durant une journée, plus dix autres guinées à percevoir après que le sauvage aurait accompli le petit travail qu'on lui confierait. Small était partagé entre deux sentiments : la joie d'avoir enfin trouvé quelqu'un qui serait pour lui une espèce de protecteur, et l'effroi que ce protecteur eût besoin de la sarbacane d'un indigène des îles Andaman pour supprimer un de ses concitoyens, car il ne pouvait s'agir que de cela, quoique rien ne fût dit. On ne loue pas vingt guinées les services d'un petit monstre qui rapporte à grand-peine une livre en un mois, pour le seul plaisir de le montrer à ses amis. Le malheureux bagnard n'était pas loin de penser qu'une fois de plus, en se croyant bien malin, il avait mis la main dans un engrenage funeste et que sa liaison avec le colonel risquait de l'entraîner plus loin qu'il ne l'aurait désiré. L'aveu de cette transaction avait fait dresser l'oreille à M. Holmes : elle expliquait enfin la mort mystérieuse de lord Savile, survenue il y a quatre ans.

— Ne me dites pas que le pauvre Arthur a été tué par cette hideuse créature! s'écria Mrs Forrester. Il était si gentil, si bien élevé, si bête! Je l'aimais beaucoup. Il était marié à une horrible femme, qu'on n'a plus revue, Dieu merci. Est-ce qu'elle n'est pas morte, elle aussi?

— Parfaitement, madame, dit M. Holmes. Six mois après son mari, en léguant toute sa fortune au Pr Moriarty, chose qui m'avait, à l'époque, paru très suspecte. Grâce à Small, j'ai reconstitué l'affaire. Lord Savile, comme vous vous en souvenez peut-être, est tombé par terre en descendant de sa voiture devant la porte de sa maison de Grosvenor Square. Le cocher et le valet de pied se sont précipités pour le relever mais ils ont reculé d'horreur : son chapeau avait roulé par terre, ses cheveux s'étaient dressés sur sa tête, son visage était contracté et grimaçant, ses yeux exorbités. A l'autopsie on a découvert à la base de son cou une longue épine noire enduite d'un alcaloïde végétal très puissant dont les effets, comparables à ceux de la strychnine, provoquent une sorte de tétanos immédiat. On a analysé ce poison. Mon ami l'inspecteur Lestrade, de Scotland Yard, a songé à me consulter. J'avais publié récemment un modeste opuscule dénombrant deux cent quarante-sept substances toxiques. Il ne m'a pas été difficile d'identifier celle qui avait causé le trépas de lord Savile : elle provenait des jungles qui envahissent certaines îles du golfe du Bengale. Cela n'a fait que rendre l'énigme plus incompréhensible. Lord Savile n'avait de sa vie quitté Londres, sauf pour quelques villégiatures dans le midi de la France en hiver. Rien ne le rattachait aux Indes, de si loin que ce fût. D'après la trajectoire de l'épine empoisonnée, il semblait qu'elle eût été envoyée d'un soupirail de Savile House, au ras du trottoir. J'ai fortement soupçonné lady Savile d'être à l'origine de cela. Le ménage s'entendait très mal : on disait qu'elle avait un amant. J'ai surveillé la maison quelques jours, tantôt grimé en encaisseur de banque, tantôt en matelot, et même en vieille demoiselle. J'ai été récompensé de mes peines : un soir, j'ai vu entrer un commissionnaire dont la tête ne m'était pas inconnue. C'était un repris de justice nommé Dougherty. Quel message un chenapan de cet acabit apportait-il dans cette noble demeure, et de qui ? Je tenais le bout du fil. Le lendemain, j'avais acquis la certitude que l'amant de lady Savile n'était autre que le professeur Moriarty. Tout s'éclairait, mais il n'y avait pas de preuves. Six mois plus tard, lady Savile prenait des vacances en Suisse. Elle séjournait à l'Hôtel des Anglais, dans le village de Meiringen. Un matin, sur le conseil de l'hôtelier, un nommé Peter Steiler, elle part en excursion afin d'admirer les chutes de Reichenbach. On ne l'a jamais revue vivante. Un jeune Suisse a prétendu avoir aperçu près des chutes un homme à moustache raide et aux yeux de tigre, mais cela n'a été confirmé par personne. On a retrouvé le corps de la malheureuse, affreusement déchiqueté par les rochers. Elle avait fait une chute de deux cents pieds. On a conclu à l'accident. Le Pr Moriarty a hérité de la maison de Grosvenor Square, qu'il a vendue, de terres, et de vingt mille livres de rente, sans parler de la fameuse collection d'émaux du XVIe siècle des Savile.

— Quel joli nom que lord Arthur Savile, dit M. Wilde. S'il ne reste plus de Savile, je le donnerai à un héros de nouvelle.

— Non, dit M. Holmes. Il ne reste plus de Savile. Je le sais, car j'ai cherché d'éventuels héritiers collatéraux, qui auraient pu attaquer en nullité le testament de lady Savile. L'unique Savile était un neveu de lord Arthur, jeune homme de beaucoup d'avenir, paraît-il, mais qui était mort trois mois plus tôt, en

France. Vous pensez bien que cette mort si propice aux intérêts du Pr Moriarty m'a intrigué et que j'ai fait une enquête. Elle avait eu lieu à Nice. Je suis allé là-bas. J'ai appris que le jeune Savile fréquentait assidûment le casino de la Jetée et le casino de Monte-Carlo, où il jouait, avec prudence d'ailleurs, tantôt au chemin de fer, tantôt à la roulette. Un soir, à une table de baccara, il perd plus que d'habitude, et avec une régularité qui l'étonne. Il s'avise d'observer le banquier. Tout à coup, il s'aperçoit que le banquier triche, et même assez grossièrement. Il le regarde avec sévérité et lui dit, en plein milieu d'une donne : « Je crois, monsieur, que vous devriez céder la banque à votre voisin. » Le banquier blêmit et répond au jeune Savile : « Je vous attendrai dans dix minutes sur la jetée, monsieur. » Je tiens ces détails des croupiers du casino qui n'ont pas perdu une miette de la scène et qui m'ont décrit suffisamment le banquier pour que je sache de qui il s'agissait : trapu, la moustache en brosse, des yeux de fauve. C'était un Anglais. On le connaissait sous le nom de sir Archibald Mortimer. Le lendemain à six heures du matin, dans un pré au-dessus de Cagnes, à quelques milles à l'ouest de Nice, sir Archibald fendait la tête du petit Savile avec un sabre de cavalerie, arme qu'il avait choisie, se prétendant l'offensé, et qu'il maniait supérieurement, en vrai militaire, aux dires du marquis de la Pigeonnière, de M. Gaspard Lathune, des aciéries du Nord, du baron Joseph de Rothschild et de M. Machegrain, de la banque Machegrain, Villepion et Lichtenberger, qui reconnaissaient avoir été les témoins d'un guet-apens plutôt que d'une rencontre entre gens d'honneur. Sir Archibald est allé droit au petit Savile qui s'est dit : « Je suis perdu. » Les yeux de sir Archibald étaient fixes et attentifs comme ceux d'un félin s'apprêtant à sauter sur une proie. Les sabres attrapaient de temps à autre les rayons du soleil levant. Le petit Savile, après s'être assez bien défendu, a peu à peu perdu son sang-froid. La garde haute de son adversaire l'exaspérait comme un numéro qui ne veut pas sortir à la roulette, et sur lequel on finit par risquer toutes ses plaques. Il n'a plus songé à se garder. Il a saisi son sabre à deux mains et a fondu rageusement sur le colonel pour le blesser à mort en lui laissant prendre sa vie. Le colonel a été plus prompt : par un terrible retour de moulinet qu'auraient goûté les experts dans l'art de tuer, il a ouvert obliquement le crâne du petit Savile. Ces deux coups effrayants ont terminé le combat à la neuvième minute. Ensuite de quoi, aussi froid et tranquille que si, au lieu de supprimer un homme, il venait de cueillir des violettes, sir Archibald essuie son sabre sur l'herbe, endosse sa redingote, dit au revoir et monte dans son coupé. La police française, ennuyée que deux Anglais soient venus s'entre-tuer sur son territoire, n'avait qu'un souci : étouffer l'affaire. Elle a recherché mollement le soi-disant Mortimer qui a eu tout son temps pour disparaître.

M. Holmes nous révéla que, quand le colonel Moran proposa Tonga et sa sarbacane pour supprimer lord Arthur, le Pr Moriarty se montra réticent. En homme d'expérience, il se méfiait des choses trop subtiles. Il en est du crime comme des autres activités humaines : les innovations sont souvent dangereuses. Mieux vaut s'en tenir à la tradition, voire au cliché. La police, selon le Pr Moriarty, était composée de gens à l'esprit simple, ne connaissant guère plus d'une ou deux douzaines de schémas. Lorsqu'un policier a une énigme à résoudre, il se réfère instinctivement à l'un de ces schémas : crime crapuleux, crime de fou, crime de rôdeur, crime passionnel, crime politique, et ainsi de suite. En d'autres termes, il aborde le mystère avec une idée préconçue, puis il tâche de tordre la réalité jusqu'à ce qu'elle coïncide avec son préjugé. En général il y arrive et c'est un imbécile étranger à l'affaire qui est pendu, tandis que le coupable l'emporte au paradis. Ce système ayant toujours donné satisfaction, le Pr Moriarty ne voyait aucune raison d'en changer. Pourquoi mobiliser un sauvage lançant des projectiles empoisonnés, alors qu'il était si commode de faire poignarder lord Arthur Savile dans la rue par un voyou anonyme qu'on ne retrouverait jamais ? La police, devant un meurtre sortant de l'ordinaire, est contrainte d'abandonner ses schémas et risque de devenir dangereuse. Il y avait une différence de nature entre Moriarty et Moran. L'un était un ambitieux froid, sans fantaisie ; l'autre, un homme qui s'ennuyait et qui accomplissait parfois des actions bizarres pour se distraire. Faire expédier quelqu'un *ad patres* par Tonga amusait le colonel. Il insista. Moriarty céda pour lui faire plaisir, et, comme l'entreprise, finalement, avait réussi, il accepta d'utiliser encore une ou deux fois ce moyen hasardé. Davantage eût été imprudent. Du reste, Tonga n'avait pas une provision d'épines inépuisable. J'aurais aimé que M. Holmes nous racontât dans quelles circonstances le petit monstre avait encore craché la mort, mais il dut penser que cela n'avait pas de rapport avec ce qui nous intéressait.

5

*La canne était un fusil – Un personnage de
La Chauve-Souris – Le coup du cigare – Pourquoi
Small n'était pas déjà mort – Sir Rufus Levy
s'écroule sur les marches du Stock Exchange –
Les ravages du croup*

Une des règles du Pr Moriarty consistait à avoir le moins de rencontres possible avec les individus qui travaillaient pour lui, autant par sécurité que par politique. La pègre de Londres savait qu'elle avait un grand patron mystérieux, une espèce de roi souterrain et cela flattait le goût du romanesque qui est si fort chez les bandits. Tout passait par le colonel Moran qui ne les présentait au professeur que lorsqu'ils étaient, selon leur expression, « sur un gros coup », qu'ils avaient besoin d'un subside exceptionnel et surtout afin qu'il n'y eût pas de malentendu, plus tard, lorsque le vaurien devrait verser sa dîme. Ces rencontres, évidemment, n'avaient pas lieu dans le bel hôtel de Park Lane, mais dans une baraque de Stepney qu'il avait louée à cet effet. Le professeur, pour se rendre là, revêtait un accoutrement qui tenait à la fois de l'Europe centrale et du genre artiste : grand manteau noir à brandebourgs de soie descendant jusqu'aux chevilles, cache-nez de deux yards enroulé autour du menton, chapeau à larges bords rabattu sur les yeux, gants blancs ornés de trois nervures sombres, et cette canne bizarre que j'avais vue lorsque Jenkins la lui avait tendue et sans laquelle il ne se déplaçait jamais, paraît-il. A peine entendait-on sa voix, car il parlait peu et fort bas. Ce murmure, qui obligeait ses interlocuteurs à tendre l'oreille, lui donnait sur eux un avantage de plus. M. Holmes jugeait cette mascarade extrêmement ridicule, mais il fallait convenir qu'elle était efficace et témoignait d'une profonde connaissance du cœur humain. Le principal trait des brigands est d'être crédules et impressionnables comme des enfants ou des soldats. Ce personnage insolite leur en imposait davantage par son extravagance que n'eût fait un homme vêtu comme eux, ou même un élégant. Il leur fallait un uniforme pour qu'ils fussent persuadés qu'ils étaient en présence de leur suzerain. L'accoutrement du Pr Moriarty était célèbre dans les bas-fonds de Londres où on l'évoquait avec le respect moqueur qui accompagne les lubies des grands hommes.

— Qu'a donc de si particulier la canne du Pr Moriarty? dis-je. Moi aussi, je l'ai remarquée tout à l'heure.

— Ah! Ah! dit M. Holmes en riant silencieusement. Miss Morstan n'a pas les yeux dans sa poche! Cette canne est en réalité un fusil, mademoiselle. Un des fameux fusils à vent fabriqués par l'ingénieur von Herder. Avez-vous également observé le pommeau de la canne, qui figure une couronne de comte avec six fleurons?

— Oui, répondis-je. J'ai même fait la réflexion que le professeur doit se piquer la main quand il s'appuie dessus.

— Bravo, mademoiselle, bravo! Mais il faut aller un peu plus loin. Un des fleurons débouche automatiquement le bout de la canne quand on le fait basculer. Il est orné d'un petit rubis. Les cinq autres, qui sont surmontés de petits saphirs, sont cinq gâchettes. La canne de notre cher professeur est un fusil automatique à cinq coups qui peut envoyer ses balles à un quart de mille.

— Inconcevable! s'écria Mrs Forrester. Voilà maintenant qu'on vient chez moi armé! Quelle pose! Je suis bien sûre que votre Moriarty ne se sert jamais de son engin. Il ne le transporte que pour faire chic. Un fusil chez moi, un fusil chez la princesse de Galles, je vous demande un peu!

— Ma foi, madame, ce que vous dites là n'est pas faux, dit le Dr Watson. Pardon de mettre mon grain de sel, mon cher Holmes, ajouta-t-il en se tournant vers celui-ci qui n'eut pas l'air enchanté que l'on tirât des conclusions à sa place et le montra en remuant impatiemment les épaules (ce que je ne trouvai pas très gentil), pardon, mon cher, mais vous m'avez tant parlé du Pr Moriarty qu'il me semble que je le connais depuis toujours. Une chose m'a frappé tout à l'heure quand il est entré dans le salon. Je le voyais pour la première fois. Je ne m'attendais pas du tout à un homme comme cela. D'après ce que vous m'aviez raconté, je l'imaginais sévère, austère, inquiétant, peu loquace... enfin vous voyez le genre. Je m'attendais à Torquemada. Or, qui s'est présenté? Un personnage de *La Chauve-Souris*. Ce n'était pas Torquemada, c'était le marquis Renard. Vous dites que le Pr Moriarty est ambitieux, froid, avide, sans poésie, sans fantaisie. Permettez-moi pour une fois de n'être pas complètement de votre avis. Il a sa poésie, tout comme un autre, mais ce n'est pas une poésie de chez nous. C'est une poésie viennoise, composée de crème fouettée de chez Dehmel, de flonflons du Prater, de flûtes de champagne, d'opérettes, de quiproquos, bref quelque chose que nous autres Anglais nous sommes incapables de comprendre, ou même d'apercevoir. Je crois que la canne fait partie du bal masqué que s'offre le Pr Moriarty depuis vingt ans.

— Superbe! s'écria M. Wilde en regardant avec admiration le Dr Watson. Un personnage de *La Chauve-Souris*! C'est tout à fait cela! Ti-ta-ti ta-ti ta-ta-ti-ta-ta... Quel œil, monsieur Wolfgang Amadeus Watson, quelle oreille!

— A moins, poursuivit le Dr Watson, que cette canne ne replonge le professeur dans son adolescence, du temps qu'il arpentait la puszta accompagné de son chien, tenant sur son bras gauche un vrai fusil à deux coups, avec lequel il tirait des perdrix. Je ne sais rien de la puszta, mais je suppose que c'est plat et que cela s'étend à perte de vue. Avoir quatorze ou quinze ans, être tout seul dans cette immensité avec le chien qui remue les oreilles, des provisions de cartouches qui vous gonflent les poches, une musette contenant des sandwiches et une fiole de tokay qui vous bat les hanches, cela doit donner un bonheur inoubliable. Il était le jeune seigneur. Il était armé. Les paysans sans armes saluaient humblement ce beau jeune homme qui était leur maître, qui était chez lui partout, qui avait même le droit de tirer sur leurs poules et sur leurs pintades si la fantaisie l'en prenait. Aujourd'hui, il se promène dans les rues de Londres avec la canne-fusil fabriquée par l'ingénieur von Herder en songeant que, s'il le voulait, il lui serait aussi facile d'abattre un receveur d'omnibus picorant les tickets sur son impériale, un *policeman*, un gardien de square, une blanchisseuse livrant son linge que jadis les perdreaux de la puszta qui s'envolaient par compagnies sous ses bottes. Il y a des gens pour lesquels une arme est une amie, qui fait partie de leur personnalité, à laquelle ils sont attachés comme on aime sa pipe ou son cheval, comme on aime un camarade. J'ai appris cela aux Indes lorsque j'étais médecin militaire. Je soignais un officier pour une crise de paludisme. Il gardait en permanence son revolver chargé sous son oreiller, ce qui était absurde, l'infirmerie étant installée dans une zone pacifiée depuis des mois. Je lui ai demandé s'il craignait un danger quelconque. Il a paru embarrassé. J'ai insisté. A la fin il m'a avoué qu'il ne se séparait jamais de son arme, qu'il se sentait comme amputé de quelque chose quand il ne l'avait pas à portée de la main, et qu'à cause de cela il ne se mettait pas en civil durant ses permissions. Ne croyez-vous pas que le Pr Moriarty présente des symptômes analogues ? Il y a là certainement une petite vésanie à tendance morbide.

— C'est égal, dit Mrs Forrester, votre Moriarty est un vieux daim. Vous ne m'en ferez pas démordre. Je m'y connais en vieux daims. J'en ai vu des quantités à Paris sous l'Empire. Savez-vous à qui il me fait penser ? Au maréchal Bazaine qui faisait des ronds de jambe comme lui dans les salons, encore que celui-là on ne puisse pas l'accuser de tuer des gens.

M. Holmes était plaisant à observer pendant cet échange de propos. Il avait la mine résignée d'une grande personne écoutant des bambins et qui attend qu'ils aient fini de débiter leurs sottises pour reprendre la parole. Moi, au contraire, charmée. La façon dont il tirait la couverture à lui, comme on dit en France, m'avait agacée. J'étais sur le gril. J'aurais voulu que le Dr Watson l'interrompît souvent, donnât son avis, montrât son esprit si vif et si original à Mrs Forrester et à M. Wilde. Et voilà qu'il l'avait fait, à sa manière, à son heure, et que c'était parfait. Je me jurai *in petto* de ne jamais chercher à l'influencer, de ne jamais lui donner mon opinion comme tant d'épouses qui, par leur impatience et leur échauffement, poussent leurs maris à des actions maladroites. Les hommes ont une intuition bien plus juste que nous. Ce que nous prenons chez eux pour de la mollesse, et qui nous exaspère, est de la prudence. Je suis convaincue qu'ils feraient beaucoup moins de bêtises si nous n'étions pas derrière eux à les aiguillonner, à piquer leur orgueil, à les exhorter, à les aigrir. Mais revenons au récit de M. Holmes.

Durant toute la carrière du Pr Moriarty, on ne lui avait jamais soumis un coup aussi gros que celui que Small apportait. Après l'assassinat de lord Arthur Savile, le colonel Moran organisa une entrevue dans la maison de Stepney, où le professeur se rendit dans son uniforme habituel, ce qui, de sa part, était une petite erreur. Au lieu d'être intimidé par le manteau à brandebourgs de soie, le cache-nez et le grand chapeau, Small en fut ébahi. Il avait trop bourlingué pour qu'il lui restât la moindre miette de romanesque dans la tête. Il pensa : « Qu'est-ce que c'est que ce guignol ? » L'accent du professeur lui rendit confiance. Pourquoi un accent étranger est-il toujours rassurant dans les transactions malhonnêtes ? Peut-être parce qu'il suggère que le vice n'a pas de patrie, que le crime constitue une vaste société secrète internationale. En outre, les prétentions du professeur lui semblèrent des plus raisonnables. Vingt pour cent sur le trésor ? Topons-là ! En échange, ce galant homme fournirait les hommes nécessaires pour le dénicher. Où était-il, sinon à Pondichéry Lodge, espace circonscrit, donc facile à explorer ? On se reverrait après qu'on aurait déniché le coffre pour étudier le moyen de l'enlever et organiser le départ de Small pour le Brésil. Ce plan plut au forçat par son côté sérieux. Il avait le sentiment de causer avec des entrepreneurs, de passer un contrat, quasiment de prendre une police d'assurance. Lui qui, jusqu'alors, n'avait traité qu'avec des crapules de petite envergure comme ses complices dans le meurtre d'Achmet, ou un fourbe comme le major Sholto, voilà enfin qu'il s'associait avec des gens pratiques, des hommes d'affaires sans passion. Arrivait-il au bout de ses peines ? Malgré son pessimisme, il se prit à l'espérer. Non qu'il accordât la moindre confiance à MM. Moriarty et Moran qui n'hésiteraient pas plus que Sholto à le voler s'ils le pouvaient, mais il n'était plus enchaîné au bagne, et cela faisait une sacrée différence. Il était libre, il était sur place, à même de veiller quotidiennement sur ses intérêts. Avoir échappé à tant de dangers l'avait rendu orgueilleux : il était sûr d'être devenu à la fois invulnérable et très rusé. Pour se le prouver, il essaya sur ses partenaires ce qu'il appelait « le coup du cigare », c'est-à-dire qu'il leur demanda quelque chose dont il n'avait pas un besoin immédiat, comme il avait demandé un cigare, jadis, au major Sholto. Il était à Londres depuis deux ans et demi. Il en avait assez des expédients, de la misère, des nuits passées dans le dortoir puant de l'Armée du Salut avec Tonga recroquevillé contre lui comme un chien. Ces messieurs verraient-ils un inconvénient à lui verser une petite pension ? Disons trois livres par mois. Qu'était-ce pour eux ? Il les rembourserait bientôt au centuple. Comme il baissait les yeux hypocritement, il ne vit pas le regard qu'échangèrent ses deux commanditaires. Rien de tel que les riches pour faire des économies de bouts de chandelles. Ceux-ci, par principe, marchandèrent. On transigea à deux livres dix shillings.

Ils pensaient en avoir fini avec Small assez vite. En quoi ils furent déçus. Pondichéry Lodge était mieux gardé qu'ils ne supposaient. Mac Murdo faisait des rondes toute la nuit. Les domestiques étaient sur le qui-vive. Bartholomew Sholto, comme les loups, ne dormait que d'un œil. Les murs du parc avaient été surélevés et couverts de tessons de bouteille. La ridicule villa de Norwood était un fortin, une redoute, une espèce d'îlot en état de siège permanent au milieu de la paisible Angleterre. On ne manquait même pas de fusils pour accueillir d'éventuels assaillants : il y en avait trois, bien graissés, dans un râtelier. Les éclaireurs du colonel Moran ne tardèrent pas à s'apercevoir qu'il faudrait beaucoup de soins et de temps pour s'introduire dans cet endroit si bien défendu. Il fallut quatre ans. Small se félicitait d'avoir fait le coup du cigare à ses deux protecteurs. Cette épreuve de force, qu'il n'avait tentée que pour l'honneur, se révélait en fin de compte très utile. Sans les cinquante shillings mensuels qu'un gamin lui apportait ponctuellement, l'existence n'eût pas été rose tous les jours. Grâce à eux, il vivotait avec son sauvage dans un taudis de Poplar donnant sur une rive boueuse de la Tamise, où il entendait les cris des mouettes.

La patience est une vertu de pauvres. Avec ses années de bagne, Small croyait bien être quitte de cette vertu-là. Les quatre années d'attente supplémentaire que lui imposait le destin lui parurent aussi longues que s'il avait été un jeune homme. Il les vécut heure par heure, minute par minute, dans l'ennui, l'impuissance, la paresse et la crasse. Chaque hiver, Tonga était malade et crachait le sang. On le soignait. Au moins c'était une distraction. Parfois Small, excédé d'oisiveté, allait rôder à Norwood, pour vérifier que tout était toujours bien calme là-bas, que Sholto n'avait pas encore déterré le coffre, que celui-ci n'avait pas été enlevé à son insu par les hommes de Moran. Dieu sait ce qu'il espérait voir. Lui-même n'en savait rien. Il était à l'égard du trésor comme un amoureux épris d'une beauté inaccessible, qui puise un peu de plaisir à contempler les lieux où elle vit et qui croit superstitieusement que, tant que rien n'est changé dans le paysage, aucun mirliflore ne l'a séduite. Ces expéditions stériles ne lui procuraient nul apaisement. Elles attisaient plutôt ses inquiétudes. Pourquoi ne se passait-il rien? C'était suspect. Son trésor allait-il encore lui échapper, soit qu'on ne le trouvât pas, soit que l'homme aux brandebourgs de soie et le colonel se l'appropriassent? Après tout, qu'est-ce qui les en empêchait? Mais, cette fois, il ne se laisserait pas duper. Il s'embusquerait dans Conduit Street et le colonel aurait droit à son coup de surin dans le ventre. Un jour, enfin, il fut convoqué à la baraque de Stepney. Lundi dernier, pour être exact, précisa M. Holmes.

— Attendez, dit M. Wilde. Lundi est un jour important.

— Vraiment? demanda M. Holmes en soulevant les sourcils, pour marquer sa désapprobation qu'on l'interrompît.

Mais M. Wilde avait trop d'énergie pour qu'un simple haussement de sourcils le fît taire. En outre il n'avait rien dit depuis longtemps, et je constatais à divers signes d'impatience que ce mutisme lui pesait. Il n'était pas habitué, dans une compagnie, que quelqu'un d'autre que lui tînt le dé de la conversation.

— Si je vous ai bien suivi, poursuivit M. Wilde, et je vous ai bien suivi, c'est aussi lundi que le pauvre M. Bartholomew Sholto a découvert la cachette au trésor. Il y a là quelque chose de sensationnel, de feuilletonesque, que seule la réalité produit. Cela ne vous frappe pas? Pendant quatre ans, M. Sholto de son côté et les brigands du leur cherchent le trésor. Et voilà qu'ils le trouvent le même jour, presque à la même heure, comme deux savants travaillant sur le même problème, qui ne se sont jamais vus et qui arrivent ensemble à la solution par des chemins différents. J'ai souvent été surpris de ces coïncidences. On dirait que le hasard, après avoir longtemps traîné, longtemps langui, s'amuse soudain à tout bousculer, à préparer des collisions.

– Exact, dit M. Holmes. J'ai observé cela également. Quelle déduction en tirez-vous?

– Cher monsieur, dit M. Wilde, mon métier n'est pas de tirer des déductions, mais de mettre des événements rouges à côté d'événements verts pour faire un joli tableau.

– C'est un peu ce que vous faites, vous aussi, Holmes, dit le Dr Watson. La différence entre vos tableaux et ceux de M. Wilde est que les vôtres comportent une conclusion ou une moralité.

– Mais les miens aussi, monsieur Watson! s'écria M. Wilde. Elle ne saute pas aux yeux, voilà tout.

– Il est tard, dit M. Holmes avec une trace d'agacement. Permettez que je termine.

Small va donc à Stepney en boitant. Dans les rues étroites de l'East End, il rumine des idées de malheur et de vengeance. Il se demande quelle tuile l'attend. Le tigre et l'artiste se sont lassés. Ils vont lui annoncer qu'ils renoncent à l'entreprise, qu'elle leur a déjà coûté assez cher, qu'ils suppriment les deux livres et demie par mois. La clef était sur la porte de la baraque. Moriarty et Moran étaient arrivés; Small les voyait de dos, causant à mi-voix. Ils se retournèrent. « – Ça y est! » dit Moran. « – Quoi? balbutia Small, qui n'osait pas interpréter ces paroles enchanteresses, quoi, qu'est-ce qui y est? » Ah! le bon sourire, le beau, le charmant sourire qui se peignit sur le mufle du colonel! Small éclata de rire. Il était déchargé d'un poids qui lui opprimait le cœur depuis quatre ans. Il se reprocha presque d'avoir douté d'aussi loyaux camarades. Moran décrivit avec assez de complaisance et de détails pour qu'il fût tout à fait rassuré les exploits qu'il avait fallu accomplir pour pénétrer dans Pondichéry Lodge une dizaine de fois en quatre ans et trouver enfin la cachette. Celle-ci n'était décelable que si l'on montait sur le toit. On ne pouvait y accéder que par une lucarne à tabatière. Moran était un militaire, un homme de décision. Le terrain étant reconnu, l'objectif localisé, on passait immédiatement à l'action. Tout allait marcher comme sur des roulettes. On avait construit une machine ressemblant à un toboggan pour franchir le mur. Mac Murdo serait retenu à la grille par un faux ivrogne qui avait mis quatorze mois à entrer dans ses bonnes grâces. On avait acheté le maître d'hôtel indien, appelé Lal Rao, lequel, soit dit en passant et pour mémoire, avait coûté les yeux de la tête, mais c'était de l'argent bien placé, vu qu'il s'engageait à donner la soirée à la moitié des domestiques et à endormir l'autre moitié avec une décoction de plantes de son pays dont il avait le secret. Une voiture attendrait à l'extérieur où l'on chargerait le coffre et où Small prendrait place avec Tonga.

— Vous connaissez la suite, dit M. Holmes. C'est ce que nous avons vécu hier, Miss Morstan, M. Thaddeus Sholto, M. Watson et moi. Par une coïncidence qui fera plaisir à M. Wilde, nous sommes arrivés sur les talons des bandits. Ils venaient de partir lorsque nous avons pénétré dans la chambre de M. Bartholomew Sholto. A un quart d'heure près, nous les pincions. Il m'a été très facile de reconstituer les diverses phases de l'opération, c'est-à-dire l'escalade du toit, l'enlèvement du coffre à l'aide d'une corde, son transport jusqu'à la charrette, le toboggan. Il suffisait de se baisser : les empreintes racontaient tout, et fournissaient même le nombre des assaillants. J'en ai compté quatre en plus de Small et de Tonga, dont la présence était signalée partout par les petits pieds de l'un et le pilon de l'autre.

— Pardonnez-moi de vous interrompre, Holmes, dit le Dr Watson. Il y a dans votre récit quelque chose d'invraisemblable.

– Bravo, mon cher Watson! s'écria Holmes. J'espérais bien que vous vous en apercevriez. J'en ai moi-même été très intrigué.

– Que trouvez-vous d'invraisemblable? demandai-je. Tout me semble au contraire la logique même.

– Non, non, dit le Dr Watson. Il y a une faille. Pourquoi Small et le sauvage étaient-ils là? Logiquement ils auraient dû être morts depuis longtemps.

– Bien raisonné, Watson. Je suis fier de vous, dit M. Holmes (de ce petit ton supérieur de pédagogue qui m'agaçait tant, surtout quand il s'adressait à quelqu'un le valant bien, dans son genre). Moriarty et Moran, possédant tous les renseignements désirables sur le trésor, n'avaient en effet aucune raison de conserver le bagnard qui les leur avait fournis, ainsi que son compagnon. Pourquoi se contenter de vingt pour cent d'une fortune, alors qu'on pouvait l'avoir tout entière en supprimant deux individus sans importance? Je ne suis malheureusement réduit là-dessus qu'à des conjectures. Je suppose que c'est grâce à la sarbacane de Tonga qu'ils ont eu la vie sauve. Cette sarbacane, malgré son côté exotique, pouvait être commode à l'occasion – et d'ailleurs elle l'a été. Rappelez-vous le décès inexplicable de sir Rufus Levy, le banquier, qui s'est écroulé il y a six mois sur les marches du Stock Exchange. Cette mort faisait curieusement l'affaire de l'associé de sir Rufus, M. Gordon Mac Alistair, qui devenait ainsi propriétaire de la majorité des actions de la banque. Quatre mois plus tard, le Pr Moriarty a ouvert à la banque Mac Alistair un compte auquel a été virée par un mystérieux débiteur une somme de quatre mille livres. J'ai eu sous les yeux le jeu d'écritures. Le virement avait été l'objet d'une opération purement intérieure à l'établissement. Vous noterez qu'il ne s'est écoulé que six mois entre la mort de sir Rufus Levy et l'enlèvement du trésor d'Agra. Cela a été sans doute six mois de sursis pour Small et Tonga. Il est probable que, si rien n'était survenu, ils auraient été égorgés tous les deux dans leur taudis de Poplar, et que la police aurait conclu à un règlement de comptes, comme elle fait ordinairement quand elle est impuissante à expliquer un crime dans les basses classes de la société. J'ai la preuve qu'il n'était pas dans l'intention de MM. Moriarty et Moran de respecter leurs engagements. Leur plan était le suivant : embarquer Small, Tonga et le coffre sur la chaloupe l'*Aurore* appartenant à un homme à eux, nommé Mordecai Smith, qui les conduirait à Gravesend, où attendait un cargo battant pavillon brésilien, la *Esmeralda*, en partance pour Rio de Janeiro. C'est là que le colonel devait percevoir les vingt pour cent dus au professeur, soit, si le trésor valait réellement cinq cent mille livres, un lot de bijoux équivalent à cent mille livres. En réalité, aussitôt que Small et le sauvage auraient embarqué sur la *Esmeralda*, ils auraient été assommés et égorgés, non par les honnêtes matelots de ce bâtiment, qui étaient à terre, mais par une demi-douzaine d'assassins à la solde de Moriarty qui les avaient temporairement remplacés. Moran avait loué la *Esmeralda* à son capitaine, le señor Cipriano Oliveira qui n'avait rien à lui refuser. Cet Oliveira, très content d'empocher cinquante guinées pour rester enfermé une demi-heure dans sa cabine avec une bouteille de cachassa, ne mettait qu'une condition à sa discrétion : ne rien savoir de ce qui se passerait à son bord pendant ce temps-là. Small et Tonga morts, on les aurait jetés dans l'estuaire, lestés d'une chaîne d'ancre. Small ne faisant pas partie de la pègre, étant inconnu d'elle, il n'y avait pas d'inconvénient à le tuer et à s'approprier la totalité de son magot. Cette trahison n'entamerait pas le crédit de MM. Moriarty et Moran, qui ne se seraient évidemment pas risqués à une fantaisie de cet ordre avec un bandit londonien connu, catalogué et dont la disparition aurait ruiné leur réputation.

M. Holmes concédait qu'il y avait bien de la complication dans tout cela, ainsi que d'étranges télescopages. Mais enfin c'était ainsi que les choses s'étaient passées. Bartholomew, en quatre ans, n'avait pas eu une seule fois l'idée de monter sur le toit et de compter le nombre des lucarnes, sans quoi il se serait aperçu qu'il y en avait une de plus que celles que l'on pouvait dénombrer dans le grenier et les pièces situées sous les combles. Cela lui aurait donné la clef du mystère. Preuve, dit M. Holmes, que cet honorable gentleman n'avait pas l'esprit mathématique : on ne résout pas un problème empiriquement, en faisant une foule d'additions et de soustractions, et en espérant que par hasard on tombera juste; on le résout en réfléchissant et en déduisant. Bartholomew avait empiriquement fouillé Pondichéry Lodge et retourné le parc; s'il avait médité deux jours sur les données du problème, il aurait élaboré un plan de recherches qui l'aurait certainement conduit à la cachette beaucoup plus vite et à de moindres frais.

M. Holmes nous devait encore une explication, dit-il. La pègre londonienne ne manque pas de petits voleurs, sous-alimentés et rachitiques, qui se glissent dans les endroits étroits comme des chats à travers des chatières. Pourquoi s'être servi de Tonga pour entrer par la lucarne et lier une corde autour du coffre afin de le hisser dehors, quand il y avait dix gamins à Whitechapel capables de se charger de ce travail avec plus d'habileté, et surtout en qui on aurait eu plus de confiance ? Du reste, c'est bien un de ces jeunes misérables, prêts à saigner leur mère pour quelques shillings, qui avait été prévu. Quand on était allé le chercher, on l'avait trouvé secoué par la fièvre sur sa paillasse. Il était atteint du croup. Ses parents le soignaient en lui faisant boire du gin. On se mit en quête d'un remplaçant qui, lui aussi, expirait dans les étouffements, et dont le père disait philosophiquement qu'il était atteint d'une maladie dont on meurt ou dont on reste idiot. Le troisième garnement ne risquait pas de devenir idiot, car il était déjà mort quand les hommes de Moran se présentèrent dans la mansarde qu'il partageait avec sa famille. Celle-ci l'avait poussé sur le palier pour avoir plus de place. L'épidémie de croup effraya les recruteurs de Moran. Il restait Tonga. On l'introduisit par la lucarne muni d'une grosse corde. Que se passa-t-il alors? Il vit le trou que Bartholomew Sholto avait fait l'après-midi dans le plancher. Ses instincts obscurs de sauvage ou de chasseur le poussèrent à regarder ce qu'il y avait au-delà du trou. Il fit deux pas et vit une chambre où un homme dans un fauteuil sortait du sommeil en se frottant les yeux, peut-être réveillé par les légers bruits qu'avaient fait les cambrioleurs. En une seconde la sarbacane fut à sa bouche et l'homme retombait, tout raide, sur le fauteuil, les yeux sortant de la tête, les cheveux dressés, spectacle qui avait le don de ravir Tonga, lequel, quand il le contemplait, se mettait à danser et chantait une espèce de mélopée victorieuse. « Allons bon! dit Small, comprenant aussitôt ce qui était arrivé, manquait plus que ça! Viens ici tout de suite, petite ordure! » Quand ils furent sur l'*Aurore*, il administra au sauvage une correction féroce à coups de ceinturon, que l'autre reçut en poussant des gémissements de chien qui a fait une bêtise sur le tapis.

Small, voyant que la vedette de la police approchait, avait eu une idée de *desperado* : il jeta les bijoux et l'or par-dessus bord par poignées, sur une distance de cinq milles. A l'abordage, M. Holmes avait abattu Tonga d'un coup de revolver au moment où il lançait sa dernière épine empoisonnée dans la direction du Dr Watson. A la pensée que le seul homme que j'aimais d'amour sur cette terre pourrait être un cadavre raidi par le tétanos, je me sentis un instant mourir moi-même. Il n'était là que parce qu'un homme maigre et antipathique l'avait poussé d'un coup d'épaule.

– Permettez-moi de vous embrasser, dis-je à M. Holmes qui en parut infiniment choqué.

Il me tendit avec répugnance sa joue creuse, contre laquelle je pressai la mienne. Elle était rêche et piquante.

– Je n'ai jamais encaissé d'aussi agréables honoraires! dit-il avec un humour guindé. Merci, mademoiselle. Faites-moi signe la prochaine fois que vous aurez perdu un trésor. Je tâcherai d'être plus heureux qu'aujourd'hui.

6

Le petit Marcel est-il un génie? – Le palais Morathy à deux pas de la Hofburg – Il cite Verlaine! – Arthur Gordon Doyle – Présentation de John à tante Maggy – Fin de mes mémoires

Comme il arrive après un long récit, chacun se mit à parler. Mrs Forrester n'en revenait pas que le Pr Moriarty fût le scélérat dépeint par M. Holmes. J'étais aussi stupéfaite qu'elle. Je n'avais vu du professeur que ses simagrées d'homme du monde. Impossible de me représenter ce fantoche salonnard en Napoléon du crime. Pour moi, un chef de bande, et d'une pareille envergure, est un individu ténébreux et solitaire, une sorte de hibou nocturne ou, pour user d'une comparaison plus relevée, d'aigle dans son aire. La puissance occulte, l'impression de liberté sans limite que donne le fait de s'être arrogé le droit de vie et de mort sur ses semblables, cela doit rendre bien fades les plaisirs qui attirent le commun des hommes.

– On pourra me raconter tout ce qu'on voudra, dit Mrs Forrester, le Moriarty est un snob. Je ne me trompe pas là-dessus. Il y a deux catégories de gens pour lesquels j'ai un œil de lynx : les snobs et les juifs. Tenez, un jour, à Paris, on m'a présenté l'homme le plus élégant, le plus aristocratique possible. Membre du Jockey. Un prince. Avant qu'on me dise son nom, je savais qu'il était snob et juif, qu'il ne s'appelait ni Albuféra ni Gramont-Caderousse, mais Fould ou Péreire. C'était le charmant Charles Haas, qui est devenu par la suite un de mes plus chers amis, que j'ai vu tous les soirs pendant trois ans. Il faut dire que le snobisme tel qu'il le pratiquait touchait au sublime. En comparaison, Moriarty est un clown.

– Forcément, dit M. Wilde. Vous n'êtes pas juste, Cecilia. A côté de Charles Haas, tout le monde a l'air d'un clown. Même l'empereur Napoléon Ier.

– Ah! pas un mot contre l'empereur! s'écria Mrs Forrester. Je suis comme la princesse Mathilde qui disait : « Sans cet homme-là, je serais marchande d'oranges à Ajaccio. » Moi, sans cet homme-là, je n'aurais pas connu son neveu!

M. Wilde nous dit qu'il avait rencontré deux fois M. Haas, mais surtout qu'il avait beaucoup parlé de lui avec un jeune Parisien de seize ou dix-sept ans dont il avait fait la connaissance, l'année passée, au Grand Hôtel de Cabourg, et dont je ne me rappelle que le prénom qui était, à ce qu'il me semble, Marcel. Le « petit Marcel », comme disait M. Wilde presque tendrement, évoquait M. Haas d'une curieuse façon, tenant à la fois de l'enthousiasme d'un apprenti pour un maître et de la méticulosité d'un entomologiste penché sur un lépidoptère peu courant. A propos de M. Haas, le petit Marcel avait exposé à M. Wilde une théorie qui l'avait émerveillé venant d'un adolescent, à savoir que le snobisme est la plus violente passion qu'un homme puisse éprouver, étant fondé sur la vanité. Un seul écrivain s'en était avisé : Saint-Simon qui avait, avec ses *Mémoires*, élevé un monument au snobisme. Hélas! soupira M. Wilde, la grande époque du snobisme était passée. Il avait connu son âge d'or au XVIIe siècle, à Versailles, où prospéraient des centaines de Charles Haas appelés Riquet, Chamillart, la Feuillade, Villeroy, sans parler de Saint-Simon lui-même, dont la seule préoccupation était de se plaire entre eux, de plaire au roi, suprême arbitre du snobisme, et qui y consacraient tout leur temps. Car la question était là : pour réussir dans le snobisme comme ailleurs, il ne faut rien faire d'autre. C'est un travail de chaque instant. S'il est un grand snob dans l'histoire, c'est bien l'empereur Napoléon Ier, n'est-ce pas? Il n'aimait que les têtes couronnées. Il leur a fait la guerre pendant quinze ans pour avoir le plaisir, après qu'il les avait vaincues, de les inviter à dîner et leur dire des choses désagréables. Il a épousé l'archiduchesse Marie-Louise pour devenir le neveu de Louix XVI. Or, il est clair que Napoléon, à côté de Charles Haas, est un enfant. Il perdait beaucoup trop de temps à gagner des batailles, à rédiger le Code civil, à anoblir des maréchaux et ainsi de suite. Dans un salon, il était lamentable. Tous les témoins sont formels là-dessus.

— Vous souvenez-vous, madame, dit M. Holmes, que vous m'aviez dit, il y a dix ans, que le professeur Moriarty était un snob et que je vous avais répondu que cette réflexion me donnait le morceau qui manquait à mon puzzle?

— C'est évident, dit M. Wilde. Moriarty fait tuer des gens pour aller aux cotillons de la princesse de Galles. Tout finit par des dîners en ville. Il n'est pas le seul dans ce cas. Le dîner en ville est la récompense suprême. Les artistes s'usent la santé pour faire une œuvre, les soldats risquent leur vie dans vingt batailles, les hommes d'Etat signent des traités compliqués, les poètes monnayent leurs désespoirs et leurs extases, pour avoir le droit de s'ennuyer pendant deux heures entre deux vieilles ladies parfaitement idiotes et hideuses chez le marquis de Queensberry où, par-dessus le marché, on mange mal. Ce pauvre Moriarty n'a pas eu de chance. Si son père n'avait pas fait le pitre avec Kossuth, il serait à Vienne au lieu d'être à Londres, croquant innocemment ses rentes au palais Morathy, chef-d'œuvre du rococo autrichien, à deux pas de la Hofburg, soupant tous les soirs chez les Lobkowitz, les Schwartzenberg, les Esterhazy, les Metternich, se grisant de la musique de Franz von Suppé, commandant son portrait au jeune Klimt (qui a peut-être un peu trop de talent, quand même, pour plaire aux gens du monde de modèle courant, mais soyons bon prince, au diable l'avarice, accordons-lui Klimt), invitant chaque année à la chasse dans sa puszta l'archiduc Rodolphe et la comtesse Vetsera, bref coulant une existence de rêve, ou plus exactement une existence conforme à sa caste, à ses goûts, à sa vocation. Or, voilà qu'il est tout à coup, à seize ans, plongé dans la misère, transplanté dans un milieu où le nom de Morathy ne dit rien à personne, déraciné, ayant à gagner âprement ce qui, dans d'autres circonstances, lui aurait été offert gratis. Il ne faut pas s'étonner qu'il ait coupé au plus court, c'est-à-dire qu'il ait choisi le crime et le vol pour retrouver les inestimables futilités qu'il avait perdues et sans lesquelles la vie n'a pas de ragoût. Il était pressé, que voulez-vous. Et avec les maths, cela n'allait pas assez vite. Je pense également qu'il considérait qu'il n'y avait pas à se gêner avec la société, qui l'avait injustement privé de ce à quoi lui donnait droit sa naissance. Tous les moyens étaient légitimes pour reprendre ce qu'elle lui avait volé.

— Quelle peut être la vie amoureuse d'un homme comme cela? dit Mrs Forrester. M. Holmes nous a dit qu'il était l'amant de la pauvre lady Savile. Je me souviens très bien d'elle. C'était une Américaine, la fille du roi du porc en conserve ou du roi des chemins de fer, quelque chose dans ce genre-là.

Lord Arthur Savile l'avait épousée pour sa dot, naturellement. Elle était laide comme les sept péchés capitaux. Arthur appelait leur chambre à coucher la chapelle expiatoire. Le sieur Moriarty n'a pas dû être à la fête avec ce dromadaire. Voulez-vous mon avis? Je trouve qu'il a une tête de cocu, comme tous les vieux daims, d'ailleurs.

— Ah Madame! s'écria M. Holmes, vous me confondrez toujours. Quelle intuition! Je connais effectivement trois ou quatre aventures du Pr Moriarty qui ont tourné à sa confusion, où il a été plumé comme le dernier des nigauds, tourné en bourrique, plaqué. Il semblerait que l'amour soit le défaut de sa cuirasse. Et quel amour! Ce domaine-là est le seul où il ne soit pas snob. Il n'a de goût que pour les couturières, les danseuses de beuglant, les pâtissières, bref les femmes de la plus basse condition, qui l'attirent par leur minois ou leur fraîcheur et qui ne l'intimident pas. Lady Savile est une exception. Du reste, il ne s'agissait là nullement d'amour. Ce condottiere des temps modernes se laisserait marcher sur le ventre par une écuyère de cirque. Cela me donne confiance dans l'issue finale de la lutte qui nous oppose. Je lui suis supérieur sur ce point. Watson vous le confirmera.

— Hum! dit le Dr Watson avec un sourire malicieux, je n'en jurerais pas. Je crois bien que vous avez été amoureux en 1877 de Miss Annabel Thompson, qui était, d'après vos propres paroles, « un ange descendu sur terre », mais avec laquelle vous n'avez pas pu faire votre vie, attendu qu'elle a été pendue pour avoir empoisonné six personnes à l'arsenic.

M. Holmes, si impassible d'ordinaire, rougit, prit une expression contrariée, haussa les épaules et déclara avec humeur que c'était fou comme le Dr Watson, parfois, pouvait avoir des réflexions absurdes. Lui amoureux? Qu'était cette mauvaise plaisanterie ? Il n'avait jamais été amoureux de personne, et il en était fier. Dans ce domaine, son maître, son modèle était le philosophe Kant, qui avait soigneusement barricadé son cœur, afin que rien ne le distrayât, fût-ce une minute, de la froide et lumineuse Raison. L'amour est une émotion, qui trouble le jugement. Un détective dont le jugement est troublé est comme un peintre aveugle ou un musicien sourd.

— Bon ! bon ! dit le Dr Watson. Ne vous fâchez pas, mon vieux. Après tout, Beethoven a composé ses plus beaux quatuors quand il était sourd. Tombez amoureux et soyez le Beethoven de la police.

— Il est horriblement tard, Watson, dit M. Holmes d'un ton sec. Ne croyez-vous pas que nous devrions rentrer ?

— Partez en avant, mon cher Holmes, répliqua le Dr Watson avec vivacité. Vous avez eu une rude journée. Vous devez avoir besoin de repos. Pour moi, je suis très réveillé et, si Madame le permet, je resterai encore un peu.

— Mais oui, restez, dit Mrs Forrester. Je déteste me coucher avant quatre heures du matin. Mary sera très heureuse.

— Voilà bien ce que je craignais, dit M. Holmes en souriant gentiment. « Mary sera très heureuse... » Adieu, Watson.

Ce fut mon tour de rougir. Le Dr Watson rougit aussi, à ce qu'il me sembla.

— Le Dr Watson, tout à l'heure, en me parlant à l'oreille, m'a demandé ma main. Du moins c'est ce que j'ai compris, dis-je. Me suis-je trompée, monsieur Watson ?

— Non, non ! s'écria le Dr Watson. Je vous la demanderai, je la demanderai à Mrs Forrester, à M. Wilde, à M. Sholto, à la terre entière jusqu'à ce que vous me l'accordiez.

— Mon pauvre monsieur Holmes, soupira Mrs

Forrester d'un ton comique, mais sous lequel je crus sentir quelque mélancolie, voilà une fâcheuse journée pour vous et pour moi. Je perds ma demoiselle de compagnie et vous votre *alter ego*, votre Pylade. Qu'allons-nous devenir sans confident? Mary avait une vertu inestimable: elle écoutait comme les enfants ou les suivantes de tragédie. Je ne retrouverai jamais cela. Et vous, à qui exposerez-vous vos déductions à présent? Qui les notera pieusement sur un calepin en moleskine? Qui en fera des romans? Qui vous suivra dans vos déplacements en ouvrant des yeux extasiés d'historiographe? Il n'y avait qu'un Watson et qu'une Morstan au monde. Nous n'aurions jamais dû les présenter l'un à l'autre. Ami présenté, ami perdu, disait la vieille duchesse de Richelieu, et elle avait fichtrement raison. Il faut garder ses amis comme le major Sholto gardait son trésor, sinon ils se marient, les ingrats. Je ne vois que deux issues à notre situation: ou vous venez vous installer ici en qualité de demoiselle de compagnie, ou je prends la succession de M. Watson à Baker Street, et à nous deux nous fondons une agence de détectives privés. J'aime beaucoup la façon dont vous me dites que j'ai de l'intuition.

– Ah Madame! dit M. Holmes avec grâce, que de grandes choses nous ferions ensemble, vous et moi! Dans un mois, le Pr Moriarty serait sous les verrous.

– Quant à celui-là, s'écria Mrs Forrester, je m'en occupe. Fini les dîners en ville!

M. Holmes conjura Mrs Forrester et les autres personnes présentes de ne jamais faire état de ce qu'il nous avait révélé cette nuit. Le Pr Moriarty avait partout des yeux et des oreilles. Nous risquions la mort pour une parole imprudente. M. Wilde surtout l'inquiétait. Les artistes, les hommes de lettres ont l'illusion que, hors leur œuvre, rien n'a d'importance, que nul secret ne mérite d'être gardé; ils s'imaginent que, montrant tout d'eux-mêmes, mettant leur honneur à être transparents, ils ont le droit de tout montrer des autres, que cela est simplement curieux, anecdotique, instructif. Dangereux mirage! La plupart des hommes, et singulièrement les assassins, cachent leurs sentiments et leurs actions comme les paysans cachent leurs économies; cela ne regarde personne.

– Mais c'est très juste, ce que vous dites là! s'exclama M. Wilde. Je suis toujours stupéfait par le nombre d'ennemis que j'ai, moi qui ne ferais pas de mal à une mouche. C'est à cause de ma maudite langue. Arrêtez le Moriarty avant que j'aie oublié qu'il est dangereux de faire des épigrammes sur lui.

Comme il n'était pas dans les habitudes de M. Holmes de se répéter, nous fûmes d'autant plus frappés des adjurations qu'il nous réitéra. Mais peut-être, ajouta-t-il mystérieusement, serions-nous bientôt déliés du secret qu'il nous demandait. Il avait tissé beaucoup de fils autour de la grosse araignée de Park Lane, qui le craignait moins qu'on n'aurait supposé, car lui, Holmes, n'avait pas de relations mondaines, et ainsi ne risquait pas de lui faire de tort auprès des seuls gens qui lui importassent, à savoir l'Establishment. Quant au reste, le succès du professeur dans le crime, son pouvoir absolu l'avaient infatué au point de ne rien redouter. Il était atteint de la folie qui frappe inévitablement les despotes. Ce Napoléon du crime était aussi fou que l'autre Napoléon. M. Holmes, qui avait diagnostiqué cette espèce si particulière de démence, avait fondé sur elle un plan qui me parut, au peu qu'il en révéla, entaché d'une démence semblable. Cela consistait à monter une machination qui attirerait Moriarty sur les lieux mêmes où lady Savile était morte et à en finir avec lui comme il en avait fini avec elle. Peut-être le Dr Watson lui ferait-il l'honneur de raconter ce combat de titans, si ses occupations de père de famille lui en laissaient le temps.

Il était un peu embarrassant pour John et pour moi d'apprendre ce que nous représentions pour M. Holmes et Mrs Forrester. L'un avec sa froideur, l'autre avec son humour nous faisaient mieux comprendre leur attachement que par des élégies. Je crois que nous étions pareillement touchés, car nous dîmes à peu près dans les mêmes termes que, quoique mariés, nous continuerions, s'ils le voulaient bien, à être leurs disciples.

— Oserai-je espérer que je serai, moi aussi, l'ami de ce couple charmant, et qu'il me fera parfois le plaisir de prendre le thé dans mon ermitage? dit une voix haut perchée qu'on n'avait pas entendue depuis longtemps. Thaddeus Sholto, après cette intervention, toussota, se leva, sautilla, baisa la main de Mrs Forrester. Etrange chose que les êtres humains! Je ne manque jamais d'être surprise de leur pouvoir d'oubli. Thaddeus, si affecté tout à l'heure de ce qu'on avait dit sur son père, et à juste titre, n'en ressentait pas plus de douleur qu'un chien qui sort de l'eau en s'ébrouant et se remet à gambader. Il serra longuement nos mains, surtout celle de M. Wilde, qu'il regarda d'un air interrogateur, à quoi l'autre ne parut pas attacher une bien grande attention. Ayant sa voiture en bas, il offrit à M. Holmes de le déposer à Baker Street. Ai-je dit que les deux constables étaient partis depuis longtemps, emportant à Scotland Yard le coffre vide?

— Mangeons quelque chose, dit Mrs Forrester après ces départs, je suis morte. Jenkins, faites-nous monter un pâté, des écrevisses et des fruits. Un peu de vin rouge ne nous ferait pas de mal. Croyez-vous, ce Moriarty! L'idée que je me cognerai dans cet individu demain, que je dînerai à côté de lui me glace les sangs. M. Holmes avait raison. C'est bien lui qui a fait voler autrefois mon coffret de Fabergé. Oh! le monstre!

Jenkins apporta une table, une nappe, de l'argenterie, des cristaux. Nous soupâmes au salon. Pendant deux journées sulfureuses, j'avais vécu dans l'exil, le meurtre, l'ignominie, la douleur, l'étonnement; il me semblait que je réintégrais ma patrie. J'y revenais comme un soldat qui rapporte un trophée ou un drapeau. De mon voyage en enfer, j'avais ramené un homme. Et quel homme! La séduction, l'intelligence mêmes. Cet homme était assis à côté de moi. Il était à moi. Je l'enveloppais d'un regard de possession dans lequel je ne sais s'il y avait plus de tendresse que d'orgueil. Une période de ma vie se terminait : celle pendant laquelle j'avais été un être incomplet, une moitié d'être. O miracle! l'autre moitié était là. Je l'avais trouvée alors que, quarante-huit heures auparavant, je désespérais que cela pût advenir.

Moi aussi, je mourais de faim, malgré l'excellent dîner que j'avais fait cinq heures plus tôt et malgré le corset dans lequel Pigott m'avait inhumainement ficelée. Mais je ne sentais pas mon corps, c'est-à-dire que je ne sentais de lui que ce qui était agréable : une grande chaleur intérieure mêlée à une légèreté d'elfe. J'avais dix-sept ans. Je sortais de l'enfance. Je ne savais rien, j'allais tout apprendre, j'allais faire un mariage d'amour. Soudain le visage boursouflé, le lorgnon et la châtelaine de Mrs Mc Lamuir apparurent devant moi. Je devais être grise, car un immense attendrissement me saisit. Je me jurai que, le lendemain ou la semaine prochaine, j'emmènerais John à Edimbourg pour le lui présenter. C'était un devoir sacré.

– Aimez-vous Boswell? demanda M. Wilde.
– Comment ne l'aimerais-je pas? dit mon fiancé

de cette voix douce qui me faisait tressaillir jusqu'au fond de moi. Je le relis tout le temps. Je me retrouve tellement en lui! Il est naïf, bêta, humble dirais-je, bouche bée devant son grand homme. Tout mon portrait. Boswell, c'est moi avec une perruque. Tenez, je vais vous dire quelque chose d'absurde, sans doute : je le préfère au Dr Johnson. Et quel style! Si j'écrivais comme cela!

— Le petit Marcel m'a dit une chose étonnante, à Cabourg : un homme qui veut écrire aussi bien que Voltaire doit commencer par écrire autrement que Voltaire.

— Mais dites-moi, dit Mrs Forrester, il est génial, ce petit Marcel. Etes-vous bien sûr de ne pas l'avoir inventé?

— Non, madame. Je ne l'ai pas inventé. Si vous voulez le connaître, allez à Cabourg. Il y est en juillet et août, avec sa grand-mère, qui l'adore et l'appelle « sa petite souris ». Il a de l'asthme, le pauvre. Je crois que son père est un médecin assez réputé. Pour en revenir à Boswell, M. Watson écrit aussi bien que Boswell, à mon avis, et il écrit autrement. Quand vous aurez mis la corde au cou à ce malheureux, continua-t-il en s'adressant à moi, donnez-lui campo, de temps en temps. Huit jours par-ci, deux semaines par-là, afin qu'il puisse rejoindre son Sherlock et noter ses actions mémorables, ainsi que ses paroles fameuses. Je n'ai pas inventé le petit Marcel, mais Boswell a inventé le Dr Johnson qui, sans lui, serait bien oublié, en dépit de son Dictionnaire et de son *Histoire de Rasselas*. Semblablement, M. John Watson a inventé Sherlock Holmes, qui sans lui ne serait qu'un de ces innombrables soldats du bien en lutte contre le mal dans les ténèbres de la société. C'est une trop belle invention pour qu'il se limite au roman que j'ai lu. Il y a encore dix volumes à écrire. Quand on tient un aussi beau sujet, on ne le lâche pas.

— Dix volumes? dit le Dr Watson. Tant que cela? Je n'y arriverai jamais.

— Mais si. Vous y arriverez très bien. Vous avez créé un genre. Un seul volume ne suffit pas. Il en faut une dizaine, pour que le genre soit bien à vous, pour que vous en soyez irréfutablement le père et l'ancêtre. Ensuite, vous pourrez composer des sonnets ou des romans historiques tant qu'il vous plaira. Mais finissez-en avec Sherlock Holmes d'abord. Il est votre Robinson, votre Gulliver.

— Monsieur Wilde, dit le Dr Watson en riant, je crains que vous ne vous fassiez une idée bien grandiose de moi. Dieu sait seulement quand j'aurai le temps d'écrire un autre livre! A Baker Street, j'étais célibataire, je ne faisais rien, j'avais tout mon temps. C'est presque pour tromper l'ennui que j'ai griffonné le petit récit qui vous a amusé. Dans quinze jours je serai un homme marié. J'aurai des responsabilités. Il faudra que je fasse vivre ma femme. Dieu merci, j'ai un métier, je suis médecin. Je vais ouvrir un cabinet et, comme on dit dans ma partie, faire de la clientèle.

— Quelle calamité que les femmes! soupira M. Wilde en me jetant un regard presque méchant. On leur donne un écrivain de génie, et elles en font un médecin de quartier. Elles l'enterrent sous le bonheur à Paddington ou à Camden Town. Que c'est triste!

— Je ne veux enterrer personne! m'écriai-je en rougissant de colère. Si le Dr Watson veut bien de moi, je vendrai mes perles. Je donnerai tout ce que j'ai pour qu'il ne soit pas obligé de courir Londres avec un stéthoscope.

— Et moi, je vous constituerai une jolie petite dot, Mary dear, dit Mrs Forrester, avec laquelle vous pourrez acheter des porte-plume et de l'encre à cet homme d'avenir.

— Merci, merci! dit le Dr Watson en riant de plus

belle. La médecine ne m'ennuie pas du tout, je vous assure. Je serais épouvanté si l'on m'offrait des rentes pour être exclusivement écrivain et si l'on m'installait devant une écritoire. Savoir qu'on attend de moi que je fabrique un livre, qu'on m'a subventionné pour cela me pétrifierait. Je ne tracerais pas une ligne. Tandis que si je gagne ma vie, si je m'arrange à ma façon, si je me promène dans Londres avec mon stéthoscope, chère Miss Morstan, si je retrouve le soir en rentrant à la maison le beau sourire sans lequel le monde n'est que pluie et tristesse, eh bien! ma foi, je suis sûr d'éprouver la petite démangeaison spécifique de l'homme de lettres. Sûr aussi que je trouverai les deux ou trois heures quotidiennes nécessaires pour noircir mes quatre pages. Je me méfie de trop de commodité, de trop de confort. Il me semble que, pour écrire, je dois d'abord en conquérir le droit par une vie humble aux travaux ennuyeux et faciles.

– Verlaine! Il cite Verlaine! s'exclama M. Wilde. Ah! Mary, méfiez-vous quand même de cet homme-là. Vivre avec un artiste n'est pas drôle tous les jours.

M. Wilde demanda au Dr Watson de lui laisser le manuscrit de son roman, afin de le communiquer à un éditeur. Il ne doutait pas que cet ouvrage ne fût accueilli avec des cris de joie, et il espérait bien que l'auteur ne resterait pas longtemps englué dans la médecine. Pouvait-il toutefois se permettre une remarque? Il n'était pas enchanté par le nom de Watson, qui faisait bourgeois, Anglais moyen. Il fallait quelque chose de mieux, selon lui. Le Dr Watson y était d'autant plus disposé que, quoique ses parents fussent morts, il lui restait divers oncles, tantes et cousins qui n'eussent pas vu d'un bon œil leur nom sur cette chose un peu honteuse, un peu scandaleuse qu'est la couverture d'un roman. Il avait vaguement caressé l'idée de prendre pour pseudonyme Arthur Gordon Pym, à cause d'Edgar Poe qui, avec Boswell, était un de ses auteurs de chevet.

– Arthur est très bien, dit M. Wilde. Mais ne collez pas trop au pauvre Poe. C'est un homme qui a eu la guigne toute sa vie. Il vous la passera. Et puis « Gordon Pym » est trop connu, vous ne pouvez pas le conserver. Que diriez-vous d'Arthur Gordon Doyle, par exemple ? Je trouve cela assez joli.

Sur quoi finirai-je ces mémoires ? Il faudrait une belle scène. Mais saurai-je la reproduire ? Elle a eu lieu, pourtant, quelques jours après les événements rapportés ici et quelques jours avant mon mariage.

Nous sommes, John et moi, à Edimbourg. Nous marchons dans les rues. Par chance, le temps est très beau. Holyrood éclairé par le soleil d'arrière-saison a l'air d'un château d'or. Nous montons jusqu'au pensionnat Mc Lamuir. La servante qui nous ouvre la porte ne me connaît pas. Elle croit que nous sommes de jeunes parents venant inscrire leur petite fille. Je ne la détrompe pas. Elle nous introduit dans le salon qui a la même odeur qu'autrefois et dit qu'elle va nous annoncer à Mme la Directrice.

Vingt ans plus tôt, dans ce salon, avec mon père, je ne voyais devant moi que la solitude et la nuit. Désormais, je ne serai plus jamais seule, plus jamais triste.

La porte s'ouvre. Mrs Mc Lamuir entre comme un destroyer dans un port. Je connais cet air majestueux : c'est celui qu'elle prend pour intimider les parents d'élèves. Tout à coup, les fanons de dindon se mettent à frémir, le lorgnon tombe, retenu par son cordon de velours, un grand sourire incrédule élargit les traits de tante Maggy. Elle ouvre les bras et me voilà sur sa grosse poitrine, pleurant, riant, disant n'importe quoi.

– Et vous êtes venue me le présenter! répète-t-elle. Vous êtes venue me le présenter! Que c'est gentil, Mary, que c'est délicat, que cela me fait plaisir!

J'arrête ici mes mémoires. Ensuite, j'ai été heureuse.

TABLE DES MATIÈRES

PREMIÈRE PARTIE

1. – *L'éventail de Mrs Forrester – M. Wilde et M. Whistler – Toute l'Europe dans un salon – Un muffin au breakfast.* 5

2. – *Tempête sur le Gloria Scott – Calcutta – Mort de ma mère – Mon père vice-roi des Indes – Edimbourg – Séparation déchirante – La pension Mc Lamuir* 23

3. – *Le Langham Hotel – Pondichéry Lodge – « Elle a pas de pilon » – Le major a des yeux de langouste et il est servi par un lézard – Présence du diable – Arrivée d'un ange* 39

4. – *Les cahiers de Miss Gallagher – Pas une nuance ne lui échappait – Les cadeaux sont aussi des sacrifices – L'empereur était poétique – Je deviens optimiste.* 61

5. – *Un mystère heureux – Histoire du coffret de Fabergé et des quatre-vingt-douze lettres – Première apparition d'un homme maigre – Cambriolage à l'Elysée* 80

DEUXIÈME PARTIE

1. – *Je perds mes dents de lait – Dieu lit les romans – Un cheval de deux cents guinées – Le chapeau Cronstadt – A travers Londres avec un cocher ivre.* 99

2. – *Thaddeus – Le trésor d'Agra – Une grande main sur mon épaule – Les traductions de l'âme – Mon père sous un massif d'ageratums – Annabel Thompson a été pendue pour avoir empoisonné six personnes à l'arsenic* 118

3. – *Crustacé expirant dans le court-bouillon – Thébaïde en banlieue – La plus riche héritière d'Angleterre – Une légère malhonnêteté est garante des bonnes mœurs – Chute définitive de la maison Usher – L'épée de Tristan* 137

4. – *Présentation de Bizet à Rossini – Le portrait de Charles Ier par Van Dyck – M. Watson est un artiste – Verlaine et Mallarmé – Le keepsake de Mrs Forrester* . . 157

5. – *Humain, synonyme d'ignoble – Douze mille acres dans le Yorkshire et un château d'Inigo Jones dans le goût de Palladio – Que la France était belle au grand soleil du Deux-Décembre! – Pigott endormie* 170

TROISIÈME PARTIE

1. – *Horrible impatience – L'uniforme du génie – Watson, auteur de* L'Iliade *– Sancho, auteur du* Quichotte *– Il s'appelait Jeremy! – Gustave aurait dû se marier – Il est nécessaire de naviguer, il n'est pas nécessaire de vivre*................ 177

2. – *Les chevaliers de l'œillet vert – A trois pouces près, vous étiez un homme mort – Deux hérons côte à côte – La canne du professeur Moriarty*............. 197

3. – *Un vieux daim – Les comtes Morathy chassés de Hongrie avec Kossuth – Rencontre d'un chacal et d'une hyène – Assassinat à Oxford – Les mystères de Londres – La révolte des Cipayes – Les singes du fort d'Agra*.................... 213

4. – *Le bagne des Andaman – Où mène l'abus du poker – Pacte ignominieux entre deux honorables militaires et un assassin – Tableau de la vérité sortant de son puits – Lord Arthur Savile, sa femme et son neveu – Leur extermination*............. 232

5. – *La canne était un fusil – Un personnage de* La Chauve-Souris *– Le coup du cigare – Pourquoi Small n'était pas déjà mort – Sir Rufus Levy s'écroule sur les marches du Stock Exchange – Les ravages du croup.* 252

6. – *Le petit Marcel est-il un génie? – Le palais Morathy à deux pas de la Hofburg – Il cite Verlaine! – Arthur Gordon Doyle – Présentation de John à tante Maggy – Fin de mes mémoires* 268

Editions J'ai Lu, 31, rue de Tournon, 75006 Paris

diffusion
France et étranger : Flammarion, Paris
Suisse : Office du Livre, Fribourg

diffusion exclusive
Canada : Éditions Flammarion Ltée, Montréal

Achevé d'imprimer sur les presses de l'imprimerie Brodard et Taupin
7, Bd Romain-Rolland, Montrouge. Usine de La Flèche,
le 14 avril 1982
6782-5 Dépôt Légal avril 1982. ISBN : 2 - 277 - 21312 - 8
Imprimé en France